삶은

바람직한 인성교육을 위한

교육학 개론

윤옥한

양서원

교육이란 무엇인가?

6, 3, 3, 4년

초등학교 6년, 중학교 3년, 고등학교 3년, 대학교 4년.
16년 동안 교육을 받고도 교육이 무엇인지 모른다.
교육학과 졸업생에게 '교육이란 무엇인가?'라고 질문해도 답을 망설인다.

교육학 전공이 우리 회사에 어떤 도움을 줄 수 있는가?

라는 질문에는 더욱 답하기 곤란해한다.
'어떤 도움을 줄 수 있지?'라고 말이다.
이것이 현실이다.
왜 이런 현상이 나타나는가?
죽은 교육 때문이다.
고등학교 교육은 대학입시를 위한, 대학 교육은 취업준비를 위한 교육으로 이루어지기 때문이다.

교육은 좋은 것인가? 나쁜 것인가?

이런 질문을 해 본 적이 있는가?
'당연히 좋은 것이기에 교육하지 않는가?'라고 반문한다.
교육은 좋은 것이라고 알고 있는 사람들은 죽은 교육을 받은 사람들이다.

이 책은 살아 있는 교육을 실행하기 위하여 쓴 책이다.
바람직한 인성교육을 위한 책이다.

그래서 '삶은 교육학개론'이라고 명명하였다.

첫째, 삶이란 단어에는 인생이 담겨 있다.
삶은 인생이다. 인생의 의미를 깨닫게 하는 책이다.

둘째, 삶이란 단어에는 삶았다는 뜻도 있다.
책에 나오는 내용 중 일부는 인터넷에서 많이 회자되는 내용이다.
일부는 강의할 때 강사들도 많이 인용하는 내용이다.
이러한 내용들을 저자 나름대로 소위 지지고 볶고 삶았다는 것이다.

셋째, 삶이란 단어에는 사람이란 뜻도 있다.
삶의 현장을 녹여 개인적인 삶에 적용해 볼 수 있게 쓴 책이다.
사람 냄새 나게 사랑할 수 있게 쓴 책이다.

그래서 삶은 교육학개론이다.

다시, 교육이란 무엇인가?

교육은 인간의 행동을 계획적으로 바람직하게 변화시키는 것이라고 정의한다.
교육학개론 시간에 나오는 조작적 정의이다.
이 정의를 개인마다 어떻게 심도 있게 내 것으로 해석하느냐가 더 중요하다.
교육에 대한 자기성찰이 필요하다.
이 정의를 마음 깊숙이 갖고 있다면 '교육학 전공이 우리 회사에 어떤 도움을 줄 수 있는가?'에 대한 해답도, '교육은 좋은 것인가? 나쁜 것인가?'에 대한 해답도 찾을 수 있다.

그렇다면 교육학 전공이 우리 회사에 어떤 도움을 줄 수 있는가?

많은 도움을 줄 수 있다.

인간의 행동을 계획적으로 바람직하게 변화시켜 주는 것이 교육이기 때문에 그 회사가 요구하는 인재상대로 또는 회사가 필요로 하는 직원들의 지식, 기능, 태도를 변화시키기 위하여 계획을 세워서 회사가 원하는 대로 바꾸어 줄 수 있다.

이 얼마나 많은 도움을 줄 수 있는가?

이보다 더 도움을 줄 수 있는 것이 있는가?

교육은 좋은 것인가? 나쁜 것인가? 좋은 것일 수도 나쁜 것일 수도 있다.

기능주의 관점에서 보면 교육은 좋은 것이지만 갈등주의 입장에서 보면 지배계층의 헤게모니, 이념, 문화, 경제를 재생산해 주는 최일선에 있는 것이 교육이다.

교육이라는 포장을 통하여 지배계층이 피지배계층을 다스리게 하는 것이 교육이다.

왜냐하면 인간의 행동을 계획적으로 바람직하게 변화시키는 것이 교육이기 때문이다.

즉, 지배계층이 피지배계층의 행동을 계획해서 지배계층이 원하는 방식대로 바꿀 수 있기 때문이다.

어떤가?

교육에 대한 생각이 바뀌었는가?

아니면 다 아는 이야기인가?

이 책은 바람직한 인성교육을 위해 유용한 자료들을 지지고 볶고 삶았다.

이 책을 읽는 독자들 모두가 삶은 교육학개론을 통해 행복한 삶을 살기 바란다.

2018년 3월 3일

삶은 교육학자 윤옥한

에게(愛開)

당신은 나에게 특별한 사람입니다.
내 주위에 많은 사람들이 있지만
그 중에 당신은 나에게 아주 소중한 사람입니다.

인생은 만남이지요.

부모를 만나고, 형제자매를 만나고,
학교에서 동창들을 만나고, 친구를 만나고,
직장동료를 만나고, 선생님들을 만나고,
우리의 만남은 우연이 아니라 그것은 당신의 바람이었다는 가사처럼
우연이든 바람이든 만남은 소중한 것이지요.

내가 누구를 만나느냐,
무엇을 만나느냐에 따라서 내 인생은 달라질 수 있습니다.

사람뿐만 아니라
아름다운 그림, 기분 좋은 음악, 가슴을 울리는 시, 영화, 연극을 만날 때도 그렇지요.
책도 그렇습니다.

좋은 책 한 권이 당신의 인생을 바꿀 수 있지요.
'지금 내 옆에 누가 있는가? 지금 내 옆에 무엇이 있는가?'에 따라
나의 미래가 달라질 수 있지요.

당신이 너무 소중하기 때문에
당신과의 만남을 아름답게 기억하기 위해서
이 책 한 권이 아니라,
내가 전달하고 싶은 뜻이 이 책에 담겨 있기에

나와 당신의 만남에 감사하여 마음을 담아 선물합니다.

년 월 일 (   ) Dream.

목차

제1부
교육철학 :
왜 공부해야 하는가?

1-0 교육철학

생각해 보기 : 철학이란 무엇인가?

생각해 보기 : 교육철학이란 무엇인가?

1-1 철학이란 무엇인가?

고대 희랍어의 필로소피아φιλοσοφία, 지혜에 대한 사랑에서 유래하였다. 어원상 철학은 지혜를 사랑하는 것이다. 지혜는 일상생활에서 실용하는 지식뿐 아니라 인간 자신과 그것을 둘러싼 세계관, 인생관, 가치관이 포함된다.

지혜란?
스스로 깨달아서 참 진리를 아는 것이다.
깨닫기 위해서는 생각해야 한다.

철학이란 사색하는 것이다.
생각하는 것이다.
지식에 대하여 끊임없이 질문하고 대답하는 것이다.

교육철학이란?
교육에 관하여 끊임없이 질문하고 대답하는 것이다.
질문과 사색을 통하여 교육에 관한 궁극적인 답을 찾아 가는 것이 교육철학이다.

일반적으로 철학적 질문에는 3가지가 있다.

첫째, 실재론Realism이다.

'무엇이 실재로 존재하는가?'에 대한 사유이다.
우주와 인간의 궁극적 · 본질적 기본 원리를 파악하려는 노력이다.
우주와 인간의 본질이 어디에 있는가를 밝히고자 하는 것이다.

신은 존재하는가?
나는 누구인가?
내가 살아 있다는 것은 무엇을 의미하는가?

여기에는 유심론唯心論, spiritualism과 유물론唯物論, materialism이 있다. 유심론은 모든 실재가 정신(마음)에 있다는 것이고 유물론은 모든 실재가 물질에 있다고 보는 세계관이다.

이러한 세계관에는 실재는 하나라고 보는 일원론,
둘이라고 보는 이원론, 여러 개가 있다고 보는 다원론이 있다.

둘째, 인식론Epistemology이다.

진리와 지식의 근거와 본질에 대한 사유이다.
우리가 인식하고 있는 것에 대한 사변이다.
우리가 알고 있는 지식의 기원에 대해 생각해 보는 것이다.

세상이란 무엇인가?
지식이란 무엇인가?
동물, 식물 등에 대하여 알고 있다고 하는 것이 과연 무엇인가? 등에 대하여 생각해 보는 것이다.

지식의 기원을 밝히기 위한 방법으로
경험론empiricism과 합리론rationalism, 비판론criticism이 있다.

경험론은 감각을 지식의 원천으로 본다.
5관(보고, 듣고, 만지고, 냄새 맡고, 맛보고)이 지식의 원천이다.

합리론은 인식은 인간의 지성 또는 이성에 의한 것이라고 본다.

비판론은 모든 인식의 대상은 공간과 시간에 의해 부여되며 지식은 모두 경험과 더불어 시작한다.

그런데 지식은 경험과 더불어 이성의 적극적인 활동이 작용하는 것이다.

셋째, 가치론Axiology이다.

가치론은 윤리학Ethics과 미학Esthetics을 합친 것이다.

'무엇이 옳고, 무엇이 그른가?

무엇이 아름답고, 추한가?'에 대한 사변이다.

가치의 문제는 객관주의와 주관주의 입장에 따라 차이가 있다.
객관적 가치는 그 자체로 존재하는 가치가 있으며 변하지 않는다.
주관적 가치는 인간이 가지고 있는 관심을 반영한 것으로 항상 변한다.

교육철학이란?

'왜 공부해야 하는가?

무엇을 공부해야 하는가?'

에 관한 영역을 설명하는 것이다. 교육에 관하여 끊임없이 스스로 질문하고 스스로 답해보는 것이다.

1-2 교육 목적

생각해 보기 : 왜 공부해야 하는가?

생각해 보기 : 공부하지 않으면 안 되는가?

왜 공부해야 하는가?

공부하지 않으면 안 되는가?

이러한 질문에 대하여 교육적인 측면에서 답을 찾아보는 것이 교육철학이다.

아는 것은 힘이다.

아는 것은 병이다.

어느 쪽이 맞는가?

공부를 해야 하는 목적이 무엇인가?

교육 목적이 불분명하면 교육해야 할 근거를 찾기 힘들다.

우리나라에서는 교육기본법 2조(교육이념)에 교육의 목적에 대하여 명시하고 있다. "교육은 홍익인간의 이념 아래 모든 국민으로 하여금 인격을 도야하고 자주적 생활능력과 민주시민으로서 필요한 자질을 갖추게 하여 인간다운 삶을 영위하게 하고 민주국가의 발전과 인류공영의 이상을 실현하는 데 이바지함을 목적으로 한다."라고 규정하고 있다.

목적에는 크게 내재적 목적(본질적 목적)과 외재적 목적(수단적 목적)이 있다. 내재적 목적은 교육이라는 개념 자체에 담긴 목적을 의미하고, 외재적 목적은 교육이 어떤 일을 달성하기 위한 수단이라고 본다.

현재 교육은 내재적 목적보다는 외재적 목적으로 이해하는 경우가 많다.

외재적 목적의 경우 교육을 개인 발전과 정치, 경제, 사회, 문화 발전의 수단으로 본다.

사회의 현실과 개인의 필요를 잘 반영하는 데 관심을 두어야 하며, 결과물이 드러나는 성취에 중점을 두게 된다.

본질적 목적의 경우 전인교육을 목적으로 하며, 인간의 행복한 삶을 추구한다.

교육의 본질적 목적은 인간을 인간답게 하는 것이며 행복한 삶을 살아가도록 하는 것이다.

수단적 목적은 인간을 인간답게, 행복한 삶을 살아가기 위해 필요한 방편들이다.

예를 들면 취업하기 위해 필요한 부분, 돈을 벌기 위해 필요한 부분들을 가르치는 것을 말한다.

이렇게 볼 때 현재 우리는 교육의 목적 중 어디에 집중하고 있는가?

수단적 목적에 집중하고 있지 않은가?

본질과 수단이 뒤바뀌어 있지 않은가?

교육의 본질적 목적이 인간을 인간답게 하고 행복한 삶을 살아가도록 하는 것인데 왜 공부를 많이 한 사람들 중 인간답지 못하고 불행한 사람들이 많은가?

이에 대한 답은 공부를 잘못했기 때문이다.

행복한 삶이란?

각자 다르게 정의될 수 있다.

현시대 우리의 삶에는 다음과 같은 내용에 대하여 교육철학적 성찰이 필요하다고 생각한다.

빠름 VS 바름
경쟁 VS 협력
속도 VS 방향
많음 VS 맞음
명예 VS 멍에
대박 VS 소박

스펙 VS 성품
성공 VS 성실

학교에서 공부와 사회에서 공부의 차이

학교에서는 대부분 인지적인 것을 배운다.
책을 통하여 내용text을 익히는 것이다.

학교에서 인지적으로 배우는 공부는 가장 낮은 수준의 학습으로 구성되었다. 학교를 졸업했다고 배움이 끝나는 것은 아니다.

학교를 졸업했다는 것은 text를 통하여 지식을 배웠다는 것을 의미한다.

학교에서 받은 졸업장은 졸업장이 지정하는 분야에서 더 높은 차원의 학습을 할 자격을 부여하는 것이다.

졸업장은 새 학습의 시작이다.

이러한 text는 이제 인공지능에게 물어보면 알 수 있다.

시험시간에 휴대폰을 가지고 들어가도 된다고 허락한다면 대학에서는 별로 가르칠 것이 없을 것이다.

졸업 후 사회를 교과서로 삼아서 배우는 공부는 또 다른 차원의 공부이다.

사회는 인지적으로 학습한 것과는 다른 구조의 배움이 있다.

사회는 서로 의미 있는 관계를 맺는 사람들의 그물망에 의해서 구성된다.

사회에서는 개인들이 가지고 있는 텍스트가 모인 맥락context을 배우는 것이다.
Text를 읽는 것이 아니라 Context를 읽어야 한다.

맥락을 읽을 수 있는 사람들은 사회생활을 통해서 학습하는 능력이 있는 사람이다.

이러한 맥락은 정지되어 있는 것이 아니다.
살아서 끊임없이 진화하고 변화한다.
진화되고 있는 맥락을 찾아서 작동하는 방식pattern을 읽어야 한다.
이러한 방식을 잘 읽고 대처하는 사람이 지혜로운 사람이다.

Text를 통하여 Context를 이해하고 Context를 통하여 Pattern을 이해하는 사람이 사회생활을 잘하는 사람이다.

그러나 이 Pattern도 변화한다.
Text를 통하여 Context를 이해하고, Context를 통하여 Pattern을 통찰하여도 내가 알고 있는 Pattern 때문에 또 다른 Pattern을 파악하지 못할 수 있다.

4차 산업혁명 시대에는 너무나 많이 학습된 사람들이 있다.

미래학자 엘빈 토플러Toffler는 21세기의 문맹이란 글을 읽고 쓰지 못하는 사람이 아니라, 학습하고, 학습한 내용을 버리고, 새로운 것을 채우지 못하는 사람이라고 하였다.

새로운 것을 채우러 열심히 다니면 다닐수록 들어갈 빈 자리가 없다 보니 재학습relearning이 불가능해져서 도리어 학습되지 않는 역설적인 현상이 벌어질 수 있다.

1-3 아는 만큼 보이고, 보이는 만큼 느끼고, 느끼는 만큼 행동하고, 행동하는 만큼 변화하고, 변화하는 만큼 행복하다. 1

아는 만큼 보인다.

아는 만큼 보인다.
한글을 알아야 한글로 된 글을 읽을 수 있다.
영어를 알아야 영문으로 된 글을 읽을 수 있다.
라틴어를 알아야 라틴어로 된 글을 읽을 수 있다.

자신이 알고 있는 만큼만으로 세상을 본다.
그럴 수밖에 없다.
알지 못하면 보이지 않는다.
부동산 투자도 자신이 알지 못하면 어디에 투자해야 할지 보이지 않는다.

주식도 마찬가지이다.
알지 못하면 어느 종목을 사야 할지 보이지 않는다.
학생도 공부하지 않으면 시험을 쳐도 답이 보이지 않는다.

신앙도 마찬가지이다.
성경을 알아야 하나님을 알 수 있다.
불교를 알아야 불교가 보인다.
천주교를 알아야 천주교가 보인다.

한 가지만 알면 한 가지밖에 보이지 않는다.

무식하면 용감하다는 말이 있다.
그럴 수밖에 없다.
자기가 본 세계가 자기가 알고 있는 세계의 전부이기 때문이다.
차라리 무식하면 가만히 있는 게 세상에 도움이 될 수 있다.
왜냐하면 나의 무식으로 인하여 다른 사람이나 사회에 해악을 끼치지 않기 때문이다.

그런데 무식한데 부지런하고 용감하면 이건 완전 또라이다.

왜냐하면 그 무식함으로 부지런함으로 용감함으로 인하여 다른 사람에게 해악을 끼칠 뿐만 아니라 사회에도 해악을 많이 끼치기 때문이다.
누구나 '나는 무식한 사람이 아닌가?'를 되돌아봐야 한다.
이 말은 대학교수건, 최고의 종교지도자건 마찬가지이다.

내가 생각하고 내가 말하는 것이 진리가 아닐 수 있기 때문에 겸손해야 한다는 말이다.

안다는 것!
지식이란 무엇인가?
지식사회학자들의 입장에서 보면 대부분의 지식은 인간에 의해 구성된 것이며 인간이 만들어 낸 생산물이다.

지식이란 '신념에 관한 합리적인 논거'이다.

지식사회학자들은 지식이 역사적 · 사회적 조건을 초월하여 외부에서 객관적으로 형성되고 유지되는 것이 아니라고 생각한다.

진리라고 말하는 것도 영구불변한 것이 아니다.

인간이 진리라고 인식하는 것에 불과하다고 생각한다.

지식은 주어진 것이 아니고 구성된 것이며 또한 새로운 지식에 의해 언제든 대체될 수 있는 것이다.

지식사회학자들은 '합리성'이라는 것까지도 관행이나 인습에 불과하다고 생각한다.

대부분 지식은 역사적 · 사회적으로 구성되며 사회집단마다 현실을 다르게 인식하고 해석한다는 것이 지식사회학적 주장이다.

물론 지식사회학자들의 말이 전적으로 옳다는 것은 아니다.

창조론이 과학적 이론인가?

진화론이 과학적 이론인가?

창조론과 진화론 모두 비과학적 이론에 불과하며 신념에 관한 합리적 논거이다. 둘 다 과학이 아니라 신념이다.

창조이론이며 진화이론이다.

이론이란 '~일 것이다'로 표현된다.

자연과학적 입장에서 말하는 것이다.

과학이 되기 위해서는 법칙이 성립되어야 한다.

법칙이란 '~이다'로 표현한다.

이러한 측면에서 보면 창조론은 "하나님이 이 세상을 창조했을 것이다"의 이론이며 진화론은 "인간은 원숭이가 진화되어 만들어졌을 것이다"의 이론이다.

법칙이 되기 위해서는 증명이 되어야 한다.

증명이란 눈으로 반복적인 관찰이 가능해야 한다.

만유인력의 법칙, 관성의 법칙, 부력의 법칙이 바로 좋은 예이다. 만유인력의 법칙은 '대부분의 물체는 위에서 아래로 떨어질 것이다'가 아닌 '떨어진다'이다.

이것은 물건을 떨어트려 보면 바로 눈으로 몇 번이고 관찰 가능하다. 이것을 의심하는 사람은 10층 옥상에서 떨어져 보면 바로 증명이 가능하다.

창조이론과 진화이론은 증명할 수 없다.

창조론은 하나님이 세상을 다시 한 번 창조해야 증명이 가능하며, 진화론은 인간이 다시 한 번 진화되어서 현재 상태를 만들어야 증명이 가능하다.

두 이론 모두 증명하는 것이 아니라 증거를 가지고 이론적으로 설명할 뿐이다. 창조이론의 경우 성경과 성경에 나오는 인물, 지명 등으로 많은 증거를 제시한다.

진화이론도 마찬가지로 화석과 같은 많은 증거를 제시하고 있을 뿐이다. 따라서 두 이론은 과학적인 것이 아니라 비과학적이다.

이런 비과학적인 두 이론 중 어떤 사람은 창조론을 주장하는 사람들이 내세우는 증거들을 보고 창조론을 믿고 어떤 사람은 진화론이 내세우는 증거를 보고 진화론을 믿는다.

과학적인 것이 아니라 믿음이란 것이다.
따라서 지식도 믿음이란 것이다.

이러한 증거들을 누가 많이 제시하느냐에 따라 믿음의 정도가 달라질 수 있다.

이러한 측면에서 지식이란 신념에 관한 합리적 논거로 볼 수 있다.

이러한 지식은 위장될 수 있으며 지식이란 사회적 · 역사적 · 정치적 맥락에 따라서 달라질 수 있다.

특히 정치적 맥락에 따라 지식이 달라질 수 있다.

왜냐하면 자신들의 정치적 이념에 따라 올바른 증거들을 조작할 수 있기 때문이다.

따라서 지식은 절대적인 것이 아니라 상대적이며, 합리성조차 관행이나 인습에 불과하다는 결론이 나온다.

다시 생각해 볼 문제가 있다.

영향력 있는 사람이 말하는 것이 진리가 아닐 수 있다.

책에 나온 내용이 틀릴 수 있다.

매스컴에서 말하는 내용이 진리가 아닐 수 있다.

교수나 선생님이 가르치는 내용이 진리가 아닐 수 있다.

목사나 스님들이 말하는 내용이 진리가 아닐 수 있다.

그렇다면 알려면 어떻게 해야 하는가?
공부해야 한다는 결론이 나온다.
속담에 알아야 면장을 한다는 말이 있다.
알아야 한다는 것이다.
알아야 무엇이든 할 수 있다.
알기 위해 공부해야 한다.

자기개발을 꾸준히 해야 한다.

우리가 알고 있는 지식이 증가해 온 과정을 보면 AD 1년부터 1750년까지 축적된 지식의 양이 배로 증가한 것은 1900년이었다. 1750년 동안에 축적된 지식의 양이 배로 증가하는 데 걸린 시간은 겨우 150년이었다.

그 지식의 양이 다시 배로 증가된 것은 1950년이다. 1900년 동안 축적된 지식의 양을 배로 증가시키는 데 걸린 시간은 겨우 50년밖에 되지 않았다.

다시 배로 늘어난 것이 1975년이다.

1950년 동안 축적된 지식의 양이 겨우 25년 만에 배로 늘어난 셈이다.

더욱 놀라운 사실은 1975년 이후에는 10년, 1987년부터는 5년 만에 배로 증가될 정도로 지식의 양이 폭증했다.

미국의 MIT 공과대학교 연구에 의하면 2000년대 이후에 우리가 알고 있는 지식의 양이 매 11시간마다 두 배씩 증가한다고 한다.

농담으로 하는 이야기이지만 박사학위 유효기간이 몇 년인가? 박사학위에도 유효기간이 있는가? 있다는 것이다.

문과 분야의 경우 6개월, 이과 분야의 경우 3개월이다.

왜냐하면 학위를 받고 난 이후 아무것도 공부하지 않으면 따라갈 수 없다는 이야기다.

공부는 어떻게 하는가?

편협하게 하지 말고 폭넓게 공부해야 한다.

연구방법론 중 삼각법triangulation이 있다.

연구를 할 때 연구방법을 한 가지만 활용하지 말고 적어도 세 가지 방법을 복합적으로 이용할 때 합리적인 연구결과를 얻을 수 있다는 것이다.

양적 연구(질문지법)뿐 아니라 질적 연구(인터뷰), 문서분석 등과 같이 적어도 세 가지 방법을 활용하라는 것이다.

어떤 특정한 이슈가 있을 경우 한 사람의 주장만 들을 것이 아니라 다양한 의견을 청취하는 것이 중요하다.

1-4 아는 만큼 보이고, 보이는 만큼 느끼고, 느끼는 만큼 행동하고, 행동하는 만큼 변화하고, 변화하는 만큼 행복하다. 2

느끼는 만큼 행동한다.

아는 만큼 보이고 보이는 만큼 느낀다.
느낀다는 말은 감정을 표현하는 것이다.
감정이 표현된다는 것은 뭔가에 반응한다는 뜻이다.
반응하기 위해 자극이 필요하다.
그 자극이 보이는 것이다.
이때 보인다는 것은 깨달음을 말한다.
지식을 통한 깨달음이 있을 때 느낀다.
이러한 느낌은 행동으로 옮겨질 가능성이 크다.
감동이란 말은 감(感)해야 동(動)한다는 말이다.
즉, 느껴야 행동한다는 말이다.

강의 시간에 '사람은 어떤 경우에 감동을 받는가?'
라는 질문을 던져 보았다.
대답들이 가지각색이었다.

돈을 받았을 때, 사소한 일에 도움을 받았을 때, 선물 받았을 때 등이 나왔다.
여러분들은 어떻게 생각하는가?
언제 감동을 받는가? 다시 질문을 해보았다.

사람을 감동시키는 3가지의 액체에는 어떤 것이 있는가?

또 대답이 나왔다.

대뜸 술이 가장 먼저 튀어 나왔다.

술이 감동을 주는가?

대한민국에서 모임이란 무엇인가?

동문회는 같은 학교 졸업자들이 모여서 술 먹는 모임, 산악회는 산에 가서 술 먹거나 하산 후 술 먹는 모임, 조기축구회는 아침에 공 차고 술 먹는 모임, 향우회는 같은 고향 출신들이 모여서 술 먹는 모임, 수련회는 무슨 훈련한다고 모여서 밤 새워 술 먹는 모임, 번개는 갑자기 모여서 술 먹는 모임, 문상은 초상집 가서 문상하고 술 먹는 모임, 회식은 회사 직원들과 술 먹는 모임, 신년회는 새해에 술 먹는 모임, 송년회는 한 해를 보내며 술 먹는 모임이란 유머가 있다.

사람을 감동시키는 3가지 액체는 피, 눈물, 땀이다.

첫째, 피를 흘릴 때 감동을 받는다.

피는 생명이다.

피가 없으면 사람은 죽는다.

피를 흘린다는 의미는 자신의 생명을 희생한다는 의미와 같다.

그만큼 자신을 헌신하고 희생할 때 사람들은 감동한다.

소중한 가치를 지키기 위해서 자신의 생명을 바쳤을 때 우리는 감동한다. 이러한 예는 많다.

전쟁 시 나라를 구하기 위해 피 흘린 생명들, 사고 발생 시 자신의 목숨보다 다른 사람의 생명을 구하기 위해 흘린 피를 볼 때 우리는 감동한다.

반대로 언제 분노하는가?

자신의 안위를 위해 다른 사람의 생명을 소중히 여기지 않을 때 우리는 격분한다.

둘째, 눈물이다.

눈물이란 공감이다.

눈물은 흘린다는 것은 공감한다는 뜻이다.

내가 아파서 눈물을 흘리기도 하지만 다른 사람이 아파하는 모습을 볼 때 공감하여 눈물을 흘리기도 한다.

공감하지 못하는 사람들은 눈물을 흘리지 않는다.

세월호 사건 때 단식하는 장소 옆에서 치킨과 짜장면을 시켜 먹으면서 단식 농성하는 사람들을 우롱하는 것은 눈물이 없는 사람들, 공감을 하지 못하는 사람들의 행동이다.

셋째, 땀이다.

땀이란 노력이다.

땀 흘려 일할 때, 땀 흘려 공부할 때, 땀 흘려 운동할 때 우리는 감동한다.

인간이 노력하여 무엇인가 성취했을 때 우리는 감동한다.

노력하지 않고 성취한 것에는 감동하지 않는다.

복권을 사서 당첨되었을 때 감동하는 사람은 거의 없다.

놀랄 뿐이다.

올림픽에서 금메달을 획득했을 때 왜 감동하는가?

땀 흘려 노력한 결과이기 때문이다.

감동을 주기 위해 땀이 필요하고, 눈물이 필요하고, 피가 필요하다. 다른 말로 하면 노력해야 하고, 공감할 줄 알아야 하며, 자신을 헌신하고 희생할 줄 알아야 한다는 것이다.

감동이 왜 중요한가?

감해야 동하기 때문이다.

사람은 아는 만큼 보이고, 보이는 만큼 느끼고, 느끼는 만큼 행동한다.

결국 느껴야 행동한다는 것이다.

감동해야 움직이고 감동해야 변화하기 때문이다.

변화하려면 감동시켜야 한다.

잠자는 자는 기쁨을 느낄 수 없고 춤출 수 없으며 환호할 수도 없다.

1-5 아는 만큼 보이고, 보이는 만큼 느끼고, 느끼는 만큼 행동하고, 행동하는 만큼 변화하고, 변화하는 만큼 행복하다. 3

변화하는 만큼 행복하다.

영국의 생물학자인 다윈에 따르면 살아남는 것은 '강한 종'도 아니고 '우수한 종'도 아니다. 다만 '변화하는 종'만이 살아남는다. 뱀이 허물을 벗는 것은 살아남기 위한 처절한 변신이다. 계란을 남이 깨어주면 1회용 '후라이'밖에 되지 않지만 스스로 알을 깨고 나오면 한 마리의 생명력 있는 병아리가 된다.

이것은 외부에서 볼 때 극적이고 혁명이나 다름없는 것처럼 보이지만 내부에서는 자연스러운 유기체의 발달 과정이다.

인간도 변화하는 것이 자연스러운 것이다.

오늘날 환경변화의 특징은 가속적, 불연속성, 파급성이다.

첫째, 가속적exponential이다.

선형적liner인 것이 아니라 기하급수적으로 변화한다.

선형적인 변화란 변화가 거의 천천히 서서히 일어나는 것이지만 가속적인 변화는 아주 급격하게 일어나는 것이 특징이다.

예를 들어 하루에 1원으로 시작하여 매일 두 배씩 돈을 지급한다면 첫째 날에는 1원, 둘째 날에는 2원, 셋째 날에는 4원, 넷째 날에는 8원, 다섯째 날에는 16원이 되어, 한달(30일)이 되면 5억 4,000만원이 된다.

이와 같이 21세기의 변화는 기하급수적이다.

전 인텔 회장인 엔드류 그로브에 의하면 기하급수적 변화의 시점, 생존과 번영을 결정짓는 근본 변화가 일어나는 시점을 변곡점turning point이라고 한다. 우리는 지금 변곡점에 있다.

둘째, 불연속성severance이다.

과거의 변화가 예측 가능한 변화였다면 앞으로의 변화는 예측이 매우 어렵다. 어떤 학자는 21세기를 '해도(海圖) 없는 항해시대'라고 표현했다.

셋째, 파급성spread이다.

한 부분에 변화가 생기면 다른 부분에 크게 영향을 미친다.

과거에는 변화가 있어도 파급효과가 미미했지만 오늘날에는 파급효과가 매우 크다.

예를 들어 미국 주식이 한국 주식에 영향을 미친다든지, 일본의 지진으로 인한 방사능 사고가 우리나라까지 영향을 미친다든지, 서울 시내 한 지점에서 교통사고가 발생하면 전 시내의 교통에 영향을 미친다든지 등 우리의 일상생활에 전혀 영향을 미치지 않을 것 같은 변화도 사실상 큰 영향을 미치고 있다.

이런 것들이 파급성이다.

파급성은 교통통신 발달과 인터넷이라는 매체 발달로 인해 더욱 더 가속화될 것이다.

이러한 변화 시대에 내가 변화하는 것은 그렇게 쉽지가 않다.

변화 앞에서 대부분의 사람들은 불안하거나, 저항하거나, 분노하거나, 흥분하거나, 거부한다. 변화에 몰입하거나, 변화하고자 적극적으로 탐색하는 사람은 그리 많지 않다.

변화를 탐색하고 변화에 몰입하는 사람들이 성공과 행복을 맛볼 수 있다.

어떻게 변화를 탐색하고 몰입할 수 있는가? 즉 변화에 성공하기 위해서 나는 어떻게 해야 하는가?

첫째, 변화해야겠다는 필요성Why을 느껴야 한다.

변화해야 한다는 생각을 가져야 한다.
변화의 필요성을 인식하는 순간 내 인생 성공의 출발을 시작하는 것이다. 필요성을 느끼지 않을 경우 변화에 대한 방관자가 된다.
성공하기 위해서 지금 나는 변화해야 한다.
부를 얻기 위해서 나는 변화해야 한다.
명성을 얻기 위해서 나는 공부를 해야 한다.
건강을 지키기 위해서 나는 운동을 해야 한다 등 변화의 필요성을 느껴야 한다.
이것이 첫 단계이다.

둘째, 변화에 대한 목표What를 분명히 한다.

변화의 필요성을 느꼈으면 왜 변화해야 하는지 변화의 목표를 설정해야 한다.
어디까지, 언제까지, 어떤 것을 등등의 목표를 명확하고 구체적으로 세워야 한다.
변화의 필요성은 느꼈지만 내가 무엇을 변화해야 하는지를 정확한 목표를 설정하지 않으면 혼란스럽기만 하다.

셋째, 목표 달성 가능성에 대한 확신How을 갖는다.

내가 변화의 필요성을 느끼고 변화에 대한 목표를 분명히 설정했다면 그 목표를 충분히 달성할 수 있다는 자신감과 확신을 갖는 것이 필요하다. 변화에 대한 신념이나 변화할 수 있는 역량이 부족하면 회의하게 된다.

넷째, 변화 설계를 잘한다.

변화할 때 디자인을 잘해서 스스로 변화하게 한다.

남자들이 흘리지 말아야 할 것 중 하나는 눈물이고 하나는 오줌이다. 남자화장실 변기 근처에 가면 오줌이 많이 흘려져 있다. 이것을 개선하기 위한 경고 문구나 권고 문구를 많이 보았을 것이다. 그럼에도 불구하고 개선되지 않는다. 개선된 예 중 하나는 변기에 파리 한 마리를 그려 놓으니 80% 정도가 개선되었다고 한다. 『넛지』라는 책에 나오는 이야기다. 세상을 변화시킬 때 설계를 잘 해서 스스로 변화하게 만드는 것이 필요하다. 또한 세상은 똑똑한 사람들이 설계를 해 놓았기 때문에 바보 같은 사람들은 설계해 놓은 방식대로 산다. 왜냐하면 상황의 힘 때문이다. 대부분의 사람들은 상황의 힘에 의해 지배받는다. 그 대표적인 예가 대구 지하철 화재 사건이다. 대부분의 사람들이 불이 나고 연기가 자욱한 그곳에서 도망가지 않았다. 왜냐하면 옆에 있는 사람들이 도망가지 않았기 때문이다. 그렇다면 옆에 있는 사람이 나의 목숨을 구해 주는가? 그렇지 못하다. 그럼에도 불구하고 옆 사람들이 탈출하지 않으니까 나도 그냥 앉아 있는다. 이것이 상황의 힘이다. 그러나 변화를 추구하거나 똑똑한 친구들은 그 방식을 재설계하거나, 상황의 힘을 깬다. 조용한 연못에 돌멩이를 던지면 파문이 일어난다. 그 파문이 상황의 힘을 깨는 것이다. 일단 변화를 하려면 돌멩이를 던져야 한다. 돌멩이를 던질 때 혼자 던지지 말고 협업을 해야 한다. 똑똑한 사람 몇 사람이 사전에 동의를 구하고 협조를 구하여 누가 먼저 돌멩이를 던지면 옆에 있는 사람이 또 던지고 그 옆의 사람이 또 던지고 하는 협력을 통해 변화가 성공할 수 있다. 똑똑한 사람 세 사람만 있으면 세상을 바꿀 수 있다는 말이 바로 이것이다. 그 세 사람이 상황의 힘을 협력해서 깨면 다른 사람들은 세 사람이 만든 상황의 힘에 지배를 받게 된다.

다섯째, 체계적인 실천Real이 필요하다.

변화목표를 잘 달성해 나가기 위해 계획을 수립하여 체계적으로 실천해 나가야 한다.

고쳐야 할 습관은 고쳐서 실행해 나가야 한다.

실행하지 않으면 아무 소용도 없다.

제대로 실행해 나가지 못할 때 좌절하게 된다. 그러나 포기하지 말고 끝까지 실행해 나가야 한다.

제대로 잘 실행해 나가기 위해서

① 생각이 과거의 속박에서 벗어나야 한다.

과거에 내가 어떻게 했는지도 중요하지만 과거에 얽매이지 않고 현재 해야 할 일들을 찾아서 실행해 나가는 것이 더 중요하다.

② 기존에 누리고 있는 편하고 좋은 것에서부터 자유로워져야 한다.

현재에 안주하는 생각과 태도를 버려야 한다. 나쁜 습관을 좋은 습관으로 고쳐 나간다.

③ 실행해 나갈 때 5W1H, 즉 '누가, 언제, 어디서, 무엇을, 어떻게, 왜' 라는 생각을 갖고 잘 실천해 나간다.

어느 성공회 주교의 묘비 문

나는 세상을 변화시키겠다는 꿈을 가졌었다. 그러나 좀 더 나이가 들고 지혜를 얻었을 때 나는 세상이 변하지 않으리라는 것을 알았다. 그래서 내 시야를 약간 좁혀 내가 살고 있는 나라를 변화시켜야 하겠다고 했다. 그러나 그것 역시 불가능한 일이라는 것을 알았다. 나는 마지막 시도로 나와 가장 가까운 내 세상을 변화시키겠다고 결심했다. 그러나 아무도 달라지지 않았다. 이제 죽음을 맞기 위해 자리에 누워 나는 문득 깨닫는다. 만약 내가 나 자신을 먼저 변화시켰더라면 그것을 보고 가족이 변화되었을 것을, 또한 그것에 용기를 내어 내 나라를 더 좋은 곳으로 바꿀 수도 있었을 것을 그리고 누가 아는가, 세상까지도 변화되었을지.

– 웨스터 민스터 대성당 지하묘지에 있는 성공회 주교의 묘비 중에서

여러분은 변화를 위해 무엇을 들고 있는가?

20대에는 세상을 바꿔 보겠다고 돌멩이를 들고 있었고,

30대에는 마누라를 바꿔 보겠다고 눈꼬리를 들고 있었고,

40대에는 자식을 바꿔 보겠다고 매를 들고 있었다.

50대가 된 지금 뭘 들고 있는가?

몇몇 사람에게 물어 보았다.

어떤 사람은 이렇게 대답한다. 사내가 뭘 들고 있겠어? 생각해 보면 알지? 또 어떤 사람은 스마트 폰, 또 어떤 사람은 욕심 가득한 마음 등. 나를 변화시키기 위해 들고 있어야 할 것을 찾기 바란다.

행복하기 위해서 변화가 필요하다.

쾌락적응을 벗어나기 위해서는 스스로 노력을 필요로 하는 의도적인 변화를 만들어 내야 한다.

우리의 뇌는 끊임없이 변화하는 긍정적인 경험들에 만족을 느끼게 되고 행복감을 느끼게 된다.

그러므로 새로운 취미를 배우거나, 새로운 단체에 가입하거나, 새로운 사람을 만나거나, 새로운 어떤 것에 도전하는 등의 변화를 자꾸 시도해 보는 것이 행복을 위한 첫걸음이다.

변화가 행복의 첫걸음이다.

1-6 행복해지는 방법

가장 행복한 사람은 내가 원하는 길을 가고 있고 그 길을 가는 과정이 즐거운 사람

첫째, 내가 하고 싶은 일을 하며 그 일을 할 때 즐거우면 가장 행복한 사람이다.

즉 컨설팅 사업을 하고 싶은데 이 일을 하면서 즐거우면 가장 행복한 사람이다.
교사를 하고 싶은데 교사를 하면서 즐거우면 가장 행복한 사람이다.
농사짓는 일을 하고 싶은데 농사짓는 일을 하면서 즐거우면 가장 행복한 사람이다.
가수를 하고 싶은데 가수를 하면서 즐거우면 가장 행복한 사람이다.

둘째, 내가 원하는 길이 아니지만 그 길을 가는 과정이 즐거우면 행복한 사람이다.

의사를 하고 싶지 않지만 의사 하는 일이 즐거우면 그래도 행복하다.
농사일을 원하지는 않지만 농사일 하는 것이 즐거우면 행복하다.

셋째, 내가 원하는 길을 가고 있지만 그 길을 가는 과정이 즐겁지 않으면 불행한 사람이다.

의사를 하고 싶어 의사를 하고 있지만 의사 하는 일이 즐겁지 않으면 불행한 사람이다.
농사를 하고 싶어 농사를 하고 있지만 농사일이 즐겁지 않으면 불행한 사람이다.

넷째, 내가 원하지 않는 길을 가고 있으면서 그 길을 가는 과정이 또한 즐겁지 않으면 가장 불행한 사람이다.

예를 들면 의사를 원하지 않는데 의사 일을 하면서 즐겁지도 않으면 가장 불행한 사람이다.

농사일을 하기 싫은데 농사일을 하면서 즐겁지도 않으면 가장 불행한 사람이다.

당신은 네 가지 중 어떤 유형에 해당되는가?

행복한 삶을 살아가기 위한 적절한 방향이 제시되었는가?

우리는 어쩔 수 없이 현실적인 이유 때문에 내가 원하지 않는 길을 즐겁지도 않게 살아가고 있다.

불행하다는 것이다.

오늘 여기서 행복해야 내일 거기서도 행복하다.

당신은 현재 행복한가?

내일이나 앞으로나 미래가 아니라 현재 행복한가?

대부분의 사람들이 미래의 행복을 위해서 현재의 행복을 포기한다.

1-7 행복과 쾌락을 찾지 말고 의미를 찾자.

삶이 고통스러울 때, 삶의 의욕이나 동기를 잃었을 때,

나는 어떻게 행동하는가?
지금 현재 하고 있는 일이 지겨운가?
무기력한가?
우울한가?
흥미가 없는가?

의미치료란 기법을 통해 삶의 의미를 찾아보기 바란다.

빅터 프랭클Viktor Frankl, 1905-1997은 오스트리아에서 태어난 유대인 심리학자이며 정신과 의사이다.

2차 세계대전 당시 그의 부모, 형제, 부인은 독일 나치의 아우슈비츠에서 죽었다. 1945년 기준 약 600만 명(유럽 전체 유대인의 80%)이 살해당한 것으로 추정된다.

프랭클도 3년간 수용소 생활을 하였으나 아우슈비츠에서 살아남은 49명 중 한 명이 되었다. 아우슈비츠는 나치 독일이 유대인을 학살하기 위하여 만들었던 강제 수용소이다.

수감자들은 매우 좁은 크기의 방에서 생활했으며 방은 너무나 좁아서 일어서 있을 수가 없었다.

이러한 절박한 상황에서 생을 유지시켜 줄 정도로 강력했던 의미는 무엇인가?

프랭클은 3년 동안 상상조차 할 수 없는 온갖 잔인함과 모욕, 비인간적인 대우를 겪었지만 희망을 버리지 않았다.

육체적 자유는 내 것이 아니지만 나의 마음, 나의 의지는 내 것으로 생각하였다.
삶과 죽음은 그가 통제할 수 없지만 희망의 끈을 놓는 순간 삶의 의미는 사라진다고 생각했다.
고통 속에서 죽음을 택하는 것은 가장 나태한 방법이라고 생각하였다.
그래서 그는 지옥 같은 상황을 이겨내고 꼭 글로 남기겠다고 다짐하였다.

프랭클은 수용소에서 생활하고 죽음을 맞는 수많은 유대인을 보면서 의미치료logotherapy를 창안하였다.

의미치료는 고통의 불가피성과 고통의 의미를 깨달음으로써 고통을 극복한다. 의미치료란 삶에서 의미를 찾아내도록 돕는 것이다.

그는 수용소 생활을 하면서 의미와 목적을 잃어버리고 절망한 사람들이 더 빨리 죽고 의미와 목적을 가진 사람들이 생존한다는 사실을 발견하였다.
극한의 상황에서 '의미'가 중요하다는 사실에 대해서 프랭클은 '생존가치'survival value라는 용어로 설명한다.
'생존가치'란 다른 조건들이 같다면 미래에 충족될 의미를 지향하는 사람들이 가장 먼저 살아남는 것을 의미한다.

극한의 상황에서 살아남은 사람들은 대부분 '생존가치'를 갖고 있었다. 그가 수용소에서 겪은 사례 중 하나를 살펴보면, 한 작곡가가 1945년 3월 30일 전쟁이 끝날 것이라고 이야기했지만 3월 30일 전쟁이 끝나지 않았다.
그 이야기를 들은 대부분의 사람들이 3월 30일 이후 몇 주가 지나자 감기에 걸리고 많은 사람들이 죽기 시작하였다. 희망이 없었기 때문이다.
병에 걸려 누워 있어도 일을 하지 않으면 수용소에서 먹을 것을 주지 않는다.
그런데 자기도 먹을 것이 충분하지 않은데도 불구하고 일하지 못해 먹을 것이 없는 사람에게 매일 자기 몫을 주는 사람도 발견하였다. 자기 몫을 상대방에게 주는 그 사람의 얼굴을 보니 너무 행복한 표정을 하고 있었다.

의미치료의 기본원리는 다음과 같다.

첫째, 자유의지free will이다.

이는 결정론과 반대된다. 프랭클은 사람은 최악의 상황에서도 스스로 결정을 내리며 살 수 있다고 본다.

최악의 상황에서도 다른 사람의 목숨을 위해 희생하고 헌신하는 사람이 있다.

어떤 사람은 죽음을 선택하기도 한다. 의지를 행사한다는 것은 생물학적 차원이나 심리적 차원을 넘어서는 영적인 차원이다.

암에 걸린 경우 자신의 생을 의미 있게 마감하기 위해 봉사활동을 하는 사람이 있다. 건강을 회복하기 위해 노력하는 사람도 있다.

희망을 잃고 스스로 포기하는 사람도 있다. 자유의지라는 것이다.

> 2014년 4월 16일 세월호 사건 때 일이다.
> 선장은 반바지 차림으로 승객들을 가라앉는 배 안에 남겨두고 자신만 탈출하였다. 단원고등학교 선생님은 자신이 구명조끼를 입고 탈출할 수 있음에도 불구하고 자신의 구명조끼를 제자들에게 주고 희생하였다.
> 선장도 선생님도 자유의지대로 행동하였다. 누가 시키지 않았다. 자유의지는 가장 급박한 상황에서 본능적으로 나오는 경우가 많다. 선장과 선생님 중 어떤 사람이 행복한지는 모른다. 그러나 선생님은 스스로 의미 있는 행동을 하면서 죽음을 맞이하였다. 죽는 순간에 육체적으로는 잠시 고통스러웠을지 몰라도 영혼은 행복했을 것이다.

둘째, 의미를 찾으려는 의지will to meaning이다.

정신분석학의 대가인 프로이트는 마음의 핵심을 성욕libido의 추구에 두었고, 아들러는 권력을 중요시하였다.

프랭클에 의하면 마음의 핵심은 의미의 추구에 있다. 그래서 그는 실존적인 공허감이 문제의 핵심이라고 본다.

행복과 쾌락을 찾지 말고 의미를 찾으라고 권한다.

성공을 목표로 하지 말고 행복해지려면 오히려 행복을 찾지 말아야 한다. 콩트-스퐁빌Comte-Sponville은 행복의 패러독스라고 부른다.

인간은 의미를 찾으면 행복한 삶이 찾아온다.

사소한 일에도, 의미가 없는 일에도 의미를 부여하려고 하는 의지가 나를 행복으로 초대한다.

> 현대 경영학을 창시한 학자로 현대 경영학의 아버지라고 불리는 피터 드러커Peter Drucker, 1909-2005의 석공이야기가 있다.
> 세 사람의 석공이 있었는데 지나가는 노인이 석공에게 질문하였다. "지금 당신은 무슨 일을 하고 있소?"라는 질문에 첫 번째 석공이 답하기를 "나는 지금 밥벌이를 하고 있소." 두 번째 석공은 "돌을 깎는 데는 이 지방을 통틀어 내가 최고 솜씨를 가졌다는 것을 보여주고 있소."라며 연신 망치질을 해댔다. 세 번째 석공이 희망과 꿈이 번득이는 눈빛으로 말하기를 "나는 지금 성전을 짓고 있는 중이오."라고 했다. 일을 할 때 어떤 의미를 부여하느냐에 따라 일의 성과가 달라질 뿐만 아니라 일에서 행복을 얻기도 한다. 집에서 설거지를 하더라도 의미를 어떻게 부여하느냐에 따라 행복할 수도 불행할 수도 있다. 설거지하면서 아이들의 꿈과 미래를 설계하는 데 도움을 주는 일을 한다고 의미 부여할 경우 만족감을 얻을 수 있지만, 내가 이러려고 결혼했나 생각하면 짜증만 날 뿐이다.

셋째, 삶의 의미meaning of life이다.

삶의 의미란

① 고통 속에서도 의미를 찾고,

② 죄 속에서도 의미를 찾으며,

③ 죽음에서도 의미를 발견하는 것을 말한다.

인간은 살아가면서 많은 시련과 고통을 겪는다.

시련과 고통 속에서 희망의 끈을 놓을 때, 삶의 의미를 찾지 못할 때 스스로 삶을 포기한다.

이럴 때 의미치료를 생각하면서 스스로 삶의 의미를 찾는 지혜가 필요하다.

삶의 의미란 태어나는 것도 삶이요, 살아가면서 성공할 때도 실패할 때도 삶이요, 죽음 그 자체도 삶의 일부로 받아들이는 것이 중요하다.

그러나 대부분의 사람들이 내가 잘 나가고,

성공할 때만 내 삶으로 생각하고 실패나 좌절,

고통스러움은 내 삶이 아니라고 생각한다.

아니다.

실패, 좌절, 고통, 실연, 죽음조차도 내 삶의 일부로 받아들일 때 행복이 찾아온다.

1-8 인생은 나그네길 어디서 왔다가 어디로 가는가?

어느 공원에 나그네 한 사람이 의자에 앉아서 깊은 생각에 잠겨 있었다. 지나가던 공원 청소부가 나그네를 보고 "당신은 누구요?" 하고 물었다. 그러자 나그네가 대답하길 "글쎄요. 내가 누군지를 몰라서 생각하는 중에 있습니다."라고 말하는 것이었다. 청소부가 다시 "당신은 어디서 왔습니까?" "그것도 잘 몰라서 생각하고 있습니다." "그러면 어디로 갈 것입니까?"라고 물었다. 그러자 나그네는 그것을 알았으면 벌써 여기를 떠나지 않았겠습니까?"라고 대답했다. 엉뚱한 대답을 한 이 나그네는 유명한 철학자 '데카르트'라는 사람이다. 공원 청소부가 던진 질문내용은 우리 인생에 있어서 가장 심각하고도 중대한 물음이 아닐 수 없다. 나는 누구이며, 어디서 와서 어디로 가는 것일까?

인생은 안개와 같으며,

사람의 생명은 풀에 맺힌 이슬과 같이 잠깐이다.

지나가는 하루와 같다.

오늘의 홍안이 내일의 백골이란 말도 있다.

어린 시절은 아침과 같고 젊은 시절은 낮과 같고 늙은 시절은 저녁과 같이 잠깐 지나가는 것이 우리의 인생이다.

인생은 나그네길이다.

나그네란 객지에 있는 사람이다.

손님, 방랑객이란 뜻이다.

자기 마을을 떠나 다른 지역에 잠시 머물거나 지나가는 사람을 지칭하는 말이다.

지금 있는 곳에 계속 있을 것이 아니라 왔던 곳으로 다시 가야 할 사람이다.

고려 말 시인 우탁이 지은 시가 있다.

한 손에 가시 들고,
다른 손에 막대기 들고,
늙는 길 가시로 막고,
오는 백발 막대기로 치렸더니,
백발이 저 먼저 알고,
지름길로 오더라.

이런 나그네의 인생을 우리는 어떻게 살아야 할 것인가?

첫째, 목적지 즉, 방향을 잘 정해야 한다.

나그네가 여행하는 목적을 잘 생각해 보라.
왜 여행을 하는가?
누가 당신에게 묻는다면 뭐라고 답할 것인가?
한 노인이 지나가는 나그네에게 물었다.

"어딜 그렇게 바쁘게 가십니까?" 나그네는 서울에 간다고 대답했다.
노인은 딱하다는 듯이 "서울은 북쪽인데 어째서 남쪽으로 그렇게 바쁘게 가는 거요?"라고 말했다.

삶의 방향을 잘 정하라는 것이다.
자기 삶의 목적과 방향을 잘 정하고 열심히 해야 한다.
삶의 목적과 방향을 정하지 않고 열심히 하는 행동은 서울을 가야 하는데 부산으로 가는 것과 같다.

방향을 잘못 정했으면 다시 되돌아와야 한다.
되돌아올 때쯤 되면 해가 지고 밤이 되어 돌아오기 힘들 수 있다.
인생 종착역에서 방향을 찾으면 되돌아올 수 없어 후회하게 된다.

둘째, 동반자를 잘 만나야 한다.

여행은 장소도 중요하지만 동반자를 잘 만나야 한다.
인생은 누구를 만나는지가 매우 중요하다.
여행할 때 동반자가 좋으면 어디를 가든 즐거울 수 있다.

서울에서 부산까지 가는데 가장 빨리 가는 방법은 무엇인가? 비행기 타고 가면 될까? 아니면 KTX 타고 가면 될까? 가장 빨리 가는 방법은 애인하고 가는 것이다. 비행기 타고 가도 자기가 싫어하는 사람이 옆에 앉아 있으면 매우 느리게 갈 것이다. 동반자가 중요하다는 것이다. 당신은 인생의 동반자를 잘 만났는가? 인생의 가장 중요한 동반자는 누구인가? 생각해 보라. 인생의 동반자를 찾아라.

셋째, 여행할 때 꼭 필요한 짐만 가져가야 한다.

나그네는 짐이 있다.
필요 없는 짐은 불안 · 걱정 · 근심 · 물욕 등이다.
꼭 필요한 짐은 거룩한 짐이다.
가치 있는 짐이다.
예를 들면 자녀양육 · 부모공경 · 아내사랑 등이다.
꼭 필요한 짐만 갖고 인생을 살아야 한다.

숙종 때의 학자 김학성의 어머니는 일찍 남편을 잃고 두 아들을 홀로 키웠는데 집안이 가난하여 남의 집 바느질을 하며 자식들을 키웠다. 하루는 비가 내렸는데 빗방울이 떨어지는 곳에서 금속성의 소리를 들었다. 이상하게 생각하여 주위를 파보니 큰 가마니에 금은보화가 가득 담겨 있었다. 놀란 어머니는 한참 생각하다가 금은보화를 전보다 더 단단히 묻어 두었다. 그 후 어머니는 자기 오빠에게 그 집을 팔아달라고 요청했다. 그리고 작은 집을 구입하여 전과 다름없이 삯바느질로 생계를 이어 갔다. 그 아들들은 장성하여 큰 인물이 되었다. 어느 해 어머니는 오빠를 초대하고 두 아들을 불러 옛날 집에서 금은보화가 나온 이야기를 했다. 깜짝 놀라 이유를 묻는 오빠에게 어머니는 "아무런 수고 없이 큰 재물을 얻으면 반드시 뜻하지 않은 재앙이 있을 것이고, 어릴 때 편하게 생활하면 학업에 힘쓰지 않을 것이고, 궁한 것을 알고 고생을 해보아야만 사는 것이 귀하다는 것을 알 수 있을 것이기 때문에 그렇게 하였다."라고 말했다.

넷째, 돌아갈 집이 있다.

여행 후 돌아올 집이 있으면 참으로 행복하다.

그 집이 없다면?

불행하다.

우리는 돌아갈 집이 있는가?

돌아갈 집이 있다면 참으로 행복하다.

돌아갈 집을 준비해야 한다.

죽음도 준비하라는 것이다.

인생만 준비하면서 살 것이 아니라 죽음도 준비하는 삶을 살아야 한다. 조지 버나드쇼의 묘비에는 "우물쭈물하다가 내 이럴 줄 알았다."라고 씌어 있다.

죽음에 임박하여 후회할 것이 아니라 후회하지 않은 삶을 살기 위해 노력하고 더 나아가 죽음 이후에 대한 생각도 해 보라는 것이다.

잘 살아야 잘 죽을 수 있다.

1-9 현대 교육철학 사조

교육철학은 가치선택 기준을 제공해 준다.

무엇을 공부해야 하는가?

교육철학은 올바른 가치를 선택할 수 있는 기준을 제시해 준다.

교육철학의 사조는 교육의 목적, 기능, 내용 등에 대하여 방향과 기준을 제시하므로 매우 중요하다.

왜냐하면 교육철학에 따라 교육활동의 방향과 기준을 제시하기 때문이다.

이러한 기준을 제시하려는 흐름이 있다.

20세기 전반기에 미국에서 시작된 4가지 현대 교육철학 사조는 표 1-1 현대 교육철학 사조와 같다.

표 1-1 현대 교육철학 사조 1

구분	진보주의	본질주의	항존주의	재건주의
등장배경	1929년 경제대공황	1957년 소련의 스푸트니크 충격	진보주의와 본질주의 비판	현대사회의 여러 위기 극복
학자	코메니우스, 루소, 페스탈로찌, 프뢰벨, 듀이	배글리, 혼	허친스, 마리땡, 아들러	브라멜드
교육목적	현재 생활 충족	미래 생활 준비	불변하는 진리 전달	사회재건
교육내용	생활중심	문화유산에 필요한 본질적 내용	고전	사회적 자아실현

구분	진보주의	본질주의	항존주의	재건주의
교육방법	아동중심, 흥미, 활동중심	교사중심, 훈련중심	보편적 진리	과학적, 합리적
비판	학력저하 미래준비 소홀 무질서한 교실	창의성 저해 본질기준 미흡	현실과 거리 인문학에 치우침	교육의 힘을 지나치게 강조

첫째, 진보주의Progressivism이다.

진보주의 교육은 영국의 경험론과 공리주의 및 다윈의 진화론과의 결합에 의하여 이루어진 실용주의에 기반을 두고, 전인적(全人的) 인간육성을 목표로 하고 있다.

진보주의는 20세기 초에 전통교육에 대한 비판과 함께 미국에서 등장하였다.

이후 진보주의가 대두되었으나 1929년 미국이 경제대공황을 겪으면서 진보주의 교육은 사회문제 해결에 기여하지 못한다는 비난이 있었고 이후 사회문제에도 관심을 가지게 되었다.

대표적인 진보주의 교육학자는 코메니우스, 루소, 페스탈로찌, 프뢰벨, 듀이 등이다.

이들은 아동은 성인의 축소판이 아니며, 성인중심, 교과서중심, 지식암기 위주의 전통교육을 지양하고 아동중심교육을 강조하였다.

① 교육은 미래를 위한 준비가 아닌 현재 생활의 필요와 흥미, 욕구를 충족시키는 역할을 해야 한다.

② 교육은 아동이 환경과 상호작용하는 과정에서 새로운 경험을 갖는 것이어야 한다.

③ 교육은 아동의 흥미와 관심 및 활동중심으로 이루어져야 한다.

진보주의에 대한 비판은 다음과 같다.

① 아동의 흥미중심교육과 지나친 자유의 허용으로 어렵고 중요한 내용은 소홀히 하게 되어 학력저하를 초래한다.
② 아동은 미숙한 존재이므로 아동의 흥미와 관심도에 따라 학습내용을 결정하는 것은 위험하다.
③ 현재의 생활중심교육의 강조로 인해 미래를 위한 준비에 소홀하게 된다.
④ 교사의 소극적인 역할로 인한 무질서한 교육 분위기가 만연하게 된다.
⑤ 확고한 교육목적이 결여되고, 사회적 요구를 도외시하는 분위기가 형성된다.

둘째, 본질주의Essentialism이다.

본질주의 교육사상은 사회의 전통적 문화내용 가운데 본질적인 지식·법칙·기능을 발견하여 다음 세대에 전달하는 것을 중시하는 교육사상이다.

진보주의가 아동중심교육으로 치우치는 데 대해 절충적 입장을 취한다.
교육내용으로는 개인적 경험보다 민족적 경험이 포함된 전통적 교과과정을 중시한다.
교육방법으로는 진보주의와는 대조적으로 이해보다는 습득을, 학생의 자율적 학습보다는 교사의 지도를, 자유보다는 훈련을, 학생의 일시적 흥미보다는 노력을 강조한다.
대표적 이론가로는 배글리Bagley와 혼Horne 등이 있다.

본질주의는 문화의 근간을 이루는 사상·기능을 체계적으로 모든 아동에게 줄 것을 주장한다.
본질주의는 1957년 소련의 인공위성인 스푸트니크 발사로 인한 충격 이후 미국사회의 문제와 교육의 질적 수준저하는 아동에게 지나치게 자유를 부여한 방임적인 진보주의 교육에 책임이 있다는 비판으로 등장한 교육사조이다.

본질주의 교육사상은 1938년 배글리를 중심으로 한 '미국교육 향상을 위한 본질파 위원회'가 구성되고, '본질주의 강령'을 발표하면서 시작되었다.

교육이론은

① '학생들에게 무엇을 가르칠 것인가?'에 관심을 가지게 되었고
② 교육이란 문화유산 가운데 현재 생활에 필요한 가장 본질적인 요소를 전하는 것이며
③ 교육은 사회적 요구와 관심을 중심으로 이루어져야 하고
④ 교육내용은 문화의 본질적인 내용이 포함된 것으로 전통적인 교육과정이 중시된다.
⑤ 학습은 흥미보다는 훈련 위주로 이루어져야 하며,
⑥ 교육의 주도권은 교사에게 주어져야 한다.

본질주의에 대한 비판은

① 문화유산과 전통 가운데 무엇이 본질인지 명확한 기준이 없다.
② 교육내용 중 지적 훈련을 강조함으로써 아동의 창의성 발달을 저해하고 전인교육에 위배될 우려가 높다.
③ 인류의 미래전망과 사회개혁의 자세가 부족하다.

셋째, 항존주의Perennialism이다.

20세기 초반에 유행했던 진보주의 교육철학과 1930년대에 진보주의를 비판하였다.

진리는 절대적이고 영원하다고 이해한다.

진리는 이미 고대와 중세의 고전, 특히 플라톤, 아리스토텔레스, 토마스 아퀴나스 등의 저작에서 확립되었다.

'하늘 아래 새로운 것은 하나도 없다'라는 말은 이들의 입장을 잘 요약하고 있다.

대표학자로는 허친스, 마리땡, 아들러 등이 있다.

교육이론은

① 교육은 보편적이고 불변하는 진리에 인간을 적응시키는 일이다. 고전 속에는 인류의 영원하고 보편적인 진리가 포함되어 있으므로 고전을 읽을 것을 강조하였다.

② 교육은 생활의 모방이 아니라 생활을 준비하는 것이다.

항존주의에 대한 비판은

① 고전 속의 위대한 인물처럼 생각하고 행동할 것을 강조하는 항존주의는 소수의 엘리트만을 위한 지적 귀족교육이다.

② 미래를 위한 준비교육인 항존주의는 현실을 경시하기 쉽다.

③ 사회는 고전적인 교과서의 내용대로 펼쳐지는 곳이 아니다

④ 다양한 인간의 능력과 개성을 강조하는 민주교육에 위배되며, 단순히 고전에 치우친 인문주의 교육이 될 우려가 높다.

넷째, 재건주의Reconstructionism이다.

재건주의는 진보주의, 본질주의, 항존주의를 모두 비판하고 등장한 교육사조이다.

재건주의 제창자인 브라멜드Brameld, 1904~1971는 현대사회는 중대한 위기에 직면하고 있다고 보고 인류문화사적 위기를 극복하고 사회의 지속적 발전을 유지하기 위한 방법으로 교육의 중요성을 주창하였다.

재건주의자들은 교육은 사회개혁의 역군이 되고 선봉이 되어야 한다고 보았다.

재건주의는 진보주의로부터 수단과 과정을 중시하는 사상을, 본질주의로부터 문화 보존의 인류학적 가치를, 항존주의로부터 생의 목표를 추구하는 사실들을 수용하였다.

브라멜드는 진보주의로부터 실험정신을, 본질주의로부터 체계적 지식을, 그리고 항존주의로부터 합리적 분석을 배웠다고 하였다.

교육이론은

① 교육은 현대의 문화적 위기를 해결하고 새로운 사회질서를 수립하기 위해 필요한 프로그램으로 구성되어야 한다.

② 교육은 현대사회의 문제와 문화적 위기를 인식하고 문화의 기본가치를 실현하여 새로운 사회질서를 창조해야 한다.

③ 교육내용은 사회적 자아실현을 위한 경험으로 구성되어야 한다.

④ 교육의 여러 방법들은 과학적 · 합리적으로 도출된 인간성에 대한 통합적 원리에 따라 재조직되어야 한다.

재건주의에 대한 비판은

① 이상사회수립에 대한 교육의 힘을 지나치게 맹신한다.

② 미래사회를 어떠한 가치관에 기초하여 세울 것인가에 대한 과학적 논증이 결여되어 있다.

미국을 중심으로 한 현대 교육철학의 사조 외에 유럽을 중심으로 한 교육철학 사조를 살펴보면 표 1-2 현대 교육철학 사조 2와 같다.

표 1-2 현대 교육철학 사조 2

구분	실존주의	분석철학	비판이론	포스트모더니즘
등장배경	1, 2차 세계대전으로 독재체제의 비윤리성, 합리주의, 실증주의에 대한 회의	형이상학 배격	사회학과 정치철학에서 기능주의에 대한 비판	2차 세계대전 이후 해체현상에 영향을 받음
학자	부버, 볼르노, 로저스	러셀, 무어, 프레게	신마르크스 학파	데리다, 리오타르, 보드리야르
교육목적	개개인의 자아실현	교육과 관련된 주요 개념, 용어, 원리 이론 등을 분석하여 명료화	해방, 계몽, 자유, 성숙, 민주화	개개인의 주체적 생각
교육방법	참 만남	분석	비판	상대적 진리
비판	현대사회 집단교육에 맞지 않음 사회적 존재로서 인간이해 부족	교육의 철학적 기능을 소홀히 함 교육에 관한 가치를 무시	교육의 기능에 대한 순기능을 과소평가	진리의 객관성 합리적 부정

첫째, 실존주의Existentialism이다.

실존주의는 휴머니즘이다.

실존주의는 개인의 자유, 책임, 주관성을 중요하게 여기는 철학적·문학적 흐름이다.

실존주의에 따르면 인간 개인은 단순히 생각하는 주체가 아니라 인간존재의 가장 내면적인 핵심에 부딪치게 되는 자기 자신과의 만남을 중요하게 생각한다.

인간은 누구나 자유롭고, 스스로 결단하고, 선택할 수 있으며 선택한 것에 대해 책임을 지는 존재로 보며 인간실존의 구조와 본질을 밝히는 철학이다.

실존주의와 교육과의 관계를 논한 학자로는 부버Buber, 볼르노, 로저스 등이 있다.

실존주의는 1, 2차 세계대전을 겪으며 모든 질서, 권위, 가치에 대한 회의와 절망적인 허무주의를 극복하고자 등장하였다.

또한 합리주의의 허구성과 실증주의의 비인간성, 독재체제의 비윤리성 등에 대한 비판으로 등장하였다.

교육이론은

① 개인의 자유, 책임, 주관성, 독자성을 강조
② 사회화, 문화기대, 사회적 적응에 대한 거부
③ 교육의 수단적 목적보다는 전인교육의 중시, 인격교육의 강조
④ 개인의 자아실현을 위한 교육과정의 중시
⑤ 교사는 단순한 지식의 전달자가 아니라 학습자와의 참된 만남과 대화를 통해 학습자의 자아실현을 도울 수 있도록 인격적으로 깊이 공감하게 해 주는 역할을 해야 한다.

실존주의에 대한 비판은

① 사회적 존재로서의 인간이해에 소홀
② 현대사회의 집단적인 학교교육에 적용하기 어렵다.

둘째, 분석철학Analytic Philosophy이다.

모든 과학과 일상적 지식의 개념 등을 분석적인 방법으로 엄밀하게 밝히는 것을 목적으로 한다.

언어의 의미를 명료화하고 논리적 구조의 통찰을 통해 철학을 과학화함으로써 많은 지적 혼란으로부터 인간을 해방시키고 인간 및 세계에 대한 이해를 명료화하고자 한다.

교육이론은

교육과 관련된 주요개념, 용어, 원리 이론 등을 분석하여 그 의미를 분석하여 명료화함으로써 학문적 체계화에 공헌한다.

분석철학에 대한 비판은

① 교육이념, 교육관, 교육목표 등을 정립하는 교육철학적 기능에 소홀하다.
② 교육에 관한 가치론적, 당위론적 문제들을 소홀히 한다.

셋째, 비판이론Critical Theory이다.

비판이론은 사회과학과 인문학의 지식을 적용한 반성적 연구와 사회와 문화에 대한 비판에 중점을 둔다.

사회학과 정치철학에서 비판이론 용어는 1930년대 독일에서 성장한 프랑크푸르트 학파의 신마르크스주의 철학을 가리킨다.

인간의 의식이나 지식이 사회의 정치, 경제적 제 조건에 의해 억압되고 왜곡된다고 보고 이를 극복하여 합리적인 인간과 사회를 형성하고자 한다.

현대사회의 불평등, 부정의를 비판하고, 새로운 인간과 새로운 사회의 변혁을 요구한다.

비판이론의 목표는 정의로운 사회건설과 이성적이고 성숙한 인간형성에 있다.

교육이론은

① 교육을 통한 해방, 계몽, 자유, 성숙, 민주화를 강조한다.
② 몰개성적, 기계적, 도식적으로 변질되고 비인간화되어 가는 현대교육을 비난하며

자율적이고 성숙화된 인간을 이상적인 인간형으로 추구한다.

③ 학교는 불평등하고 불공정한 정치, 경제구조를 반영하고 있다.

비판이론에 대한 비판은

교육의 순기능적인 측면을 소홀히 하였다.

넷째, 포스트모더니즘Postmodernism이다.

포스트모더니즘은 일반적으로 모더니즘 후의(라틴어 post: 뒤, 후) 서양의 사회, 문화, 예술의 총체적 상황을 일컫는다.

모더니즘의 이성중심주의에 대해 근본적인 회의를 내포하고 있는 사상적 경향의 총칭이다.

2차 세계대전 및 여성운동, 학생운동, 흑인민권운동과 구조주의 이후 일어난 해체 현상의 영향을 받았다.

키워드는 데리다가 주장한 해체deconstruction, 탈구축인데 탈중심적 다원적 사고, 탈이성적 사고가 포스트모더니즘의 가장 큰 특징으로 1960년대 프랑스와 미국을 중심으로 일어났다.

데리다, 리오타르, 보드리야르 등이 대표적인 포스트모더니즘 철학자이다.

포스트모더니즘은 용어 자체가 역사학적 구분에서의 근현대에 스쳐간 수많은 것들을 포함하기 때문에 학자, 지식인, 역사가 사이에서 그 정의를 두고 극한 논쟁이 일고 있는 개념이기도 하다.

그럼에도, 포스트모던적 생각이 철학, 예술, 비판이론, 문학, 건축, 디자인, 마케팅, 비즈니스, 역사해석, 문화 등 다방면에 걸쳐 영향을 끼쳤다.

상대적 인식론을 바탕으로 모든 인식활동들은 인식자의 주관에 따른 상대적인 관점에서 이루어지는 것이므로 진리나 지식의 상대성, 임의성, 역사성, 우연성을 강조한다.

특정 생활양식의 강요는 부당하며, 그러한 것들은 의미가 없다.
차이를 존중하고 다양한 생활양식이 혼재하는 문화적 다원주의를 지향한다.

근대사회의 이성적 · 주체적 자아의 탈피를 주창하며, 인간의 자아란 사회적 관계에 의한 산물로서 우연적 · 분열적 · 모순적인 것이므로, 합리성에서 벗어날 것을 강조한다.

진리의 객관성과 보편성, 합리성을 부정함으로써 전통적인 교육관에 혼란을 가져오며, 모든 학교와 교육활동 등 교육의 가능성과 역할에 대한 회의와 냉소를 가져오게 할 우려가 있다.

참고: 박선영(2015). 교육학개론. 박영스토리.
성태제, 강대중 외(2012). 최신 교육학개론. 학지사.
김희수, 최정선 외(2014). 이해하기 쉽게 쓴 교육학개론. 동문사.
박철홍, 강현석 외(2013). 현대 교육학개론. 학지사.
김도진, 송성순 외(2015). 교육학개론. 창지사.
위키피디아 백과사전.

1-10 개시개비(皆是皆非)

모두 옳을 수 있고 모두 틀릴 수 있다.

원효의 화쟁론(和諍論)에서 나온 말로 화엄사상의 핵심이다. 화쟁이란 '올바른 뜻을 찾아서 여러 학파들의 주장들을 서로 통하게 만든다.'란 말이다. 오늘날 많은 학자들이 유학을 다녀온다. 가장 많이 유학 가는 곳은 미국이다. 원효가 살았던 7세기 한국은 동아시아의 변방이었고 당시에도 많은 학자나 스님들이 당나라로 유학을 갔다. 유학을 다녀온 학자들은 그 나라의 문화나 일반인들의 삶 속에 녹아 있는 공부를 하지 못하고 자신이 다닌 학교의 학풍이나 지도교수의 학문을 배워서 온다. 즉, 삶으로 전체를 배우는 것이 아니라 박사학위를 위한 일부만 배워온다. 이런 사람들이 학자이다. 너무 편협한 생각인지도 모른다. 그래서 어떤 이들은 석사(碩士)는 석사(石士), 박사(博士)는 박사(薄士)라고 부른다.

미국은 다양한 가치를 수용하여 민주주의를 가장 꽃피운 나라이다.
미국에서 공부한 학자들이 많이 있는데 왜 우리나라는 사고의 폭이 좁은가?
미국에서 공부한 사람들이 정치를 하지 않아서인가?
리더가 되지 않아서인가? 자신이 장님이라고 생각하지 않기 때문이다.

예를 들면 장님 코끼리 만지기를 보면 알 수 있다. 여러 장님이 코끼리를 만지고 있다. 코를 만진 장님은 길다고 한다. 배를 만진 장님은 벽과 같다고 하고, 다리를 만진 장님은 기둥 같다고 한다. 틀린 건가? 그렇지 않다. 모두 맞는 말이다. 그런데 또한 모두 틀린 말이기도 하다. 그러나 장님 중 누구도 코끼리의 전모(全貌)는 모른다. 장님이 아닌 사람은 코끼리의 전모를 안다. 세상을 사는 우리는 모두 자신이 장님이 아니라고 생각하기 때문에 갈등이 생긴다. 장님일 수도 있는데 말이다. 겸손한 사람은, 지혜로운 사람은 자신이 장님일 수 있다고 생각하는 사람이다.

내 말도 맞고 네 말도 맞다. 아니, 내 말도 틀리고 네 말도 틀리다.

맞고 틀리고, 옳고 그름이 아니다.

내 생각도 맞고 네 생각도 맞다. 즉, '차이가 있다. 다르다'를 인정하는 것이 바로 개시개비이다.

김연아가 예쁜가? 손연재가 예쁜가? 조인성이 멋있는가? 현빈이 멋있는가? 김연아도 예쁘고 손연재도 예쁠 수 있고 조인성도 멋있고 현빈도 멋있을 수도 있다. 김연아를 더 좋아하는 사람이 손연재 좋아하는 사람을 미워해서 되겠는가? 조인성을 좋아하는 사람이 현빈 좋아하는 사람을 싫어하면 되겠는가? 아니 싫어할 수도 있겠다. 그런데 내 생각, 내 가치만 옳고 상대방 생각, 상대방이 갖는 가치를 미워하면 되겠는가?

이렇게 되면 심각한 오류가 생길 수 있다.

'모든 사람들이 갖고 있는 가치가 다 옳은 것인가?'의 문제가 생긴다.

살인도, 강간도, 폭행도, 마약도 그 사람이 좋아하면 다 인정해야 하는가? 어떻게 생각하는가?

개시개비이면 너도 옳고 나도 옳은 것 아닌가?

이 부분에서 철학자들은 공동체의 삶을 강조하고 있다.

소크라테스는 훌륭하게 살라고 했다.

그럼 어떻게 해야 훌륭하게 사는 것인가.

고전적 가치로 절제, 겸양, 배려, 관용 등이 있다. 예수는 10계명을 말하고 있다.

지금 이 시대에 가장 절실한 것은 공동체의 삶이다.

함께 사는 지혜다.

함께 산다는 것은 나와 다른 생각과 가치관을 가지고 있는 사람들을 전제로 하고 있다.

이념, 가치관, 문화, 피부색, 키, 성격, 입맛 등이 다른 사람들과 함께 사는 것이다.

그런데 우리는 이러한 차이와 경계를 나와 남이 다르다는 것을 인정하는 기준이 아닌 나와 남이 다른 것을 편 가르는 기준으로 삼아온 것이 아닌가 생각해 본다.

사람들이 살아갈 때 서로 다른 것들이 어울리면서 조화를 이루어 갈 때 세상은 아름다워진다.

모두가 똑같은 키, 똑같은 피부색에 똑같은 가치관과 이념을 가졌다고 생각해 보라.

얼마나 황량하고 지루한가?

이것은 인간이 아닌 로봇이다.

하나님은 인간에게 자유의지를 주었다.

같은 인간이지만 다르게 생각하고 다르게 볼 줄 알며 남과 다르지만 조화롭게 살아가는 세상이 아름다운 세상이 아닌가?

자연도 그렇다.

똑같은 풍경을 두고 아름답다고 하지 않는다.

산과 물은 다르지만 함께 있어 아름답다.

단풍도 빨간색과 노란색이 다투지 않고 함께 어울려 장관을 이룬다.

현대사회는 지구촌 시대이기 때문에 더욱 다양한 사람들이 다양한 생각을 가지고 다양하게 살아간다.

그 다양성을 인정하고 받아들이지 못하면 함께 아름다운 세상을 꿈꿀 수 없다.

우리 사회에서 일어나고 있는 일들을 이념갈등, 남북문제, 여야문제, 동서문제, 진보와 보수 문제로 양분화시켜서 오히려 갈등을 조장하는 정치인들은 퇴출되어 마땅하다.

다양한 가치를 인정하고 받아들이기는커녕 내 편 아니면 종북, 내 편 아니면 꼴통,

내 편 아니면 죽일 놈, 내 편 아니면 개새끼, 내 편 아니면 상종 못할 놈으로 매장시키려는 문화는 빨리 고쳐져야 한다.

명절 때 정치이야기나 종교이야기를 하면 곧 집안싸움이 난다.
어떤 모임이든 정치나 종교이야기를 하면 바로 편이 갈린다.
문제다.
왜 정치나 종교이야기를 자연스럽게 할 수 없는가?
내 편 네 편을 염두에 두기 때문이다.
다양한 가치를 인정하지 않기 때문이다.
이렇게 우리를 길들여 온 정치문화의 영향 때문이다.

이젠 이러한 이분법적 사고방식에서 벗어나야 한다. 답은 하나만 있을 수도 있지만 여러 개 있을 수도 있다.

참고: 이종익(1977). **원효의 근본사상**. 동방사상연구회.

1-11 인류역사상 가장 많이 팔린 사랑이란 책

인류역사상 가장 많이 팔린 책은?

성경!

아니다.

공책이다.

성경은 총 66권으로 되어 있다.

구약 39권 신약 27권이다.

장으로는 총 1,189장이다.

구약 929장 신약 260장이다.

등장인물만 2,930명,

등장하는 지명은 1,551곳이다.

1,500년간 40명의 사람들에 의해 기록되었으며 시대와 인물이 다 다른데, 쓰인 목적은 예수 한 사람이며 내용은 창조, 사랑, 구원 등이다.

성경을 한 단어로 표현한다면?

사랑이다.

지혜로운 사람은 사랑의 불씨를 살린다.

사랑보다 소중한 것은 없다.

성경에도 믿음, 소망, 사랑 중에 가장 소중한 것이 사랑이라고 말한다.

아래의 글을 내용을 음미하면서 읽어보기 바란다.

사랑은 언제나 오래 참고, 참지 못한 것이 어떤 것이 있었는가?
사랑은 언제나 온유하며, 조그만 부분에서 왜 화를 버럭 내었는가?
사랑은 시기하지 않으며, 주변사람이 잘 되었을 때 진정으로 기뻐해 주었는가?
자랑도 교만도 아니 하며, 스스로 교만해지지 않았는가?
사랑은 무례히 행치 않고, 무례하게 행동하고도 미안해 하지도 않았는가?
자기의 유익을 구치 않고, 나의 이익만 생각하지 않았는가?
사랑은 성내지 아니하며, 사소한 일에도 자주 열 받고 화내지 않았는가?
진리와 함께 기뻐하네. 진리와 정의를 추구하며 기뻐했는가?
사랑은 모든 걸 감싸주고, 상대방이 잘못했을 때 감싸주었는가?
바라고 믿고 참아내며, 상대방을 신뢰하고 오래 참아 주었는가?
사랑은 영원토록 변함없네, 예전에 사랑한 사람을 영원토록 사랑하고 있는가?

믿음과 소망과 사랑은, 이 세상 끝까지 영원하며,
믿음과 소망과 사랑 중에, 그중에 제일은 사랑이라.

–고린도 전서 13장–

사랑하면 우리의 존재가 새롭게 태어난다. 감정이 살아나고, 온몸으로 듣고, 온몸으로 느끼고, 온몸으로 깨닫는다.

온몸으로 말하고, 온몸으로 반응한다.

플라톤의 말처럼 사랑하는 사람은 누구나 시인이 된다.

또한 사랑할 줄 아는 사람은 약한 자가 강해지며 강한 자가 약해질 수 있다.

사랑하는 사람은 언제나 사랑하는 대상에게 지게 된다.

그러나 져 줄 뿐이지 힘이 없어지는 것은 아니다.

그래서 사랑의 묘약은 신비하다.

사랑에는 여러 종류가 있다.

첫째, 관심을 가져주는 사랑이 있다.

사랑한다고 말하고 관심을 갖지 않으면 그것은 말로만 사랑하는 것이다.

애인을 생각해 보라. 연애할 때를 상상해 보라.

애인을 만들기 위한 방법을 생각해 보라.

어떻게 애인을 만드는가?

우선 사귀고자 하는 상대방에 대하여 관심이 많다.

나이, 좋아하는 음식, 취미, 옷 입는 스타일, 어디에 사는지, 부모, 형제는 몇 명, 학교는 어디 다니는지, 친구는 누구인지, 어떤 음악을 좋아하는지, 어떤 성격을 갖고 있는지? 등등 많은 관심이 있다.

관심이 있기 때문에 사귀고자 하는 사람에 대하여 자세히 안다.

내가 사랑한다고 말하는 사람에 대하여 얼마나 알고 있는가?

애인 만들고자 할 때 상대방에 대한 관심과 지금 사랑한다고 말하는 상대방에 대한 관심을 비교해 보면 사랑하는지 그렇지 않은지 알 수 있다.

둘째, 약자를 배려하는 사랑이 있다.

어느 마을에 자녀 셋을 키운 여인이 있었다. 지나가던 한 노인이 이 여인에게 "자녀 셋 중 누구를 가장 사랑했나요?"라고 물었다. 그러자 여인은 "막내가 병들었을 때는 막내를 가장 사랑했고, 둘째가 집을 떠나 방황했을 때는 둘째를 가장 사랑했고, 큰아이가 학교성적과 이성문제로 괴로워할 때는 큰아이를 가장 사랑했답니다."라고 하였다. 이것이 바로 부모의 사랑이다. 자녀가 고통스러워할 때 그것을 피하지 않고 사랑으로 끌어안는 사람이 바로 부모다. 사자는 병든 새끼를 절벽에 던져버린다. 독수리는 상처 입은 새끼를 둥지에서 떨어뜨린다. 그러나 부모는 항상 자녀와 고통을 함께 나눈다.

셋째, 자신의 목숨까지 내어주는 사랑이 있다.

아빠와 엄마, 그리고 일곱 살 난 아들과 다섯 살짜리 딸이 살았다. 어느 날 아빠가 아들과 딸을 데리고 등산을 갔다. 산행도중 불의의 사고로 아들이 심하게 다쳤다. 응급수술을 받던 중 피가 필요했다. 아들과 같은 혈액형은 딸뿐이었다. 다급한 아빠가 딸에게 조심스럽게 물었다. "얘야 너 오빠에게 피를 좀 줄 수 있겠니?" 딸아이는 이 질문에 잠시 동안 무얼 생각하는 것 같더니 머리를 끄덕였다. 수술은 성공적으로 마쳤다. 그런데 딸이 아빠에게 이렇게 물었다. "아빠! 그런데, 나는 언제 죽게 되나요?" 아버지가 깜짝 놀라서 딸에게 물었다. "죽다니! 네가 왜 죽는단 말이냐?" 딸은 "피를 뽑으면 곧 죽게 되는 게 아닌가요?"라고 했다. 아빠는 딸에게 "그럼, 넌 죽을 줄 알면서 오빠에게 피를 주었단 말이냐?" 그런데 딸은 "응. 전 오빠를 사랑하거든요."라고 말했다.

1-12 성숙한 사람이란?

성숙(成熟, maturity)이란 사람이 나이를 먹어 어른스럽게 된다는 의미이다.
사물이 자신의 특성을 완전히 드러내는 단계의 이름을 뜻한다.

보웬Bowen은 정신분열증 환자를 연구하면서 정서적 질병의 현상들이 일반 정상적인 가정에서도 그 정도는 미약하지만 동일하게 드러난다는 사실을 발견하였다.
보웬은 가족을 하나의 감정적 단위로 보고 성숙의 정도를 해석하였다.
성숙한 사람은 건강한 정체성을 갖고 있으며 정서적으로 자유롭다.
이런 능력이 있으면 충동적으로 반응하지 않고 선택한다.

예를 들면 성숙된 가족은 자녀가 명절 때 친구들과 함께 여행을 가기로 했을 경우 가족들이 좀 섭섭하기는 해도 그가 행복하고 친구들도 많다는 것에 기뻐한다.
반면 성숙하지 못한 가족은 그에게 죄책감을 주고 화를 낼 것이다.

세상에 버릴 것은 하나도 없다.
성숙이란 어느 한 순간에 갑자기 이루어지는 것이 아니다.
성숙된 사람이라고 해서 이마에 어떤 표시가 있는 것도 아니다.

성숙한 사람은 개인적인 이해관계와 관련된 사람에 대한, 각종 기업에 대한, 가난과 부에 대한, 여당과 야당에 대한, 인종에 대한, 세계 각 나라에 대한, 각종 종교 등에 대한 어떤 편견, 선입관, 고정관념을 버리고 세상을 바라보는 사람이며, 성숙한 사람은 사랑할 뿐 기대하지 않는다. 남에게 피해를 끼치지 않는 소극적 배려를 넘어 강자보다 약자에 대한 배려를 생각하며, 베풀며 살고자 하는 적극적 배려를 하면서 사는 사람이다.

'세상에는 버릴 것이 하나도 없다' 노자의 말이다.
다 자기의 목적이 있다. 우리는 흔히 말한다. 개똥도 약에 쓰려고 하니 없다고 한다. 개똥도 필요하다는 것이다. 어느 시골에 한 노인이 매일 5리나 되는 곳에서 물을 길어 자신의 집 물 항아리를 채우고 있었다. 오른쪽 물 항아리는 물 한 방울 새지 않았으나 왼쪽에 있는 물 항아리는 금이 가서 물이 조금씩 새어 나갔다. 노인은 두 항아리 모두 아끼었지만 깨어진 항아리는 온전하지 못한 자신을 아껴주는 노인에게 미안해하였다. 1년이 지난 어느 날 깨어진 항아리가 노인에게 물었다. 깨어져서 물을 온전히 다 담을 수 없는 가치 없는 항아리를 왜 지금까지 버리지 않고 물을 계속 담느냐고 하였다. 그러자 노인은 항아리 주변을 살펴보라고 하였다. 온전한 항아리 주변에는 낙엽이 뒹굴었고 그냥 맨땅만 보였다. 그런데 깨어진 항아리 주변에는 예쁘고 싱싱한 아름다운 꽃들이 피었다. 깨어진 항아리로 물이 새어나가면서 주변에 온갖 예쁜 꽃들이 그 물을 먹고 자라게 되었다는 것이다. 세상에 쓸모없는 것은 없다. 쓸모없는 것처럼 보일 뿐이다. 깨진 항아리처럼 흠이 많은 사람도, 단점이 많은 사람도 쓸모 있는 존재이다.

성숙한 사람은

첫째, 나와 다른 사람도 있는 그대로 받아들이고 인정할 줄 안다.

둘째, 성숙한 사람은 상황이 문제가 아니라 그 상황을 어떻게 받아들이고 해석하느냐를 중요하게 생각하는 사람이다.

어떤 환경이나 상황을 탓하지 않고 상황을 긍정적으로 해석하며 모든 책임을 환경이나 상황으로 돌리는 것이 아니라 자신에게 돌린다.

셋째, 성숙한 사람은 자기를 사랑할 뿐만 아니라 상대방을 배려하고 모든 인간을 사랑의 대상으로 인식한다.

성숙한 사람은 자기 욕심을 채우기보다 상대방을 배려할 줄 아는 인간이다.
자기 욕심을 채우려고 할 때 결국 자신도 손해를 보게 된다.

사막에 작은 오두막집을 짓고 사는 노인이 있었다. 그곳에는 우거진 야자수와 맑은 샘물이 있어서 지나가는 나그네들의 좋은 쉼터가 되었다. 노인은 야자수 그늘 아래서 목마른 나그네들에게 시원한 샘물을 떠 주는 것에 기쁨과 보람을 느꼈다. 그런데 언제부터인가 나그네들이 물을 마시고 나서 몇 푼의 동전을 주는 것이었다. 처음에는 사양을 했지만 동전이 쌓여가면서 노인에게 욕심이 생겼다. 나중에는 동전을 안 주는 사람들에게는 물을 주지 않았다. 노인은 더 많은 물을 나오게 하려고 주변의 야자수를 모두 베었다. 왜냐하면 야자수 나무가 샘물을 빨아들인다고 생각했기 때문이다. 그러나 얼마 후 샘은 더 이상 물이 나오지 않았다.

1-13 무형이 유형을 지배한다.

행복이란 무엇인가?

대부분 사람들은 눈에 보이지 않는 것보다 보이는 것에 집중한다.

눈에 보이는 것보다 보이지 않는 것이 더 중요하다.

무형이 유형을 지배한다.

마음이 무형이면 돈은 유형이다.

슬픔, 분노, 우울, 기쁨, 절망, 자신감, 열정 등의 마음은 무형이다. 행복도 무형이다.

이 순간 아무런 조건 없이 행복하다면 앞으로도 행복할 수 있을 것이다. 유형적인 것 즉 돈, 물질, 명예, 출세, 학벌, 외모 등의 외적이고 보여지는 조건이 갖추어지면 행복할 수 있을 것으로 착각한다.

그렇지 않다.

사회적 저명인사나 돈이 많은 사람들은 행복한 조건을 갖춘 것처럼 보이지만 자살하거나 우울증에 걸려 고통받는 사람들이 많다.

행복은 외적 조건에서 만들어지기보다 내적 만족에서 온다는 반증이다.

인위적인 작용을 가하지 않으면 물은 낮은 곳에서 높은 곳으로 흐르지 못한다. 파동이론에 의하면 낮은 주파수의 파동인 물질은 더 높은 주파수의 파동인 마음을 생성할 수 없다. 물질이 마음을 움직일 수 없는 것이다. 높은 주파수의 마음 파동이 이 낮은 주파수의 것들을 생성할 수 있는 것이다.

최근 연구에 의하면 사람의 뇌파만으로 물의 파동을 일으키는 것을 볼 수 있다. 뇌파로 물의 파동을 일으켜 음악을 만드는 것이 현실화되었다. 물론 모든 사람이 다 할 수 있는 것은 아니다. 기독교인들이 자주 인용하는 성경구절이 있다. '사랑하는 자여 네 영혼이 잘됨같이 네가 범사가 잘되고 강건하기를 내가 간구하노라.'라는 말이다. 영혼이 잘되면, 즉 마음관리가 잘되면 모든 것이 잘되게 될 것이라는 뜻이다.

이렇듯 나의 생각이 눈으로 보일 수 있는 현상을 움직일 수 있다는 것이다.

그러나 현실에서는 돈이나 물질과 같은 것이 마음을 움직일 수 있다고 착각한다.

말 그대로 착각이다.

물질이나 현실이 행복을 만드는 것이 아니다.

마음이 행복해질 때 행복한 현실이 창조된다.

따라서 행복은 외부에 있지 않고 내부에 있다.

현실적이고 물질적인 것으로부터는 구할 수 없고 마음에서 찾아야 한다.

명상이나 수행을 하면 현실적으로는 어떤 것도 얻어지는 것이 없다.

그럼에도 불구하고 자신감이 생기고 행복해진다.

왜냐하면 행복한 마음이 현실의 행복한 상황과 물질을 창조하는 근원 에너지이기 때문이다.

행복한 마음이 먼저이고 행복한 현실은 나중인 것이다.

사람들은 이러한 원리를 잘 모른다.

물질과 현실에서 행복을 구하려고 한다.

그래서 의도대로 되지 않아 좌절하고 고통받고 힘들어한다.

그럼 물질로 얻어지는 기쁨은 무엇인가?
그것은 행복이라는 표현보다는 쾌락이라는 표현이 더 맞다.

쾌락은 동물 수준의 행복이다.
비싼 돈을 주고 맛있는 음식을 사먹을 때 느끼는 쾌락은 동물들도 느낀다.
명품을 자랑하고 크고 좋은 집에서 크고 좋은 차를 타고 다니며 느끼는 우월감의 쾌락이 있다.

이것은 동물의 수컷이 암컷 앞에서 구애하면서 자기 깃털을 화려하게 펼쳐 보이며 자랑하고 유혹하는 것과 다를 바 없다.
암컷을 차지하기 위해 싸워서 이기는 수컷이 느끼는 우월감의 쾌락과 비슷한 종류이다.

동물 수준의 쾌락이 아닌 행복이란 어떤 것일까?
행복은 마음으로부터 나온다.
그래서 모든 것이 마음먹기에 달려 있다는 것이다.

참고: 폴 돌런 저, 이영아 역(2015). **행복은 어떻게 설계되는가**. 와이즈베리.

1-14 아포리아 상태로 문제 해결하기

아포리아aporia는 그리스어로 '통로가 없는 것', '막다른 골목'이라는 뜻으로 철학 용어이다.

사람들이 배를 타고 가는데 배가 좌초되면 어떻게 하겠는가?' 상태를 생각해 보면 아포리아의 의미가 명확해진다.

아포리아란 '일반적으로 빠져 나갈 길이 없음, 난관, 난제, 미궁, 해결하기 어려운 문제를 의미한다.

"너 자신을 알라"는 말로 유명한 소크라테스는 대화의 상대를 아포리아에 빠뜨려 무지(無知)를 자각시켰다.

무엇에 대하여 알고 있다고 생각하는 사람에게 질문을 통해 그가 알고 있는 것을 밝히도록 하였다.

그 과정에서 자신이 알고 있다고 생각한 것을 철회하도록 만들었다.

소크라테스는 아포리아를 사람들이 지식을 얻는 수단으로 활용하였다.

아리스토텔레스는 "아포리아에 의한 놀라움에서 철학이 시작된다."고 하였다.

플라톤이 저술한 『메논』 즉, 대화편에서는 메논이라는 사람이 소크라테스에게 '덕은 가르쳐질 수 있는가?'라는 질문을 던짐으로써 시작되고 소크라테스는 "덕이 가르쳐질 수 있는지 어떤지를 알기는커녕 덕이란 무엇인지도 모른다."고 하면서 덕을 아는 사람을 가르쳐 달라고 메논에게 질문하여 메논이 답변하는 것으로부터 전개된다.

이러한 논리의 전개로부터 필연적으로 생기는 난관을 아포리아라고 하였다. 칸트의 비판 철학에서는 안티노미antinomi 즉, 이율배반이 아리스토텔레스에 있어서의 아포리아 역할을 한다. 이율배반은 두 개의 서로 모순하는 명제 즉, 정립과 반정립이 동등한 권리를 지니고 주장되는 것을 말한다.

인간은 진리를 추구하기 위해 아포리아 혹은 안티노미와 같은 용어를 끌어들여 난관을 극복하기 위해 노력해 왔다.

오늘날 한국사회에서 아포리아 상태, 이율배반 상황을 어떻게 풀어가야 할 것인가를 생각해 본다.

사람과 사람 간, 사람과 조직 간, 조직과 조직 간 아포리아 상태를 극복하기 위한 방법은 없는가?

오늘날 사회에서 일어나고 있는 수많은 아포리아 상태를 해결하기 위한 방법은 없는가?

철학자들은 문제를 해결하기 위해 아포리아 상태로 만들기도 한다. 소크라테스, 아리스토텔레스, 플라톤이 그렇게 하였다.

막다른 골목에 봉착해 보아야 혁신적인 해결방법이 나오기 때문이다.

문제를 해결하기 위해서 배수의 진을 치게 만드는 것이다.

뒤로 갈 수 없기 때문에 앞으로 나가게 하는 것이다.

쥐가 코너에 몰리면 고양이를 물게 된다는 것도 쥐가 아포리아 상태에 있기 때문이다.

때로는 문제가 해결되지 않을 때 아포리아 상태로 만들어 보는 것도 좋은 방법 중의 하나이다.

1-15 이 또한 지나가리니

Soon it shall also come to pass(이 또한 지나가리니!)

본래 이 말은 유대경전 주석서인 미드라쉬Midrash의 '다윗반지'에서 나왔다.

"날 위해 아름다운 반지를 하나 만들되 거기에 내가 전쟁에서 큰 승리를 거두어 환호할 때 교만하지 않게 하고, 내가 큰 절망에 빠져 낙심할 때 결코 좌절하지 않고 스스로에게 용기와 희망을 줄 수 있는 글귀를 새겨 넣어라." 이에 세공사는 아름다운 반지를 만들었지만 정작 거기에 새길 문구가 떠오르지 않아 고민 끝에 지혜롭기로 소문난 솔로몬을 찾아가 도움을 청했다.

이때 솔로몬이 일러준 문구이다.

실패에 좌절하지 않고, 승리에 오만해지지 않기 위해 다윗 왕이 자신의 반지에 새겨 넣고 몸에 지녔다.

결국 권력도 명예도 부도 사랑도 다 지나가고, 실패와 치욕과 가난과 증오도 모두 다 지나간다는 것이다.

아래 글은 인터넷에 누군가 올린 글이다.

죽을 만큼 사랑했던 사람과,
모른 체 지나가게 되는 날이 오게 되고,
한때는 비밀을 공유하던 가까운 친구가,
전화 한 통 하지 않을 만큼 멀어지는 날이 오게 되고,
한때는 죽이고 싶을 만큼 미웠던 사람과 웃으며 볼 수 있듯이,
시간이 지나면 이것 또한 아무것도 아니다.
변해버린 사람을 탓하지 않고,
떠나버린 사람을 붙잡지 말고,
그냥 그렇게 봄날이 가고 여름이 오듯.

1-16 실패에 대한 두려움은 시작도 하기 전 성공을 막는다.

경기에서 우승하고 인생에서 성공하는 비결의 절반은
마음가짐과 정신자세에서 비롯된다.

미국 심리학자 윌리엄 제임스William James의 유명한 말이 있다.

생각이 바뀌면 말이 바뀌고,
말이 바뀌면 행동이 바뀌고,
행동이 바뀌면 습관이 바뀌고,
습관이 바뀌면 인격이 바뀌고,
인격이 바뀌면 운명이 바뀐다.

긍정적 생각을 하면 긍정적 말이 나오고 부정적 생각을 하면 부정적 말이 나온다.
말은 사람의 행동을 결정하게 되고, 행동이 반복되면 습관이 된다.
습관은 인격을 만들며 인격이 그 사람 운명까지 결정하게 된다.

팔만대장경을 한마디로 표현하면?

팔만대장경은 고려 고종 때 판각되어 현재 해인사에 소장되어 있다.
국보 제32호 팔만대장경은 정확히 81,258매로 구성되어 있다.
팔만대장경 글자 수는 5천2백3십3만 152자다.
팔만대장경을 처음부터 끝까지 다 읽으려면 한문에 능통한 사람이 하루에 7시간

정도 읽어서 30년을 읽어야 한다.

팔만대장경을 다 읽은 스님에게 제자들이 물었다.

'팔만대장경의 내용을 한마디로 요약해서 표현하면 무엇입니까?'

스님은 대답하기를 '심(心)'이다.

팔만대장경 전체의 내용은 마음이다. 일체유심조(一切唯心造)라는 말이 있다. 모든 것이 마음먹기에 달려 있다. 그러므로 어떻게 마음을 먹느냐가 중요하다. 마음에 있지 않으면 보아도 보이지 않고, 들어도 들리지 않고, 먹어도 그 맛을 모른다. 인생에 좋은 경험, 나쁜 경험이란 없다. 우리가 경험을 어떻게 받아들이고 어떻게 그 경험에 반응하느냐에 따라 나쁜 경험도 좋은 경험으로 바뀔 수 있는 것이다. 실패란 실패자에게는 유쾌하지 못한 경험에 불과하지만, 성공자에게는 최고의 영웅담이다.

인생을 사는 모든 사람들은 삶의 운전사이다.

당신 자신이 당신 삶의 운전사임을 기억해야 한다.

속된 말로 운전사 마음대로라는 것이 있다.

운전석에 앉아서 앞으로 갈 수도 있고, 뒤로 갈 수도 있고 속력을 낼 수도 있고 멈추어 설 수도 있다.

운전대를 잡은 사람의 마음이 중요하다는 것이다.

마음을 어떻게 먹느냐에 따라서 우리의 삶은 우리에게 펼쳐진 경이로운 천국이 될 수도 지옥이 될 수도 있다.

1-17 마음을 다스리는 글 1

복은 검소함에서 생기고,
덕은 겸양에서 생기며
지혜는 고요히 생각하는 데서 생기느니라.
근심은 애욕에서 생기고,
재앙은 물욕에서 생기며,
허물은 경망에서 생기고,
죄는 참지 못하는 데서 생기느니라.

눈을 조심하여,
남의 그릇됨을 보지 말고,
맑고 아름다움을 볼 것이며,
입을 조심하여,
실없는 말을 하지 말고,
착한 말 바른 말 부드럽고 고운 말을 할 것이며,
몸을 조심하여,
나쁜 친구를 사귀지 말고,
어질고 착한 이를 가까이 하라.

어른을 공경하고,
덕 있는 이를 받들며,
지혜로운 이를 따르고,
모르는 이를 너그럽게 용서하라.
오는 것을 거절 말고,
가는 것을 잡지 말며,

내 몸 대우 없음에 바라지 말고,
일이 지나갔음에 원망하지 말라.
남을 해하면 마침내 그것이 자기에게 돌아오고,
세력을 의지하면 도리어 재화가 따르느니라.

가난하게 태어난 것은 당신의 잘못이 아니지만
죽을 때도 가난한 건 당신의 실수다.

화목하지 않은 가정에서 태어난 건 당신의 죄가 아니지만
당신의 가정이 화목하지 않은 건 당신의 잘못이다.

실수는 누구나 한번쯤 아니 여러 번 수천 수백 번 한다.
같은 실수를 반복하면 그건 못난 사람이다.

인생은 등산과도 같다.
정상에 올라서야만 산 아래 아름다운 풍경이 보이듯
노력이 없이는 정상에 이를 수 없다.

때론 노력해도 안 되는 것이 있다지만 노력조차 안 해보고
정상에 오를 수 없다고 말하는 사람은 페인이다.

일만 열심히 하면 출세한다는 생각은 버려라.
친구가 많으면 인맥이 된다는 생각은 버려라.
모든 걸 피해 가려고 하지 말라.
평탄한 길만 걸으려고 하지 말라.

참고: 명심보감에 수록되어 있는데 원래는 잡보장경에 나오는 글.
잡보장경은 한 가지 주제로 된 경전이 아니라 백여 가지의 일화와 좋은 글들이 수록된 부처님 말씀.

1-18 마음을 다스리는 글 2

진수성찬 앞에서도
불평하는 사람이 있는 반면
마른 떡 한 조각에
감사하는 사람이 있다.

건강한 신체가 있음에도
환경을 원망하는 사람이 있고
두 팔과 두 다리가 없음에도 불구하고 감사하는
사람이 있다.

하나를 잃어버린 것에 분을 참지 못하는 사람이 있고,
둘을 잃어버리고도 오히려 감사하는 사람이 있다.

사소한 작은 일에도 짜증 내는 사람이 있고,
큰일을 만날지라도
감사하는 사람이 있다.

실패로 말미암아 자신의 생명을 포기하거나 절망하는 사람이 있는가 하면,
지난 모든 일을 감사하고 미래를 준비하는 사람이 있다.

자신을 비난하거나
해를 끼친 사람과
원수가 되는 사람이 있고,
원수를 사랑하며

감사하는 사람이 있다.

남이 잘되는 것을 시기하는 사람이 있고,
남의 성공을 감사하는
사람이 있다.
죽음을 두려워하는
사람이 있고,
죽음을 감사히 받아들이는 사람이 있다.

우리는 감사할 이유가
충분히 있다.

호흡할 수 있는 것이 감사하고,
걸을 수 있는 것이 감사하고,
먹을 수 있는 것과 잠을 잘 수 있는 것이 감사하고,
성공도 실패도 감사하고,
몸이 아파도 건강해도
감사하지 않은가?

사실상 이 땅에 태어나서 죽는 날까지 감사할 일 뿐인 것을.
"소박한 감사 한마디가
메마른 관계에 생기를
불어 넣어주고
마음에 담긴 감사 한마디가 고통의 자리를
회복의 자리로 바꾼다."

참고: 카카오톡 story에서 배우는 행복쪽지.

1-19 당신은 어떤 철학적 관점을 가지고 있는가?

세상을 바라보는 철학적 관점

구분	의미	방법	가치관 결정됨
실재론(Realism)	무엇이 실재로 존재하는가? (일원론, 이원론, 다원론)	유물론	
		유심론	0
인식론 (Epistemology)	안다는 것이 무엇인가?	경험론	
		합리론	
		비판론	0
가치론(Axiology) [윤리학(Ethics)과 미학(Esthetics)]	어떤 것이 가치 있는가?	객관주의	
	어떤 것이 아름다운가?	**주관주의**	0

※ 저자의 철학적 관점은 유물도 있고, 유심도 있는 다원론이며, 경험론, 합리론도 맞으며, 객관주의도, 주관주의도 있다고 봄.

세상은 내 마음속에 있는 것이다.
안다는 것은 내가 경험적으로 알 수도 있고 인간의 이성으로 추론하여 알 수도 있다.
가치가 있다는 것은 내가 생각하는 철학에 따라 달라질 수 있고
아름답다고 하는 것도 내가 생각하는 것에 따라 달라진다.

내가 어떤 철학적 관점을 가지고 있느냐에 따라 나의 세계관, 인생관, 가치관이 달라진다.
마찬가지로 어떤 철학적 관점을 가지느냐에 따라 교육내용, 교육방법이 달라진다.

제2부
교육심리 :
마음을 어떻게 관리할 것인가?

2-0 교육심리란?

생각해 보기 : 심리학이란 무엇인가?

생각해 보기 : 교육심리란 무엇인가?

2-1 교육심리를 왜 공부해야 하는가?

교육심리를 왜 공부해야 하는가?

'교육심리란 마음이 움직이는 이치를 알고 마음이 움직이는 이치에 맞게 교육을 어떻게 펼쳐나가는 것인가?'에 대한 것으로 이를 이해하기 위해 교육심리를 공부해야 한다.

'마음이 어떻게 움직이는가?'를 알기 위해서 기본적으로 인간에 대한 이해가 필요하다.

'인간이 어떤 감정을 가지고 있고, 어떻게 생각하고, 어떻게 행동하는가?'와 같은 질문에 대답하는 것이 교육심리이다.

교육심리의 핵심은 '학생들이 어떻게 배우고 학생들에게 어떻게 가르칠 것인가?'를 깨닫게 하는 것이다.

학습하는 방법과 가르치는 방법을 찾아보는 것이다.

감정, 정서, 동기, 행동, 태도, 지능, 성격 등 이 모든 것들이 인간의 심리와 관계가 있다.

교육심리는 사람을 아는 것이다.

정확히 말하면 인간의 심리를 아는 것이다.

인간의 심리를 안다는 것은 사람 마음의 움직임을 안다는 것이다.

'마음이 어떻게 움직이는가?' 과학적인 방법으로 탐구하여 교육에 접목하는 것이 교육심리이다.

교육심리를 왜 공부하는가?

이유는 인간의 마음을 잘 탐구하여 어떻게 하면 학생들을 발달단계에 맞게, 개인차이에 맞게 교육할 것인가? 하는 방법을 찾기 위해서이다.

2-2 교육심리와 관련된 교수·학습 이론

교육은 인간을 대상으로 하는 활동이다.

그러므로 인간행동을 이해하기 위한 심리학적 지식이 필요하다.

교수학습과 관련된 심리학적 이론은 행동주의·인지주의·구성주의 이론이 있다.

이를 비교하면 아래 표 2-1 행동주의·인지주의·구성주의 비교와 같다.

표 2-1 행동주의 · 인지주의 · 구성주의 비교

비교항목	행동주의(행동과학)	인지주의(전통적 인지과학)	구성주의(구성적 인지과학)
대표학자	• 파블로프, 손다이크, 스키너	• 브루너, 오수벨	• 피아제, 비고츠키
철학적 배경	• 객관주의: 외부적으로 중재된 현실	• 객관주의	• 주관주의: 내부적으로 구성된 현실
패러다임	• 교수(teaching) • 수업(instruction)	• 교수(teaching) • 학습(learning)	• 학습(learning)
학습의 정의	• 외현적 행동의 변화 • 바람직한 행동의 변화 유도 정보 제시자	• 인지구조의 변화 • 새로운 정보의 기존 인지구조에의 연결활동 촉진	• 주관적 경험에 근거한 개인적 의미 창출 • 학습 환경 조성자
학습의 발생	• 자극과 반응, 양자 간 연결 및 강화	• 정보의 입수, 조직, 저장, 인출활동 강조	• 개인적 경험에 근거한 세계에 대한 의미 창조 • 환경 또는 동료들과의 사회적 상호작용
학습의 영향요인	• 학습효과를 극대화하기 위해 외현적 자극 및 반응의 체계적 배열과 자극 시점의 결정	• 정보처리 활동을 촉진시킬 수 있는 학습자의 정신적 활동 강조	• 상황적 맥락, 학습 주체인 인간의 학습활동, 학습 대상인 지식의 역동적 상호작용
교수-학습 전략	• 외현적 교수전략 • 행동적 교육목표 진술	• 학습자의 내적 사고전략 • 교사의 부호화 전략, 정보처리 전략	• 학습 환경의 조성 및 상황적 맥락과 진실성 있는 과제 제공

비교항목	행동주의(행동과학)	인지주의(전통적 인지과학)	구성주의(구성적 인지과학)
교수설계와의 관련	• 관찰 가능한 행동 목표 및 준거지향 평가 • 학습자의 선수지식 및 출발점 행동진단을 위한 학습자 분석 • 수업내용의 계열성 확보 · 강화를 통한 보상 체제 및 즉각적 피드백	• 학습자의 적극적 참여 학습자 통제, 메타인지 전략 • 인지과제 분석 기법 • 정보처리 과정 촉진을 위한 정보의 구조화, 계열화 • 학습결과의 효과적 전이를 위한 학습 환경의 창출	• 일반적 학습지침 제시 • 학습상황 및 적용 상황의 분석 • 일반적 학습내용의 영역 제시 및 학습과제의 맥락화 • 다양한 관점의 제시 및 사회적 협상 • 탈 목표 평가관 및 학습자의 학습과정 평가

1. 행동주의 이론

행동주의 이론을 대표하는 것은 자극 반응 연합론Pavlov, Thorndike, Skinner이다.

강화와 동기유발을 강조한 행동주의 이론은 교수 학습이론의 발달에 많은 공헌을 하였다.

행동주의 이론에서 중요한 것은 행동이다.

겉으로 드러난 행동의 변화를 강조한다.

그 중 강의와 관련하여서 행동주의 이론은 학습목표를 학습자 중심의 행동적 목표로 진술하고, 이를 위해 환경을 조절하고 통제하며, 특히 교수매체로 강화물 또는 동기 유발 요소의 활용으로 그 효과를 높일 수 있음을 강조하고 있다.

그러나 행동주의 이론은 관찰 가능한 행동과 학습결과에 대한 강조로 인하여 학습자와 학습과정을 간과하였다는 비판도 있다.

이러한 행동주의 이론은 주로 동물들을 훈련시키는 데 많이 원용되고 있다.

이러한 행동주의 이론들도 자극과 반응 중 어떤 측면을 강조하느냐는 학자들마다 차이가 있다.

파블로프Pavlov의 경우 개 실험에서 자극과 반응 사이에서 조건자극을 강조하였다.

조건자극을 어떻게 주느냐에 따라 조건반응으로 연결되어 학습이 일어날 수도 있고 그렇지 않을 수도 있다.

왓슨Watson의 경우 조건자극과 조건반응 사이에서 정서적 조건자극을 강조하였다.

정서적 조건자극이 어떻게 주어지느냐에 따라서 반응이 달라진다.

예를 들면 개학 첫날 선생님이 학생들에게 정서적 조건자극을 기분 좋게 하거나 첫 수업에서 정서적 조건자극이 상대방에게 좋게 주어질 경우 반응이 달라진다.

구서리Guthrie에 따르면 조건자극이 주어질 때 마지막 조건자극이 무엇이냐에 따라 반응이 달라진다.

예를 들면 술을 끊기 위하여 마지막 술의 자극이 나에게 악영향을 미칠 경우 술을 끊을 수 있다고 본다.

헐Hull의 경우 자극과 반응 사이의 유기체가 반응에 중요한 영향을 미친다고 보았다.

이 유기체는 감정, 정서, 충동, 성격, 동기 등의 특성이 개인에 따라 차이가 있다.

유기체의 특성을 잘 파악해야 반응을 이끌어 낼 수 있다.

톨만Tolman의 경우 자극과 반응 사이에 유기체의 동기나 목적에 따라 반응이 결정된다고 보았다.

배가 매우 고플 경우, 시험에 꼭 합격해야 하는 경우 등 목적이 어느 것이냐에 따라 반응이 결정된다.

손다이크Thorndike는 자극과 반응 중 자발적 반응의 형태에 따라 다음 행동이 결정된다고 보았다.

예를 들면 효과가 크면 다음 행동이 이어질 수 있다.

스키너의 경우 자극과 반응 중 반응한 후 강화가 어떤가에 따라 다음 행동이 결정된다고 본 것이다.

스키너의 이론을 현실과 접목하여 설명하면 다음과 같다.

> 지금은 동물보호 차원에서 없어졌지만, 예전에 하던 과천 서울랜드 물개 쇼를 잘 살펴보면 재미있는 사실을 알 수 있다. 조련사가 물개 앞에 서서 지시를 할 때 기본적으로 가지고 나오는 것이 있다. 허리춤에 꽁치를 차고 나온다. 그런 다음 물개 앞에서 손으로 쇼를 하게 한다. 손으로 쇼를 하게 한 후 다시 물개가 원위치 해서 오면 조련사는 물개의 코와 입을 살살 만져 주면서 허리춤에 있는 꽁치를 하나 꺼내어 준다. 이러한 것은 간단한 일인 것 같지만 사실은 행동주의 이론에 바탕을 둔 훈련 방식이다. 즉, 허리춤에 차고 있는 꽁치는 강화물이 되는 것이다. 이 강화물을 어떻게 잘 계획하느냐에 따라 물개가 쇼를 잘할 수 있게 하는 동인이 되는 것이다.
>
> 또 다른 예를 하나 더 들면 원숭이를 경례 붙이게 만드는 방법이 있다. 우선 원숭이 앞에 조련사가 서서 '경례!'라는 구령과 함께 막대기로 원숭이의 머리를 힘껏 내리친다. 그러면 원숭이는 머리가 아프니까 손이 바로 올라가게 된다. 이렇게 몇 번 하고 나면 나중에는 조련사가 원숭이 앞에 서서 막대기로 머리를 내리 치지 않고 말로 '경례!'라고만 하더라도 손이 올라가게 된다. 이것도 바로 S-R 이론의 대표적인 것이라고 볼 수 있다.

즉, 막대기로 원숭이의 머리를 내리 치는 것은 무조건자극unconditional stimulus이고 머리가 아파서 손이 올라가는 것은 무조건반응unconditional response이다.

무조건자극과 무조건반응이 조건자극conditional stimulus과 조건반응unconditional response

으로 바뀌게 된다.

즉, 막대기로 내리 치지 않고 그냥 원숭이 앞에서 경례라고 하더라도 손이 올라가는 부분이 바로 조건자극과 조건반응이다.

앞의 물개 쇼의 예에서 꽁치가 긍정적 강화라면 원숭이 머리를 막대기로 내리치는 것은 부정적 강화이다.

강화의 경우 개개인의 특성에 맞는 강화물을 찾아내는 것이 중요하며 또한 강화를 언제 어떻게 주느냐 하는 부분도 상당히 중요하다.

그리고 긍정적 강화와 부정적 강화를 적절하게 잘 활용하는 것도 중요하다.

행동주의 이론에서는 이 강화reinforcement가 대단히 중요한 개념이라고 볼 수 있다.

이러한 내용을 정리하면 표 2-2 행동주의 이론학자와 같다.

표 2-2 행동주의 이론학자

학자	강조점
파블로프	• 고전적 조건형성이론 (개 실험) • S **condition stimulus** - R **CS** 강조함
왓슨	• 왓슨의 정서적 행동주의 : S **emotion** - R • CS의 정서적 자극을 강조함, 정서적 자극에 따라 반응이 달라짐. • 예: 개학 첫날, 첫 과목 수업, 첫 이미지, Ice Breaking
구서리	• 구서리의 마지막 자극 행동주의 : S **finish** - R • CS의 마지막 자극의 중요성을 강조함. • 예: 술을 끊기 위해서는 술을 매일 먹고 마지막으로 술 먹고 난 다음 큰 실수
헐	• 헐의 매개자극 행동주의 : S - O **organic** - R • 매개자극의 중요성을 강조함. • 예: 매개자극은 유기체로 감정, 정서, 충동, 성격, 동기 등 수천 가지임 • 예: 프랭클의 의미요법
톨만	• 톨만의 목적적 행동주의 : S - O **objective** - R • 예: 목적의 중요성을 강조함.

학자	강조점
손다이크	• 손다이크의 연합적 행동주의 (고양이) : S - R **spontaneity** • 예: 자발적 반응을 강조함(효과의 법칙, 연습의 법칙)
스키너	• 스키너의 조작적 조건 (쥐) : S - R **reinforcement** • 예: 돌고래 쇼, 행동조형(비둘기 탁구치기) • 예: 번(Berne)의 교류분석 : Stroke(최고의 강화)

교육에 대한 정의는 다양하다.

사전적 의미는 가르치고 육성하는 것이 교육이다.

칸트는 인간을 인간답게 하는 것이 교육이라고 한다.

학자들에 따라 잠재능력을 키워주는 것, 성숙한 사람이 미성숙한 사람을 성숙되게 하는 것, 모르는 것을 알게 하는 것 등을 교육으로 보는 사람도 있다.

교육에 대한 조작적 정의이면서 행동주의 입장에서 내린 정의를 보면 "교육은 인간 행동을 계획적으로 바람직하게 변화시키는 것"으로 표현한다.

여기에 인간의 행동은 겉으로 드러나는 행동도 있고, 겉으로 드러나지 않는 행동도 있다.

겉으로 드러나는 행동은 인사한다든지, 말로 표현한다든지, 눈빛을 교환한다든지, 어떤 행동을 실천한다든지 하는 것이며, 겉으로 드러나지 않는 행동은 그 사람의 내면 세계에서 사고하거나 느끼거나 하는 부분들이다.

계획을 세운다는 것은 어떤 대상을, 어떤 시기에, 어떤 내용으로, 어떻게 변화시킬 것인지를 사전에 설계도를 만든다는 의미이다.

그렇다면 변화는 무엇인가?
무엇을 변화시킨다는 것인가?
변화시키는 내용은 지식Knowledge, 기능Skill, 태도Attitude이다.
아니 태도Attitude와 기능Skill과 지식Knowledge이다.

이 세 가지를 고루 갖추도록 하는 것이 바로 전인(全人)적인 인간이다. 즉, 태도와 기능과 지식을 변화시킨다는 의미이다.

이것이 교육인데 학교현장에서는 어떤가?

지식과 기능에 치우쳐 있지는 않는가?

올바른 태도 형성이 되지 않은 상태에서 지식과 기능이 주어질 경우 위험하다.

칼의 경우, 칼로 다양한 것을 한다.

요리할 수도, 물건을 자를 수도 있다.

범죄자에게 칼이 주어지면 사람을 죽일 수 있지만 의사에게는 사람을 살리는 도구가 된다.

칼의 용도를 아는 것이 지식이라면 칼을 직접 사용하는 방법을 아는 것은 기능이다.

그 칼을 어떻게 사용하는가는 태도에 달려 있다. 태도가 중요한 이유가 여기에 있다.

2. 인지주의 이론

학습에서 인지발달이론과 정보처리이론을 주장한 학자들의 견해에서 학습이란 '이해를 통한 학습자의 인지구조의 변화'라고 본다.

행동주의 이론에서 주장한 행동적 목표란 행동의 결과이지 행동 자체는 아니기 때문에 학습자가 보여 줄 사고의 과정이 교육목표가 되어야 한다. 인지주의에서 주장하는 학습이론에서 학습이란 학습자의 기억 속에 학습상태에서 일어나는 여러 가지 사상에 관한 정보를 보존하고 조직하는 인지구조를 형성함으로써 일어난다는 것이다.

이러한 인지주의 학습이론의 배경이 되는 기본적인 가정은 인간의 감각을 통해서 받아들이는 외부자극 요소들이 내포하고 있는 의미를 끄집어내는 인지 혹은 사고과정을 통하여 사고 내용이 형성되고, 이들 사고 내용이 행동을 하게 하는 원인이 된다는 것이다.

인지주의 학습이론의 핵심 개념은 개념 형성, 사고 과정, 지식의 획득 등이며, 인간의 지각, 인식, 의미, 이해 등이 학습을 결정하는 중심개념이라고 간주한다.

인지주의 이론 중 브루너Bruner는 어떠한 교육내용도 그 발달단계에 맞게 구성한다면, 어린이에게도 미적분을 가르칠 수 있다고 주장한다.

발견학습에서 주장하는 지식의 표상양식(행동적 · 영상적 · 상징적)에 따른 교과내용을 조직하고 강화하는 나선형 교육과정을 제시했다.

지식의 표상양식에서 행동적이란 어린이가 유치원에서 자기 집까지 가는 길을 친구에게 말로 설명할 수 없지만 직접 친구를 데리고 갈 수는 있다는 것이다.

이것이 정보처리체계 중 가장 기초적인 형태이다.
영상적이란 초등학교 입학 전·후 정보를 재현하는 과정으로 학교에서 자기 집까지 가는 길을 친구에게 그림으로 그려서 가르쳐 줄 수 있다는 것이다.

상징적이란 초등학교 상급반 10세에서 14세 전후 어린이가 갖는 정보체계로 어린이가 학교에서 집까지 가는 길을 말로 설명할 수 있을 뿐만 아니라 기호로 된 수학문제들을 조합하여 풀어나갈 수 있다는 것이다.

인지주의 이론에서 적절한 교수이론은 지식의 특성·학습자의 특성·지식획득 과정의 특성을 고려한 교수 설계의 필요성 강조하고 있다.

오수벨Ausubel의 포섭이론에서는 학습자의 기존 인지구조는 유의미한 새로운 자료가 학습과 파지에 영향을 미치기 때문에 유의미한 학습을 촉진시킬 수 있는 선행조직자의 중요성을 강조하고 있다.

인지주의에서 중요한 것은 인지전략cognitive strategic이다.

인지전략은 사고전략, 학습전략, 기억전략이라고 볼 수 있다.
개개인의 사고전략, 학습전략, 기억전략이 다 다르듯이 학습자가 문제해결 방법을 모색하는 과정인 인지전략은 각자에게 독특하게 나타난다.

이러한 인지전략의 학습은 학교학습에서 창의적인 문제해결능력의 개발과 관련하여 대단히 중요한 의미를 갖는데 이러한 인지전략은 오랜 기간 경험이나 지식 학습 사고과정을 거치면서 형성되고 개선되며 수정된다.

인지주의자들은 교육을 “인지구조의 변화”로 보고 있다.

인지주의자들은 인간의 행동이 아니라 인간의 복잡한 정신과정에 집중한다.

즉, 사람이 인지하는 것(보고, 듣고, 만지고, 느끼고, 기억하고, 생각하는 등)을 잘할 수 있도록 변화시키는 것을 교육으로 보고 있다.

어떻게 보아야 하며, 어떻게 들어야 하고, 어떻게 느끼고, 어떻게 기억하며, 어떻게 생각할 때 인간이 보다 효과적이고 효율적인가를 연구한다. 여기에도 인간의 마음이 중요하다.

태도가 중요하다.

왜냐하면 복잡한 정신과정에서 인간의 무엇인가를 하려고 하는 동기유발 여하에 따라 결과가 달라지기 때문이다.

3. 구성주의 이론

객관주의의 주요한 가정은 세계는 객관적으로 존재하고 그것은 구조화되어 있다는 것이다. 나 자신이 죽더라도 또는 내 눈앞에 보이지 않더라도 북한산은 북한산대로 존재한다. 주관주의의 경우 북한산은 내가 없으면 북한산도 없다는 가정이다.

구성주의는 주관주의에 바탕을 두고 학습이란 객관적 실재의 구조를 파악하는 것이다. 구성주의의 주요한 가정은 세계는 주관적이며 실재란 학습자의 마음속에 존재한다.

각 개인의 경험이 다르듯이 구성된 실재의 모습이나 의미도 다르다.

교수목적은 학습자가 사실이나 개념, 원리 등 어떤 지식의 요소를 알도록 하는 것이 아니라 오히려 학습자에게 세상에 대해 그들 스스로 어떻게 이해하는가?를 보여 주는 데 있다.

구성주의에서 교수설계는 교수를 구조화시키는 것이 아니라 학습이 일어날 수 있는 환경을 설계하는 것이다.

컴퓨터, 상호작용 비디오 및 정보통신 기술의 발달은 구성주의 관점에서 강조하고 있는 능동적인 학습자를 위한 풍부한 학습환경 제공에 중점을 두고 있다.

구성주의는 인지주의 이론에 기초하여 학습자의 지식을 내부로부터 표상하는 과정을 강조하고 있다.

학습자가 지식을 내부로부터 우선적으로 표상하고 자신의 경험적 해석을 통하여 지식에 대한 이해를 구성해 가는 과정에 초점을 둔다.

지식은 경험으로부터 구성되며 학습자의 경험을 통하여 재구성되고 실제 생활과 관련된 맥락context이 중요하다.

그리고 한 개인이 세상을 통해서 얻는 지식은 개인이 알고 있는 이전의 지식에 의존하고 외부에서 계산적 과정을 통해 하나하나 추가해 가는 것이 아니라 내부에 있는 구조적 과정을 통해 새롭게 창조해 나간다.

구성주의는 개인 내 인지적 과정에 초점을 둔 인지적 구성주의와 사회환경과의 교류에 초점을 둔 사회적 구성주의로 구분해 볼 수 있다.

인지적 구성주의의 대표적인 학자는 피아제Piaget이다.

피아제의 인지발달이론에서 동화assimilation는 새로운 정보나 새로운 경험을 접했을 때 이미 자신에게 구성되어 있는 인지구조에 의하여 해석되며 조절accommodation은 주어진 상황에 맞게 기존의 인지구조를 변화시키는 것이다.

볼펜하면 볼펜으로 이해하는 것은 동화라고 볼 수 있으며 볼펜이 아니라 폭탄이 될 수도 있다.

즉, 볼펜폭탄을 보았을 경우 자신이 가지고 있는 인지구조상 볼펜에서 볼펜이 폭탄으로 변화하여 인식하게 되는 것을 조절이라고 보면 된다.

이러한 학습자의 인지발달 단계는 감각운동기, 전조작기, 구체적 조작기, 형식적 조작기가 있다.

적절한 교수처방은 이 발달단계에 맞게 구성해야 한다는 것이다.

사회적 구성주의의 대표적인 학자는 비고츠키Vygotsky이다. 그는 사회 및 문화적 환경이 발달에 결정적인 영향을 미친다고 보았다.

사회적 상호작용을 통한 내면화가 인지발달에 큰 영향을 준다.

사회적 상호작용을 하는 과정에서 언어의 중요성을 강조하였다.

비고츠키는 근접발달 영역ZPD: Zone of Proximal Development과 비계설정Scaffolding을 강조하고 있다.

근접발달 영역은 독자적으로 실행할 수 있는 수행 수준인 실제발달 수준과 성인의 도움을 통해 실행 가능한 수행 수준인 잠재발달 수준과의 차이를 말한다.

두 가지 수행 수준 간의 차이를 근접발달 영역이라고 한다.

학습은 이 근접발달 영역에서 가장 잘 이루어진다고 본다.

비계설정의 경우 교사의 역할은 어린이들에게 근접발달 영역에 있는 경험을 제공하는 것이다.

그러므로 어린이들의 근접발달 영역 안에 있거나 또는 약간 높은 수준의 과제를 제공하고 도움을 주는 것이 바로 비계설정이다.

그러므로 비계설정은 학습 초기 단계에서는 많은 지지와 조언을 하지만 단계적으로 지지를 감소시켜 점차 스스로 학습을 하게 하는 것이다.

사회적 구성주의에서는 교수를 설계할 때 사회 문화적 맥락에서 인지발달에 대한 이해와 교수 설계의 중요성을 강조하고 있다.

구성주의자들은 교육을 "개인적 의미창출"로 보고 있다.

개인적 의미창출이란 자기 자신에게 무엇인가 도움이 되어야 교육이 되었다는 것이다.

아무리 좋은 지식도 나에게 도움이 되지 않으면 교육이 아니라고 본다. 개인적으로 의미를 창출하기 위해서는 내가 직접 참여해 보는 것이 중요하다.

말을 물가로 데리고 갈 수는 있어도 물을 먹고 안 먹고는 말에게 달려 있다.

여기서도 중요하게 생각하는 것이 개인의 태도와 마음이다.

물을 먹느냐 마느냐 하는 것은 자신의 의지에 달려 있다.

이상과 같이 교육에서 중요한 것은 지식과 기능보다 태도이다.

인지적 구성주의 학자인 피아제와 사회적 구성주의 학자인 비고츠키의 이론을 정리하면 표 2-3 인지적 구성주의 피아제, 사회적 구성주의 비고츠키와 같다.

표 2-3 인지적 구성주의 피아제, 사회적 구성주의 비고츠키

구분	피아제	비고츠키
발달의 원동력	• 발달의 원동력은 내부에 존재 • 학습자가 발달의 주체	• 사회 및 문화 환경이 발달에 결정적인 영향을 미침 • 사회적 상호작용이 중요함
인지발달에 영향을 주는 요인	• 물리적 환경, 사회적 환경, 성숙, 학습자의 자기조절(도식, 동화, 조절, 평형화), 인지구조	• 사회구조 • 도구(언어, 문자, 제스처) • 기술
발달단계	• 감각운동기, 전 조작기, 구체적 조작기, 형식적 조작기	• 발달단계를 제시하지 않음
중요개념	• 도식, 동화, 조절, 평형화, 인지구조	• 근접발달 영역(ZPD) • 비계설정(Scaffolding)
인지발달	• 인지갈등을 해소하려는 평형화를 통하여 인지발달이 이루어짐	• 사회적 상호작용을 통한 내면화가 인지발달에 큰 영향을 미침
	• 인지발달은 언어와 관계가 없으며, 언어는 사고의 도구 역할	• 언어가 사고발달에 핵심적인 역할 • 원시적 언어 단계, 심리적 언어 단계, 자기중심적 언어 단계, 내적성장 언어 단계
사적언어	• 사적언어는 인지적 미성숙(자아중심성)의 징표로 간주	• 사적언어는 인지발달에 긍정적인 영향을 미치며, 사회적 상호작용과 더불어 발달
학습과 발달	• 발달이 학습에 선행함	• 학습이 발달에 선행함
상호작용	• 성인과의 상호작용보다는 또래 간의 상호작용이 인지발달에 더 큰 영향을 미침 • 이유는 또래 간의 상호작용에서는 인지갈등이 유발되기 쉽기 때문	• 지적으로 더 유능한(또래이건 나이가 많은 아동이건, 아니면 성인이건) 사람과의 상호작용이 학습과 발달에 큰 영향을 미침
교사역할	• 교사의 역할 최소화, 지시자가 아님	• 교사의 도움이 필요함, 촉진자 역할
수업전략	• 불균형의 상태를 경험하게 하는 전략	• 근접발달 영역 내에서 지적 발판과 의미 있는 상호작용을 제공하는 전략

2-3 폼 나게 살려면? 1

자신감은 자기 자신이 갖고 있는 것에 대한 신뢰이고 자존감은 절대 우위로 자신을 인정하는 것이다.

공부를 잘하는 사람은 공부에 대한 자신감이 있고, 운동을 잘하는 사람은 운동에 대한 자신감이 있고, 음악을 잘하는 사람은 음악에 대한 자신감이 있다.

자신감은 다른 사람과의 비교에서 나오는 것이다.

즉, 비교 우위에 대한 것이다.

그런데 이런 자신감은 더 잘하는 사람이 나타나면 열등감으로 바뀔 수 있다.

나보다 공부를 더 잘하는 사람이 나타나면 자신감이 없어지고 열등감이 생길 수 있다.

자존감은 비교 우위가 아니라 절대 우위인 것이다.

다른 사람과 비교해서 나오는 것이 아니라 내가 나를 인정하고 승인하는 것이다.

자존감은 자신의 한계와 약점을 객관적으로 알고 그럼에도 불구하고 자신을 인정하고 신뢰하는 것이다.

그런데 이 자존감은 자뻑이나 공주병과는 차이가 있다.

공부를 아주 잘하는 사람, 운동을 아주 잘하는 사람, 아주 예쁘고 잘생긴 사람 앞에서도 찌그러지지 않고 상대방의 장점을 인정하면서도 자신을 인정하고 신뢰하는 것이다.

자신보다 잘 나가는 사람을 미워하지도 않고 그렇다고 자신이 억지로 센 척하지도 않으면서 자신을 객관적으로 알고 기죽지 않는 것이다.

즉, 그 사람은 그 사람이고 나는 나다.

나의 스타일이 있다고 생각하는 것이다.

폼 나게 살려면 나만의 스타일을 키워라!

만원은 구겨져도 만원이고 다른 사람이 그 돈을 밟아도 만원이다. 구겨졌다고 해서 조금 더렵혀졌다고 해서 만원의 가치가 없어지는 것은 아니다. 사람도 마찬가지이다.

살아가다 보면 구겨질 때도 남에게 피해를 볼 때도 있다.
하지만 인간의 가치나 존엄성은 변하지 않는다.
나의 가치를 인정하는 것이 중요하다.

천원으로 10만원 만드는 방법이 있다. 천원을 신나게 때리면 멍이 시퍼렇게 들어서 만원이 된다. 만원을 데리고 옥상으로 올라가서 떨어트릴까 말까 위협하면 겁에 질려 하얀 수표가 된다.

2-4 폼 나게 살려면? 2

폼 나게 살려면 성공경험을 늘리거나, 욕심을 버리거나.

자존감이 낮은 사람들은 어떤 특징이 있는가?

첫째, 성공경험이 별로 없다.

성공이란 말은 사회적으로 아주 많은 업적을 이룬 것보다 스스로 목표를 정하고 도전해서 성취감을 맛본 경험을 말한다.

성공경험이 별로 없다는 것은 성취감을 맛본 경험이 부족하다는 것이다.

둘째, 비교라는 병을 갖고 있다. 비교하여 자신을 낮춘다.

외모, 학벌, 출신, 소속 등을 다른 사람과 비교하여 열등감을 갖게 된다. 열등감은 다른 사람과 비교하여 기가 죽어서 생기는 것이다.

이런 열등감은 음식에 곰팡이가 피듯 마음에 번져서 마음을 병들게 한다.

열등감에 사로잡히면 아무것도 못한다.

셋째, 상대방의 시선을 두려워한다.

다른 사람의 평가나 관심에 지나치게 초점을 맞춘다.

그래서 지나치게 상대방의 인정과 관심을 받고 싶어 한다.

또한 주위 사람들이 비판하거나 싫은 소리를 하면 참지 못한다.

그러므로 다른 사람들의 비위를 맞추려고 한다.

넷째, 자신의 가치를 낮춘다.

자신이 이룬 업적이나 능력에 대하여 인색하게 평가한다.
그러므로 자주 불안해하고, 스스로 불행하다고 생각한다.

다섯째, 자신을 과대 포장하려고 한다.

자신을 과대 포장하기 위해 비싼 옷이나 명품을 사거나 겉으로 보이는 것으로 자신을 포장하려고 애를 쓴다.

자아 존중감을 높이기 위한 방법이 있다.

첫째, 성공경험을 늘려라. 성공경험을 늘리기 위해서는 노력해야 한다.

구체적 목표를 세우고 열심히 노력해야 성공경험을 늘릴 수 있다.
노력하지도 않으면서 많은 것을 얻고자 하니까 자존감이 낮아진다.
중요한 것은 노력해서 성공경험을 늘리는 것이다.

둘째, 욕심을 버려라. 노력을 하지 않으려면 욕심을 버려야 한다.

이기적인 생각을 버리라는 것이다.
나는 모든 중요한 타인들에게 사랑과 인정을 받아야 한다는 생각, 나는 절대로 실수를 하거나 실패해서는 안 된다는 생각, 나는 누구도 실망시켜서는 안 된다는 생각,

내 삶에는 갈등이 없어야 한다는 생각, 내 삶은 항상 행복해야 한다는 생각, 모든 사람이 내게 동의해야 한다는 생각, 아무도 나를 미워해서는 안 된다는 생각… 이런 생각을 버려야 한다.

아니면 생각대로 되도록 열심히 노력해야 한다.

노력하지 않으면서 자신이 원하는 방향대로 되기를 바라는 것은 욕심이다.

셋째, 비교를 하되 나보다 더 잘난 사람만 비교하지 말고 나보다 못한 사람과도 비교해 보라.

행복감이 저절로 나올 것이다.

자존감이 저절로 생길 것이다.

그러면 감사하는 마음도 생긴다.

다른 사람과 비교하는 것보다 어제의 나와 현재의 나를 비교하고, 미래에 대해 염려할 시간에 미래를 성실히 준비하는 노력을 하라는 것이다.

넷째, 긍정적인 생각을 하라.

행동은 어디서 나오는가?

생각에서 나온다.

말은 어디서 나오는가?

생각에서 나온다.

습관은 어디서 나오는가?

생각에서 나온다.

내가 나에 대하여, 상대방이 나에 대하여 긍정적인 피드백을 줄 경우 그 사람은 긍정적인 자아개념이 형성될 뿐만 아니라 자존감이 높아질 것이다.

상대방은 통제할 수 없어도 나 자신은 통제한다.

특히 생각은 더욱 그렇다.

생각 자체를 긍정적으로 고쳐먹을 때 자존감은 높일 수 있다.

다섯째, 감사하는 마음을 가져 보라.

자존감은 올라간다.

감사해서 감사하는 것이 아니라 그냥 감사하는 마음부터 가지면 감사할 일들이 많아진다.

감사하지 못한 상황이 있어도 그 자체에서 감사할 일을 찾아서 감사하면 감사할 것이 많이 보인다.

2-5 아스퍼거형 인간과 사스퍼거형 인간

나는 어떻게 세상을 살아가고 있는가? 사람은 4가지 유형 중 하나의 유형으로 세상을 본다. 첫 번째 자기긍정, 타인긍정, 두 번째 자기부정, 타인부정, 세 번째 자기부정, 타인긍정, 네 번째 자기긍정, 타인부정이다. 이 중 네 번째 자기긍정 타인부정적인 인생태도를 갖고 살아가는 사람들의 유형 중 아스퍼거형 인간과 사스퍼거형 인간이 있다.

원래는 아스퍼거 증후군Asperger syndrome, 사스퍼그 증후군Sasperger syndrome이다.

아스퍼거 증후군이란 자폐성 장애처럼 사회적 상호 교류의 장애, 제한된 관심, 행동 장애를 보이지만, 언어 및 인지 발달은 비교적 다른 영역보다 정상적인 발달 수준에 있는 전반적 발달장애의 한 유형이다.

말할 때 운율이 없고 표정도 없고 상대방의 감정을 잘 공감을 못하며, 대화할 때 답답하고 눈치가 없다.

사스퍼거 증후군은 자신에게 한없이 관대하고 남들에게는 무자비하다. 이기적인 범주를 넘어 남에 대한 최소한의 예의조차 없으며 잔인할 정도로 무자비한 사람을 말한다.

사스퍼거 증후군 환자의 경우 남을 이해하지 못한다는 점에서는 아스퍼거와 동일하나, 남들에게 피해를 준다는 점에서 다르다.

발달장애인 경우를 제외하고도 세상을 살아가다보면 아스퍼거형 인간과 사스퍼거형 인간들이 많이 있다.

예를 들면 아스퍼거형 인간은 남을 배려할 줄 모르는 인간이다.

식당에서 자신의 아이들이 떠들어도 남이 뭐라고 하면 왜 내 아이 기를 죽이느냐

한다. 전철이나 버스 안에서 큰 소리로 통화하면서 다닌다.

상대방은 안중에도 없고 자기만 생각한다.
사스퍼거는 좀 더 심각하다.
자기가 잘못했으면서 상대방이 뭐라고 하면 상대방에게 과할 정도로 피해를 준다.

아스퍼거형 인간은 양심의 가책이 없는 사람, 사스퍼거형 인간은 양심의 가책도 없을 뿐만 아니라 법을 어기는 죄까지도 저지르는 유형으로 보아도 무리가 없을 듯하다.

사회가 점점 각박해져감에 따라 치열해지는 경쟁의 현실이 만들어낸 결과가 아닌가 싶다.
남을 떨어뜨리지 않으면 내가 살 수 없는 잔인한 경쟁사회는 자연스럽게 아스퍼거와 사스퍼거를 대량 양성하고 있는지도 모른다.

이들에게 있어 베푼다는 의미는 무가치한 사항이며 오히려 자신의 귀중한 시간을 낭비하는 것으로 착각한다.
배려와 나눔은 선택이 아니다.
사회는 경쟁이 아니라 배려와 나눔으로 유지되어야 한다.

아스퍼거 증후군 Asperger syndrome

정상의 지능과 언어능력은 있지만, 사회적 상호작용에서 자폐증과 유사한 이상 증상을 보이는 신경생물학적 장애. 이 장애는 오스트리아의 의사인 한스 아스퍼거의 이름을 따서 붙여졌다. 1944년 그는 이 장애를 자폐성 정신질환이라고 지칭하며 증상을 최초로 기술했다.

사스퍼그 증후군 Sasperger syndrome

자신에게 한없이 관대하고 남들에게는 무자비하다. 이기적인 범주를 넘어 남에 대한 최소한의 예의조차 없으며 잔인할 정도로 무자비한 사람을 말한다.

–브리태니커 사전–

2-6 지금 여기서 행복해야 내일 거기서도 행복하다.

지금·현재 있는 곳에서 몰입할 수 있으면 행복하다.

몰입하기 위한 가장 좋은 방법 중의 하나는 목표를 세우는 일이다.

동물의 왕국에서 사자가 사슴을 사냥할 때 사자는 사냥하기 위해 최고의 몰입을 한다.

사슴은 도망가기 위해 최고의 몰입을 한다.

위기 상황에서 최고의 몰입을 한다.

위기 상황이 아니라도 지금 현재 있는 곳에서 몰입하면 해탈한다.

즉, 강의를 듣는 사람은 강의에 몰입하면 다른 생각이 나지 않는다.

데이트 할 때 연애에 몰입하면 다른 생각은 나지 않는다.

스포츠에 몰입하든 일에 몰입하든 게임에 몰입하든 공부에 몰입하든 현재 자신이 있는 곳에 몰입하면 모든 잡념은 잊을 수 있다.

그래서 행복하다.

몰입하지 않으면 온갖 번뇌 망상이 일어난다.

강의 듣는 데 몰입하지 않고 집에 아이를 생각하면 그 아이에 대한 또 다른 상상이 일어나서 번뇌 망상이 발전한다.

롤러코스터를 타거나 번지점프를 하거나 스포츠나 게임을 할 때 등 가상의 위기 상황에도 뇌는 몰입을 하게 된다.

왜냐하면 뇌는 실제인지 가상인지 구분하기보다는 어떤 신호를 보고 활동하기 때문이다.

뇌에 어떤 신호를 주면 뇌는 활동을 하기 시작하고 우리 몸도 신호에 따라 움직인다.

뇌에 신호를 주는 자극 그것이 목표가 될 수 있다.

목표가 설정되면 그 목표에 따라 뇌는 활동하고 우리 몸도 덩달아 활동하기 때문에 목표 설정이 대단히 중요하다는 것이다.

목표 설정을 현재 있는 곳에 몰입한다고 설정하여 몰입하면 행복하다. 일반적으로 뇌에 신호를 줄 때 자극의 세기가 크면 기억에 아주 오래 남는다.

재미있거나 놀라거나 하는 등의 사건들은 장기기억에 저장된다. 반복하면 반복한 내용들이 장기기억에 남는다.

부자가 되겠다는 목표를 구체화하라.

목표 설정이 왜 중요한가?

목표가 있어야 이루어진다.

목표를 설정하면 뇌는 목표 지향적이어서 몸 속에 있는 100조 개의 세포가 일사분란하게 목표를 달성하기 위해서 움직인다.

이것이 뇌의 목표 지향적 메커니즘이다.

지금 당장 실시해 보라.

여러분이 오늘 아침 밥을 먹어야겠다고 목표를 세우는 순간 모든 뇌의 세포들이 밥 먹는 행동을 목표 지향적으로 활동한다.

또 공을 어떤 홀 컵에 넣겠다고 목표를 정하면 홀 컵에 공을 넣는 목표 지향적인 행동으로 나의 모든 세포들이 몰입한다.

행복이란 스스로 만족한다고 하는 사람들의 것이다.

몰입沒入, flow

몰입은 몰입하고자 하는 곳에 자신의 모든 정신을 집중하며, 주위의 모든 잡다한 생각을 차단하는 일이다. 심리학자 칙센트 미하이는 몰입했을 때의 느낌을 '물 흐르는 것처럼 편안한 느낌', '하늘을 날아가는 자유로운 느낌'이라고 하였다. 몰입을 하면 첫째, 몇 시간이 한순간처럼 짧게 느껴지는 '시간개념의 왜곡' 현상이 일어난다. 둘째, 자신이 몰입하는 대상이 더 자세하고 뚜렷하게 보인다. 셋째, 자아에 대한 의식이 사라진다. 넷째, 몰입 대상과 하나가 된 것 같은 일체감을 가진다.

2-7 행복하게 살려면 물 컵을 내려놓아라!

행복하게 살려면 지고 있는 짐을 계속 지지 말고 내려놓아라.

한 심리학자가 스트레스 해결법에 대한 강연을 하러 방에 들어왔다. 심리학자가 물이 들어 있는 물 컵을 손에 들고 있었다. 심리학자는 청중들에게 질문하였다. 이 물 컵의 무게는 얼마나 될까요? 이 질문에 청중들은 각각 약 250~500g 사이라고 대답했다. 그러자 심리학자가 말했다. 물의 실제 무게는 중요하지 않다. 문제는 물 컵을 얼마나 오랫동안 들고 있느냐 하는 것이다. 만약 물 컵을 1분 동안 든다면 별 문제가 되지 않는다. 그런데 물 컵을 1시간 동안 든다면 팔이 저려오고 아파올 것이다. 만약, 물 컵을 하루 종일 든다면 팔의 감각이 없고 마비될 것이다. 물 컵을 들고 있는 시간은 각각 다르지만 물의 실제 무게는 전혀 변하지 않는다.

살아가면서 느끼는 스트레스와 걱정은 물 컵에 들어 있는 물과 같다.

내게 닥쳐온 스트레스를 잠깐 동안 생각하는 것은 별 문제가 되지 않는다.

그러나 더 생각하면 할수록 문제가 되고 머리가 아파온다.

이것이 스트레스이다.

하루 종일 생각한다면 하루 종일 스트레스를 받을 것이고 그 스트레스로 아무것도 하지 못한다.

살아가면서 "물 컵 내려놓기"를 절대 잊지 말기 바란다.

물 컵을 내려놓는 것이 좋은 방법이지만 잘 내려놓지 못할 경우 계속 잘 들 수 있도록 어깨와 팔의 근력을 키울 필요도 있다.

마음에 담아 두지 마라.
흐르는 것은 흘러가게 놓아두어야 한다.
바람도 담아 두면 생각을 흔들 때가 있고
햇살도 담아 두면 심장을 새까맣게 태울 때가 있다.
아무리 영롱한 이슬도 마음에 담으면 눈물이 되고
아무리 예쁜 사랑도 깊이 가지면 상처가 된다.
물고기처럼 헤엄쳐 가게 놓아 두어라.

2-8 지금 현재 행복한 사람이 성공한다.

집을 나서는 아빠에게 손 흔드는 아기의 해맑은 얼굴을 본 적이 있는가?
영롱한 아침 이슬이 풀잎에 맺혀 있는 모습을 바라본 적이 있는가?
햇볕이 따스한 점심시간 바람에 흩날리는 꽃잎을 본 적이 있는가?
귀가 길에 석양을 제대로 본 적이 있는가?
늦은 저녁 밤하늘의 별을 세어 본 적이 있는가?
모두 있을 것이다. 이러한 모습들은 행복한 삶을 만들어 주는 윤활유이다.

지금 현재 행복한 사람이 성공한다.

이유는 간단하다.
학점을 잘 받는 학생들은 표정이 다르다.
웃는 표정이고 행복한 표정이다.
행복하게 강의를 듣는다.
열심히 듣는다.
몰입을 잘 한다.
왜냐하면 강의를 즐기기 때문이다.
재미있든 재미없든 자기가 현재 있는 곳에서 몰입한다.
몰입할수록 사람은 행복해진다.

왜냐하면 잡념이 없어지기 때문이다.
몰입하니까 수업내용도 많이 기억할 것이고 수업태도도 좋기 때문에 학점을 좋게 받는 것이다.

좋은 학점을 받기 위해 하는 행동이 아니라 자신이 지금 현재 있는 곳에서 행복한 삶을 만들어 나가기 때문에 좋은 학점을 받는 것이다.

취업도 마찬가지이다.

취업을 쉽게 잘하는 학생들은 뭔가 다르다.
인상이 좋다.
그런데 그 인상은 하루아침에 형성되지 않는다.
억지로 미소를 지으려고 애쓰고 면접관 앞에서 좋은 인상을 짓기 위해 노력하지만 자연스럽게 좋은 인상이 나오지 않는다.

일상에서 행복한 삶을 살아갈 때 좋은 인상이 자연스럽게 나온다.
그래서 지금 현재 행복한 삶을 살아야 한다.
취업하기 위해서가 아니라 행복한 삶을 살기 위해서이다.
행복한 삶을 살면 취업도 자연스럽게 가능하다.

너무 이상적인가? 아니다.
주위를 둘러보라.
취업한 선배들을 머리에 떠올려 보라. 답이 나올 것이다.

2-9 당신이 행복하기 위해서 필요한 것은 무엇입니까?

"돈, 가족, 건강, 친구, 직업, 사랑하는 사람 등 어떤 것이 있어야 행복할 수 있습니까?"

대부분의 사람들은 행복하기 위해 필요한 것이 돈이라고 생각한다.

빈곤에서 벗어나기 위해 돈은 반드시 필요하다.

그러나 사람들이 돈을 벌면 벌수록 그만큼 더 행복해질 것으로 생각하지만 사실은 그렇지 않다.

가난에서 벗어나는 돈은 당신을 행복하게 만들지만 돈이 계속해서 사람을 행복하게 만들지는 못한다.

이스털린의 역설easterlin paradox

일정 수준 이상을 지나면 소득이 높아져도 행복도가 더 높아지지 않는다. 또 직장인들의 월급이 처음에 200만원이었다가 월급이 늘어남에 따라서 행복지수도 올라가는데 400만원 이상 월급을 받는 사람들은 행복지수가 거의 일정 수치를 유지하고 월급이 더 늘어나도 행복지수는 올라가지 않았다.

쾌락적응hedonic adaptation**의 원칙**

내가 행복하기 위해서는 원하는 것을 줄이든지 가지는 것을 늘리든지 하면 된다. 그러나 원하는 것 즉, 욕심을 줄이는 것이 쉽지가 않으며 가지는 것을 늘리는 것도 쉽지 않다. 또한 원하는 것을 얻으면 행복할까? 아니다. 심리학 이론 중 쾌락 적응이 있다. 쾌락적응이란 긍정적인 경험을 하고 난 후 행복지수가 급격히 높아졌다가 시간이 얼마 지나지 않아 다시 평상시의 지수로 돌아가는 경향을 말한다.

대부분의 사람들은 내가 원하는 것을 얻으면 행복하다고 믿는다.
예를 들면 고급 승용차를 사면 행복할 것이다.
새 집을 사면 행복할 것이다.
애인이 생기면 행복할 것이다.

또 안경을 쓰던 사람이 라식 수술을 하여 시력이 좋아졌을 때에는 행복지수가 크게 상승하였는데 시간이 흘러서 쾌락이 적응이 되며 행복지수가 다시 예전과 같은 대를 유지하게 되는 것, 새 핸드폰을 샀을 때 아주 애지중지하게 다루다가 빠르면 일주일 길면 한 달 후에는 핸드폰을 막 쓰는 것도 쾌락이 적응된 예라고 한다.

내가 원하는 바를 성취하면 행복해질 것이라고 믿는다.
물론 행복해질 수도 있다.
그러나 착각이다.

인간은 새로운 긍정적인 경험들로부터 많은 즐거움을 얻는다.
하지만 좋고 멋진 경험들을 반복해서 경험하게 되면 불행하게도 새로운 종류의 즐거움에 금방 익숙해지게 되고 따라서 그것에서 얻었던 많은 즐거움을 더 이상 얻지 못하게 된다.
일반적인 상황에서 특정한 상황변화는 이러한 쾌락적응을 자주 수반한다.

초점오류focus fallacy **또는 천국의 오류**paradise fallacy

행복을 잘못 예측하는 두 번째는 초점오류 또는 천국의 오류이다. 초점오류는 긍정적인 한 면에만 초점을 두어서 전체를 보지 못하는 경우를 말한다. 예를 들면 우리가 흔히 시골에서 살면 공기도 좋고 오염되지 않은 음식도 먹을 수 있고 스트레스도 받지 않고 살 것이라고 생각한다. 그러나 막상 시골에서 살면 벌레도 많고, 몸이 아프면 병원도 멀고, 안전 문제 등 나쁜 점들도 많다. 인기 스타가 되면 좋을 것 같다. 그러나 막상 인기 스타가 되면 불편한 측면도 많다. 다니고 싶은 곳을 마음대로 다닐 수 없고 사생활을 즐겁게 할 수 없는 부분도 있다. 또한 남들 눈을 항상 의식하면서 살아야 하는 부담감도 크다. 이러한 스트레스를 많이 받을수록 불행해지게 된다. 사람들이 부러워하는 부자도 마찬가지고 명예가 있는 높은 직책도 마찬가지이다.

비참함의 오류pathetic fallacy

비참함의 오류는 부정적인 면에만 초점을 맞추다가 전체를 놓치는 경우를 말한다. 비탄과 고통의 아비규환처럼 보이지만 실제로는 꽤 쾌적하고 살기 편안한 구석이 있음에도 이를 못 보는 인식의 오류를 말한다. 예를 들면 거지들이 쓰레기 더미에 살고 있는 상황에서도 즐겁고 행복한 순간들이 있다는 것이다. 파리와 모기떼가 많은 쓰레기 더미에서 악취가 나는 음식을 주워 먹으면서 살아가는 사람들을 보면 지옥처럼 생각하지만 그곳에서도 행복한 순간과 행복한 시간들이 있다는 것이다. 깨끗한 음식 한 봉지를 주었을 때의 기쁨과 오염되지 않은 물 한 병을 찾았을 때 행복감은 말할 수 없다는 것이다.

천국의 오류와 반대되는 경우이다.

천국의 오류는 긍정적인 면만 보다가 부정적인 면을 보지 못하는 경우이며 비참함의 오류는 부정적인 면만 보다가 긍정적인 면을 보지 못하는 경우에 해당된다.

행복은 어디에든 있다.

상황이나 환경이 문제가 아니다.

물론 상황이나 환경이 좋으면 더 좋겠지만 상황이나 환경이 행복을 결정하는 절대적인 기준은 아니라는 것이다.

행복하기 위해서 변화가 필요하다.
쾌락적응을 벗어나기 위해서는 스스로 노력을 필요로 하는 의도적인 변화를 만들어 내는 것이 필요하다.
우리의 뇌는 끊임없이 변화하는 긍정적인 경험들에 만족을 느끼게 되고 행복감을 느끼게 된다.

그러므로 새로운 취미를 배우거나,
새로운 단체에 가입하거나,
새로운 사람을 만나거나,
새로운 어떤 것에 도전하거나 변화를 자꾸 시도해 보는 것이 행복을 위한 첫걸음이다.

2-10 평소에 화나기 전에 미리 화를 다스리는 방법

화는 표현하는 방법에 따라 두 가지로 나타난다.

안으로 화를 풀 경우 화를 지나치게 억압해서 울화병이 생기는 경우와 참다 못한 화가 지나친 분노 폭발로 이어지는 분노조절장애가 있다.

울화병을 방지하기 위해서는 화를 내게 해야 한다.

화를 내야 한다.

그렇다면 어떻게 화를 내서 울화병을 없애는 것이 좋은가?

첫째, 화를 쌓아 두지 말고 그때그때 해소해야 한다.

방아쇠Trigger 상태가 유지되면 기분이 상해도 어느 순간 폭발하게 된다.

일정 양의 화가 쌓이면 그때그때 해소해야 한다.

예를 들면 출근하는 데 입을 와이셔츠가 없다.

화가 난다.

화난 상태에서 출근버스를 타는데 버스가 만원이다.

옆 사람이 밀친다.

또 화가 난다.

겨우겨우 회사에 도착했는데 지각했다.

지각해서 상사에게 꾸중을 들었다.

또 화가 난다.

옆에 있는 또 다른 상사가 자기 일인데 나에게 시킨다.

또 화가 난다.

일을 마치고 퇴근하는데 아내가 일찍 들어오라고 전화한다.
또 화가 난다.
일찍 들어왔다.
배가 고픈데 밥이 아직 덜 되었다.
또 화가 난다.
이제 아이들이 와서 아빠 놀아달라고 한다.
또 화가 난다.
아내가 밥을 지금 해야 한다고 한다.
이걸 확 그냥.
이렇게 화가 쌓일 경우 결국 그 화는 폭발하게 된다.

화가 쌓인 상태에서 비합리적 감정이 폭발하는 것을 보일러 이론Boiler Theory이라고 한다.
화가 많이 쌓인 상태에서는 합리적인 감정이 발동하는 것이 아니라 비합리적인 감정이 발동하기 때문에 화가 폭발하게 된다.
상대방은 왜 이 사람이 이런 상황에서 화를 내는지 잘 이해하지 못한다. 그러나 화를 내는 사람은 화를 낼 만한 이유가 이미 생겼고 폭발하는 상태가 지금일 뿐이다.

이런 비합리적인 상태의 감정에서 상대방 누군가 감정을 조금만 건드려도 방아쇠 상태에 있기 때문에 빵 하고 화가 터지게 된다.

그러므로 화는 일정량이 쌓였을 때 그때그때 해소해야 한다.
출근할 때 화이트셔츠가 없었으면 집 밖을 나오면서 마음을 가다듬고 오늘은 재수 없는 날 웃자 하고 해소하든지 아니면 지각해서 상사에게 꾸중을 들었을 때 해소하든지 퇴근한 후 해소하고 집으로 들어가든지 해야 화가 쌓이지 않는다.

둘째, 나만의 화를 다스리는 방법을 개발하라.

차 안에서 음악을 크게 틀어놓고 노래를 따라 부르면서 화를 해소하든지, 노래방에 가서 신나는 음악을 크게 부르면서 해소하든지, 또는 길거리에 있는 두더지 잡기를 통해서 신나게 두더지를 두들겨 패면서 화를 해소하든지, 운동을 통해서 화를 해소하든지 등 자신만의 화를 다스리는 방법을 개발해서 온전한 감정 상태를 유지하는 것이 좋다.

그런데 대부분 화를 다스리는 방법으로 부정적인 방법을 선택하는 경우가 많다.

예를 들면 술을 많이 마시면서 해소한다든지, 남에게 시비를 걸어 화를 해소하기는커녕 오히려 더 화가 쌓인다든지, 폭식으로 해소한다든지, 단란주점을 간다든지 등 부정적인 방법으로 해소하는 경우가 많다. 나만의 긍정적인 해소 방법들을 찾아야 한다.

셋째, 올바른 표현 방법을 통하여 화를 낸다.

냉정해졌을 때 화를 내라는 것이다.

화난 상태에서 말을 하면 욕이나 주먹이 먼저 나간다.

전문적인 용어로 말하면 나 전달법을 통하여 화를 전달하는 방법이 있다.

나 전달법이란 나를 주어로 하여 상대방의 행동과 사실을 먼저 말하고 나에게 미치는 영향을 말한 후 나의 감정을 전달하는 방법이다.

그러나 이러한 방법은 화난 상태에서 잘 전달되지 않는다.

그래서 화를 식히고 냉정해졌을 때 표현을 하면 나 전달법을 몰라도 나 전달방법으로 나의 화난 상태를 표현할 수 있다.

예를 들면 연애할 때를 생각해 보자. 상대방 마음을 잡아서 내 애인으로 만들고 싶을 때이다.

이때는 상대방이 1시간 늦어도 화가 나겠지만 표현을 잘 안 한다. 화를 내지 않는다.

왜냐하면 화를 내면 상대방이 싫어하기 때문이다.

어떻게 표현할까?

내가 지금 추운데 밖에서 1시간 기다렸어. 다리도 아프고, 춥기도 하고 그러네.

다음부터 일찍 오면 안 될까?

열 받았어!

이렇게 표현할 것이다.

이것이 나 전달법이다.

그런데 1년이 지난 후 상대방이 1시간 늦었다.

어떻게 표현할까?

기다리지도 않고 가버렸겠지!

아니면 지금 몇 시야?

이렇게 표현할 것이다.

2-11 현명하게 화를 다스리는 방법

현대인들은 화낼 일이 많은 세상에 살고 있다.

경쟁해서 살아남아야 하기 때문에 여유가 없다.

빡빡한 일상생활에서 마음의 여유가 없기 때문에 상대방이 볼 때에는 화를 낼 일이 아닌데도 불구하고 버럭 화를 내는 경우가 종종 있다.

건강보험심사평가원 자료에 의하면 분노조절장애를 가진 사람이 2009년 3,720명에서 2013년에 4,934명으로 늘어났다.

우리는 열 받는 사회, 화난 사회에 살고 있다.

뉴스에 등장하는 사건이나 사고들을 보면 대부분이 화를 조절하지 못하여 발생한다.

계약금 갈등으로 자신의 몸과 상점에 불을 낸 방화사건, 헤어지자는 여자친구를 차로 들이받은 사건, 주차시비가 붙어서 야구방망이로 상대방을 내려친 사건, 끼어드는 차가 맘에 들지 않아서 앞지르기를 하여 사고를 유발하게 한 사건 등 사건 사고 대부분들은 화를 조절하지 못해서 발생한다.

이러한 화를 다스리는 법을 배우지 않으면 화낼 일이 끊이지 않는다.

화를 다스리는 방법에 대하여 소개한다.

화를 다스리는 가장 좋은 방법은 멈춰서stop 생각think하는 것이다.

첫째, 15초간의 멈춤Stop이다.

화가 났을 경우,

화가 일어날 경우에 제일 먼저 해야 할 일은 멈춤이다.

15초의 멈춤을 기억하라.

말도 하지 말고 행동도 하지 말고 그냥 아무것도 하지 않는 것이 최선의 방법이다.

화의 특징은 사라지는 감정이라는 점이다.

멈추면 사라진다.

이것을 기억하는 것이 중요하다.

둘째, 생각Think하라.

이기적인 생각을 버린다.

화난 이유를 생각해 보라.

왜 화가 났는지 곰곰이 생각해 보면 화난 이유를 찾게 될 것이다.

대부분 나의 기분을 상하게 했기 때문에 내 마음에 들지 않기 때문에 화가 나 있을 것이다.

이기적인 생각을 버리고 상대방 입장에서 한번 생각해 보면 화가 풀리는 경우가 있다.

셋째, 이동한다. 화난 장소를 벗어난다.

15초간 아무 말도 아무 행동도 하지 않고 화난 장소를 잠시라도 떠난다. 화장실을 다녀오든지 아니면 잠깐 방을 나갔다 오든지 한다. 화난 곳을 벗어나라는 것이다.

이때 이동이란 공간뿐만 아니라 시간과 사람의 이동도 해당된다.

시간의 이동이란 지금 화낼 것을 오후에, 오늘 화낼 것을 내일로 미루는 것이다.

사람의 이동이란 내가 화낼 것이 아니라 다른 사람을 통해서 나의 화를 전달하게 하는 것이다.

넷째, 주먹을 쥐지 말고 기도하는 모습으로 손을 모은다.

주먹을 쥐면 화가 더 나서 뭔가 부숴야 화가 풀린다.

그러나 기도하는 모습으로 손을 모을 때 심리적으로 마음이 가라앉게 되고 차분하게 되어 화가 조절될 수 있다.

다섯째, 결과를 예측해 보라.

내가 화를 냈을 경우 미칠 영향들을 생각하는 것이다.

화로 해결할 수 있는 것은 아무것도 없다.

나도 상대방도 상처만 남는다.

결국 화를 통해서 해결하기보다 다른 방법을 찾게 될 것이다.

여섯째, 화를 내기 전에 복식호흡을 한다.

심호흡을 한다.

숨을 천천히 길게 들이마시면서 배에 숨을 가득 담고 천천히 길게 내쉬면서 배에 있는 숨을 뱉는다.

이렇게 여러 번 반복하면 화가 가라앉는다.

2-12 인생은 곱셈이다. 어떤 기회가 와도 내가 제로면 아무런 의미가 없다.

부자도 습관이고 1등도 습관이다.

습관이란 어떤 행위를 오랫동안 되풀이하는 과정에서 저절로 익혀진 행동방식이다.

습관이란 어린 새가 날갯짓을 연습하듯 매일 반복하여 마음에 꿰인 듯 익숙해진 것이다.

습관이 없다면 우리는 매일 무슨 일을 해야 하는지 매번 생각하고 배우는 데 많은 시간이 걸리게 될 것이다.

습관은 거의 무의식적으로 행해지며 선천적이기보다는 후천적인 행동이다.

일상생활 대부분을 습관적으로 한다.

아침에 일어나서 세수하고 밥 먹고 출근하고 퇴근하고 잠자고 하는 대부분이 그렇다.

습관은 반복과 강화에 의해 형성된다.

부자도 습관이고 1등도 습관이다.

부자는 부자가 된 습관이 있고 1등 하는 사람은 1등 하는 사람의 습관이 있다.

세 살 버릇 여든까지 간다는 말이 있다.

요즘은 세 살 버릇 100살까지 간다고 속담이 바뀌었다.

평균수명이 그만큼 길어졌기 때문이다.

세 살 때의 습관이 평생 갈 수도 있다는 표현이다.

또한 '습관은 제2의 천성이다.'라는 말도 있다.

성공하기 위해서는 습관이 중요하다.

부자들은 부자가 되게 한 습관이 있고 공부 잘하는 학생은 공부 잘하는 습관이 있다.

처음에는 내가 습관을 만들지만 나중에는 습관이 나를 만든다.

어떻게 좋은 습관을 만들 것인가?

고민하고 나의 습관을 좋게 만들어 가는 방법을 연구해야 한다.

> 오리 농장에서 있었던 일이다. 집에서 키운 오리를 연못에 방류하였는데 오리가 물에 빠져 죽었다. 이상한 일이 아닌가? 오리가 왜 물에 빠져 죽었을까? 원인을 분석해 보니 이 집 오리는 한 번도 스스로 물에 들어가서 헤엄치는 연습을 해 보지 않았다. 헤엄치는 연습이 부족했다. 습관적으로 해야 했던 헤엄치는 연습을 전혀 하지 않아 물에 뜰 수 없었던 것이다.

우리가 하는 모든 행동들이 습관을 만들 뿐만 아니라 습관에 의해서 나오는 것이라고 해도 과언이 아니다.

오리가 헤엄치는 습관,

밥 먹는 습관,

앉는 습관,

걸어가는 습관,

말하는 습관,

상대방을 대하는 습관,

기도하는 습관,

묵상하는 습관,

공부하는 습관,
잠자는 습관,
이 모든 습관들을 잘 만들어야 한다.
줄 담배 피우는 습관,
지각하는 습관,
말만 하면 비판부터 하는 습관,
게임기 앞에 있으면 하루 종일 아무것도 하지 않아도 되는 습관,
밤만 되면 밤거리를 헤매는 습관 등
이런 습관이 나에게 있다면 빨리 고쳐야 한다.
습관을 후회할 때는 이미 습관에 충분히 중독되어 있을 때이다.
그러므로 좋은 습관을 만들어야 한다.

2-13 행복한 습관 만들기 1

안 좋은 습관을 갖고 있는 것은 내 자신이 균형 잡힌 상태가 아니라는 암시이다.

삶의 어떤 부분에서 제대로 대처하지 못한다는 의미이다.
나쁜 습관이 반복되는 것은 우리가 여전히 과거 어딘가에 머물러 있음을 뜻한다.
그러므로 현재를 온전히 살기 위해서는 과거의 문제를 정리할 필요가 있다.

독수리 알을 어미닭이 품게 하여 병아리와 함께 기른다면 이 독수리는 과연 독수리답게 될까? 야생호랑이를 새끼 때부터 우리 안에 가두어 먹이를 주는 대로 받아먹게 한 후 호랑이를 야생에 풀어두면 과연 사냥을 제대로 할 수 있을까?

습관은 그 사람의 운명까지 결정할 수 있는 것이다.
자신을 사랑하는 습관,
남을 믿는 습관,
목표를 수립하는 습관,
근면 성실한 습관,
용기를 갖는 습관,
생활에 만족하는 습관,
시간을 구별하여 사용하는 습관,
늘 자기개발에 힘쓰는 습관,
약속을 지키는 습관,
어른을 공경하는 습관,
생각만 하지 않고 행동에 옮기는 습관,

상대방에게 협력하는 습관,
남을 도와주는 습관,
삶에 충실한 습관,
근검절약하는 습관,
웃는 습관,
범사에 감사하는 습관,
이런 습관들이 내 삶에 있다면 얼마나 좋을까?

멋있는 옷은 나를 하루 동안 아름답게 하지만, 좋은 습관은 나를 평생 빛나게 한다.

2-14 행복한 습관 만들기 2

잘못된 습관을 고쳐라.

잘못된 습관을 고치지 않는 한 자신은 변하지 않는다.

한 임금에게 미운 신하가 한 명 있었다. 이 신하는 탐욕이 많았다. 신하의 버릇을 고쳐 주기 위해 임금은 신하에게 코끼리 10마리를 선물로 주었다. 결국 이 신하는 하사받은 코끼리 10마리를 키우느라고 가사를 모두 탕진하고 말았다. 많은 것을 가지는 것이 결코 좋은 것은 아니다.

부모들이 아이들 키울 때를 생각해 보라. 4살 정도의 아이들이 기어 다니다 걸음마를 배워서 걷기 시작할 때 부모는 희열을 느낀다. 상미가 4살 때 일이다. 엄마는 한 손에 상미가 제일 좋아하는 딸랑이 장난감을 들고 있고 아빠는 쫀득이 과자를 들고 있고 할머니는 한 손에 딸기를 들고 있다. 4살 된 딸아이 상미에게 어서 오라고 세 사람이 손짓한다. 막 걷기 시작할 때다. 걸음마 하면서 걸어서 오기를 세 사람이 박수 치면서 격려하고 있었다. 그런데 아니나 다를까 상미는 걷지 않고 바로 기어서 잽싸게 달려와서 쫀득이 과자를 덥석 잡았다. 딸아이는 기는 것이 편했을까? 걷는 것이 편했을까? 당연히 기는 것이 편했을 것이다. 걸음마는 배우기 시작할 때였기 때문이다. 습관은 사람을 편하게 한다. 좋은 습관도 나쁜 습관도 마찬가지다. 습관이기 때문이다. 그런데 좋다고 해서 딸아이가 노력하지 않고 아직까지 기어 다닌다면 어떨까?

매일 1m밖에 갈 수 없는 애벌레가 100km를 가려면 어떻게 하면 되겠는가? 끊임없이 지속적으로 노력하여 계속 가면 되겠는가? 아니다. 빨리 나비가 되면 갈 수 있다. 기존의 굴레에서 벗어나야 한다. 기존의 습관에서 탈피하지 않으면 성공하기 어렵다.

2-15 행복한 습관 만들기 3

과잉적응과 일요신경증

정열소진 증후군이 있다.

일과 지나치게 일체화하여 일하는 것 외에는 아무것도 눈에 보이지 않는 사람들에게 많이 나타난다.

의욕이 넘치고 충성심이 있으며 일에 대단히 열중하다가 어느 날 갑자기 마치 정열이 소진된 것처럼 의기를 상실하는 사람에게 나타나는 것이다.

이런 사람은 또한 과잉적응 상태가 나타난다.

사회생활 조직생활을 위해 자신의 본래 욕구를 누르고 사회에서 요구하는 대로 조직에서 원하는 대로 열심히 자신을 조절하여 살아가는 사람들이다.

과잉적응인 사람의 병리 형태로 나타나는 것이 일요신경증이다.

휴일이 가까워지면 불안해지고 안절부절 못하고 편하게 지내지 못한다. 일을 떠나 취미나 친구, 여가를 갖지 못한다.

오로지 직장생활 하는 것만을 생의 보람으로 생각하는 사람들이다.

상승정지 증후군

이런 사람들은 행복한 삶을 누리지 못한다.

왜냐하면 이런 사람들은 일을 시작하고 시간이 지나면 지위가 높아지고 수입이 늘어나지만, 중년기가 지나게 되면서 일에서 하강곡선을 그릴 때 즉, 자신의 한계를 느낄 때 상승정지 증후군이 나타난다.

모든 것이 공허하게 되고 살아가는 목표를 잃게 된다.

행복한 삶을 만들기 위해서는 상승을 단념함과 동시에 새로운 삶의 보람을 느끼며 인생을 재편할 수 있는 방안을 생각해 보아야 한다.

지금까지의 생활방식에 구애되지 않고 제2의 인생을 자리 잡을 수 있게 내면의 세계를 전환할 필요가 있다.

2-16 행복한 습관 만들기 4

파랑새 증후군과 모라토리엄 증후군에서 벗어나야 행복하다.

파랑새 증후군이 있다.

마테를링크의 『파랑새』에서 주인공 남매는 행복의 파랑새를 열심히 쫓아 다녔지만 결국 찾지 못했다.

그 후 피로에 지쳐 집에 돌아왔을 때 파랑새는 자신들의 새장 속에서 지저귀고 있었다. 행복이란 먼 곳에 있는 것이 아니다.

지금 여기에 행복이 있다. 단지 찾지 못하고 발견하지 못하는 것이다.

일류대학에 일류기업에 아닌 자신이 원하는 대학에 자신이 원하는 기업에 있으면서도 이유 없이 즐겁지도 행복하지도 않다.

그래서 학교를 그만두기도 하고 회사를 그만두기도 한다.

그렇다고 해서 명확한 목표나 비전을 갖고 그만두는 것도 아니다.

이것을 가리켜 파랑새 증후군이라고 한다.

파랑새 증후군이 있는 사람이 행복할까?

지금 여기서 충분히 행복함에도 행복을 찾아 떠난다.

파랑새 증후군이다.

심리 사회적 모라토리엄moratorium 증후군이 있다.

모라토리엄이란 원래 지불유예기간이란 의미로 전쟁, 천재지변 등 비상사태에서 국가가 채권, 채무의 결재를 일정기간 동안 유예하는 것을 의미한다.

이 말을 이용해 에릭슨이 정신분석 용어로 심리 사회적 모라토리엄을 사용하였다.

심리 사회적 모라토리엄이란 사회적 책임이나 의무를 면제받은 형태이다. 청년들이 여러 가지 역할 실험을 시도하는 기간이며 어른이 되어 사회 속에 자신이 있을 장소를 발견하기 위한 준비기간이다.

예를 들면 취업준비 기간, 인턴사원 기간, 배우자를 선택하기 위해 다양한 이성을 사귀는 기간 등으로 보면 된다.

모라토리엄 기간을 빨리 탈출하여 스스로 삶을 개척해 나가야 한다.

그런데 요즘 청년들은 모라토리엄 기간이 너무 길다.

모라토리엄 증후군에 있는 청년들이 너무 많다.

3포라는 말이 모라토리엄 증후라고 보아도 무방하다.

3포란 취업포기, 결혼포기, 자식 낳는 것 포기이다.

물론 사회가 어렵기 때문에 청년 지불유예기간이 오래가는 것도 사실이다.

하지만 사회 탓 환경 탓만 하는 것은 옳지 않다.

빨리 심리 사회적 모라토리엄에서 벗어나야 행복한 삶을 살아갈 수 있다.

2-17 캠릿브지대학의 연결구과에 따르면

한 단어 안에서 글자가 어떤 순서로 배되열어 있는가 하것는은 중요하지 않고, 첫째번와 마지막 글자가 올바른 위치에 있건는이 중하요다고 한다.

나머지 글들자은 완전히 엉진망창의 순서로 되어 있지을라도 당신은 아무 문없제이 이것을 읽을 수 있다.

왜하냐면 인간의 두뇌는 모든 글자를 하나하나 읽것는이 아니라 단어 하나를 전체로 인하식기 때이문다.

.
.
.
.
.
.

다 읽으셨나요?

그럼 다시 한 번 한 자 한 자 또박또박 읽어보세요.
순간 놀라실 겁니다.

초두효과初頭效果, Primary Effect

사회심리학 용어로 앞서 제시된 정보가 나중에 제시된 정보보다 첫인상이나 기억에 훨씬 더 큰 영향을 주는 현상을 의미한다. 첫 정보가 옳다고 믿는 것이다. 오래된 오류가 새로운 진리보다 인기 있다는 말이 있다.

2-18 착각은 자유이며 공짜다.

착각錯覺, illusion

인간은 오감을 통해 받아들이는 정보가 1초에 1,100만 개이다.
그러나 겨우 40개 정도만 뇌에 저장하는데 이때 생기는 오류가 착각이다.
뇌는 우리도 모르게 보고 듣고 경험한 것들을 편집하여 결국 내가 원하는 것, 생각하는 것, 믿는 것만 기억하게 한다.

긍정적 착각은 마음의 양식이 되고, 부정적 착각은 마음에 흠집을 낸다.

인간은 착각하는 존재이다.
인간은 합리적인 존재처럼 보이지만 비합리적인 존재이다.
인간은 상당히 많은 부분에서 어떤 사물이나 사실을 실제와 다르게 지각하거나 생각한다.

주의를 집중하지 않으면 있어도 보지 못하고 보아도 보고 싶은 것만 보는 것이 인간이다.
주의를 집중해도 한계가 있다.
왜냐하면 뇌 속에 저장되어 있는 각종 자료와 경험들을 통해 사물을 보기 때문이다.
대니얼 카너먼(2002년 노벨 경제학상을 수상한 프린스턴 대학교 교수)은 인간은 불확실한 상황에서 이성적으로 생각하고 판단하기보다는 '아무개 논증'man-who argument을 한다고 하였다.

자기만의 주먹구구식 규칙에 의존해서 의사결정을 한다. 예를 들면 '우리 할머니는 하루에 담배를 한 갑 피워도 건강하게 90세까지 잘 살았다. 그러니 담배가 건강에 나쁘다는 것은 틀린 이야기이다.'라고 판단한다. 객관적인 확률마저도 주관적으로 판단해 버린다. 아들을 다섯 낳은 사람이 여섯 번째는 반드시 딸을 낳을 것이라고 기대한다. 여섯 번째도 확률은 여전히 50%인데 말이다. 문제 해결을 할 때 머릿속에 쉽게 떠오르는 정보에 의존해 판단한다. 이것은 착각이다.

이러한 착각은 우리가 뭔가 할 수 있게 하는 힘과 할 수 없게 하는 힘을 동시에 가지고 있다.

착각은 좋게도 나쁘게도 쓰일 수 있다.

긍정적인 착각은 인생을 행복하게, 부정적인 착각은 인생을 불행하게 만든다. 긍정적인 착각은 사람을 노력하게 만들고 부정적인 착각은 사람을 무기력하게 만든다.

긍정적인 착각은 사람이 고통과 좌절을 극복하여 성공하게 만든다. 평발인 사람을 축구 스타로 만들기도 하고 4개의 손가락으로 피아노를 잘 칠 수 있게 만들기도 한다.

한 다리를 잃었어도 춤을 출 수 있게 만들고 두 팔 두 다리가 없어도 수영할 수 있게 만든다.

부정적인 착각을 하는 사람은 사지가 멀쩡하여도 무엇이든 할 수 없다고 생각한다.

이러한 착각은 자유이며 공짜다.

착각은 자유며 공짜이고 무제한 공급이 가능하다.

착각의 주체는 나 자신이다.

긍정적인 착각은 마음의 양식이 되고 부정적인 착각은 마음에 흠집을 내게 된다.

모든 사건의 가장 훌륭한 면을 보는 습관은 일 년에 수천 파운드를 얻는 것보다 더 가치가 있다.

미켈란젤로 효과이다.

대리석 덩어리에서 이상적인 형태를 찾는 미켈란젤로처럼 매사에 좋은 것을 찾는 것이다.

> 돈이 있으면 행복할 것이라고 착각,
> 공부 잘하면 행복할 것이라고 착각,
> 좋은 대학 입학하면 행복할 것이라고 착각,
> 지금 행복하지 않아도 내일 행복할 것이라고 착각,
> 더 많이 있으면 더 행복할 것이라고 착각,
> 내 애인은 나만 바라볼 것이라고 착각,
> 여자들은 사진이 좀 잘 나오면 예쁘다고 착각,
> 남자들은 자신이 유혹하면 모든 여자들이 넘어올 것이라고 착각,
> 결혼한 아들이 여전히 아들인 것으로 착각,
> 이 글을 보면서 나는 착각하지 않는다고 착각.

긍정적 착각이란 주어진 일을 부정적으로 접근하기보다 긍정적으로 접근하는 것이다.

소극적인 태도보다는 적극적인 태도로, 비관적인 기대보다는 낙관적인 기대를 가지고 사는 것이다.

2-19 정박효과Anchoring Effect

객관적 사실보다 생각의 출발점이 어디인가가 중요하다.

사람의 심리를 다루는 방법에 앵커링 기법이 있다.

앵커ANCHOR란 배가 항구에 정박할 때 사용하는 닻이란 뜻이다.

배가 정박하여 어떤 지점에서 벗어나지 못하고 머물러 있는 것처럼 사람의 심리가 어떤 요인 때문에 고정된 상태에서 벗어나지 못하는 상태로 정박효과 또는 닻 내리기 효과라고 한다.

암벽타기를 할 때 줄과 사람을 연결하는 고리 역시 앵커라고 한다. 앵커링 기법이란 하나의 심리상태를 어떤 특정한 심리상태로 닻을 내려주는 것으로 최면이나 정신치료에도 널리 사용되고 있다.

예를 들어 돈을 많이 벌겠다고 하면 0원에서 시작하는 것과 같다. 그런데 1년에 매출액 20억이라고 하면 20억에서 출발한다. 즉, 객관적 사실보다 생각의 출발점이 어디인가가 매우 중요하다. 생각의 출발점을 정박효과라고 말한다. 한강의 길이를 물어 볼 때 "한강이 북쪽에서 남쪽으로 한 50km쯤 될까?"와 "한강이 북쪽에서 남쪽으로 한 500km쯤 될까?"로 질문하면 기준점에 따른 대답의 평균이 약 100km 정도 차이가 난다고 한다. 50km로 질문할 경우 평균 100km로 대답하고, 500km로 질문할 경우는 평균 200km로 대답한다고 한다. 실제 길이는 약 514km인데 말이다. 질문자의 기준점이 다르기 때문이다.

심리학자 대니얼 카너먼Daniel Kahneman은 고등학생들에게 다음과 같은 곱셈문제를 주고 5초 안에 값을 추정하도록 하였다.

A반과 B반에게 숫자의 순서만 바꾸어 문제를 풀게 하였다.

A반 〈8 × 7 × 6 × 5 × 4 × 3 × 2 × 1 = ?〉
B반 〈1 × 2 × 3 × 4 × 5 × 6 × 7 × 8 = ?〉

실제 A반 학생들의 추정치는 2,250이었으나 B반 학생들의 경우 512에 불과하였다.
실제 답은 40,320이다.

이렇게 나온 이유는 학생들이 5초 내에 암산할 수 없기 때문에 A반의 경우 초반에 나온 8×7에 영향을 많이 받았고 B반의 경우 초반에 나온 1×2에 영향을 받았기 때문이다.

이와 같이 사람들이 어떤 값을 추정할 때 초기 값에 근거해서 판단하는 경향이 크다는 것이다.
이것이 정박효과이다.

앵커링 기법을 통하면 사람의 심리상태를 바꿀 수 있다.
자신이 좋아하지 않는 음식을 먹게 만들 수도 있다. 예를 들면 아이들이 파를 먹지 않을 경우, 파를 먹으려고 할 때 역겨운 냄새가 나면 좋아하는 게임을 떠올리게 하거나 좋아하는 음료수를 떠올리게 한다. 이렇게 연습하면 파를 먹을 수 있게 된다. 왜냐하면 마음의 작용을 바꾸기 때문이다. 돈을 많이 벌겠다는 막연한 생각은 앵커링 기법에서 보면 도움이 안 된다. 구체적으로 20억 하면 20억에서 출발하는 효과를 보기 때문에 목표설정을 구체적으로 하는 것이 도움이 된다.

정박효과Anchoring Effect

사람들은 자신이 가치를 잘 모르는 것을 판단하거나 협상을 할 때 기준이 필요한데, 무의식적으로 주어진 조건에서 크게 벗어나지 못하고 이를 기준으로 삼는 형태를 말한다.

참고: 대니얼 카너먼 저, 이진원 역(2013). 생각에 관한 생각. 김영사.

2-20 내가 모든 사람을 사랑할 수 없듯이 모든 사람이 나를 사랑할 수도 없다.

누가 행복해야 하는가?

5W1H는 매우 유용한 기법이다.

어디에도 적용해 볼 수 있는 중요한 도구이다.

인생고민이 생겨도 행복한 삶을 살기 위한 방법에도 기획문서를 작성하는 데도 사용할 수 있는 중요한 수단이 된다.

행복한 삶을 사는 방법을 5W1H를 통해 적용해 본다.

첫째, '누구와'이다.

누가 행복할 것인가?

내가 행복해야 한다.

내 자신이 행복해야 행복을 나누어 줄 수 있다.

많은 사람들이 자신은 행복하지 못하면서 자식 행복을 위해서 노력한다. 스스로 행복할 때 행복에너지가 넘쳐 주위에 있는 사람들에게 행복을 나누어 줄 수 있다.

자신이 행복하지 못하면 행복을 나누어 줄 것이 없다. 그래서 내가 행복해야 한다.

누구를 만나야 행복할까?

행복한 사람들을 만나야 행복하다.

행복하지 못한 사람들을 만나면 행복하지 못하게 된다.

당신이 현재 만나는 사람들이 당신의 미래를 결정한다.
내 주위에 어떤 사람이 있는가를 살펴보라.
행복한 사람을 만나면 행복한 정보를 많이 공유한다.

멋있는 장소, 맛있는 음식, 재미있는 공연, 감동적인 영화 등 행복한 이야기를 들을 뿐만 아니라, 행복한 곳에 같이 가기도 한다.

행복바이러스가 퍼진다. 그래서 행복한 사람을 만나야 한다.

행복한 사람을 만날 때 세로토닌 · 엔도르핀 · 다이돌핀이 분비하게 된다. 반면 행복하지 못한 사람을 만나면 행복하지 못한 이야기를 많이 듣기 때문에 몸속에 좋은 호르몬이 생성되지 못한다.

무엇이 나를 행복하게 해 줄 것인가?

둘째, '무엇'이다.

무엇이 나를 행복하게 해 줄 것인가? 이다.
무엇이 당신을 행복하게 해 줄 것인가?
돈 · 명예 · 권력 · 아니면 자아실현인가? 무엇인가?
당신을 행복하게 해 주는 요인은 외부가 아니라 내부에 있다.

살기 위해 돈이 필요하다.

돈은 400만원을 넘어가면 그 액수가 아무리 많아도 행복과는 관련이 적다는 것이 통론이다.

명예가 있으면?
권력이 있으면?

자아실현을 하면?

행복할 것 같은가?

이런 것은 행복하기 위한 필수 요건이 못된다.

행복은 외부에 있는 것이 아니라 내부에 있기 때문이다.

행복하기 위해 중요한 것은 내면의 세계에서 행복할 수 있는 태도, 마음가짐이다.

긍정적인 생각과 감사한 마음을 갖는 것이 당신을 행복하게 해 준다.

천국의 오류와 비참함의 오류에서 보았듯이 행복은 언제 어디서든 존재한다. 그 존재하는 행복을 내 것으로 만드느냐 아니냐는 자신 내부에 있다.

우리가 상상하지 못할 정도의 돈을 갖고 있거나 쳐다보지 못할 권력을 갖고 있음에도 자살하는 사람들을 한번 생각해 보라.

행복은 결코 외부에 있는 것이 아니라 내부, 나 자신의 태도에 달려 있다.

왜 행복해야 하는가?

셋째, '왜'이다

당연한 것을 질문으로 던지니 이상하다.

왜 행복해야 하는가?

반대로 왜 난 불행한가?

'왜 난 이렇게 힘들게 사는가?'라는 질문에 '꼭 행복하게 살아야 하는가? 꼭 편안하게 살아야 하는가?'라는 질문도 해 볼 수 있다.

행복하게 살지 않고 편안하게 살지 않아도 인생은 마지막이 있다.

행복하지 않게 편하지 않게 사는 사람도 많이 있다.

굳이 행복하지 않아도 편안하지 않아도 된다는 생각을 가지면 오히려 행복해지지 않을까?

어디서 행복해야 하는가?

넷째, '어디서'이다.

어디서 행복해야 하는가?
삶의 어느 곳에서나 행복해야 한다.
가정에서 일터에서 사회생활에서 행복하게 살아야 하지 않을까?
일할 때는 불행하고 가정에서만 행복하면 될까?
아니면 일할 때 행복하고 가정에서 불행하면 될까?
어디에 있든 행복한 삶을 살기 위해 노력해야 한다.

언제 행복해야 하는가?

다섯째, '언제'이다.

언제 행복해야 하는가?
지금 여기서이다.
지금 여기서 행복해야 내일 거기서도 행복하다.
많은 사람들이 내일 거기서 행복하기 위해 지금 여기서의 행복을 포기하고 산다.
지금 여기서 조금 불행하지만 내일 거기서 조금 더 행복하기 위해 위안한다.
잘못된 생각이다.
지금 여기서도 행복하고 내일 거기서도 행복한 삶을 사는 사람이 잘 사는 사람이다.
지금 여기서 행복한 삶을 살기 위해 노력해야 한다.

행복하려면 어떻게 해야 하는가?

여섯째, '어떻게'이다.

그럼 지금 여기서 행복하려면 어떻게 해야 하는가?

모든 사람들이 지금 여기서도 행복하고 내일 거기서도 행복하고 싶어 하는데 그 방법은 무엇일까?

내가 하고 싶은 일을 할 때 지금 여기서 행복하다.

즉, 내가 하고 싶은 일을 하면서 일을 하는 과정이 즐겁고 만족스러우면 지금 여기서도 행복하고 내일 거기서도 행복하다.

지금 여기서 불행하다면 바로 방법을 바꾸어 보라.

지금 여기서 내가 행복하게 할 수 있는 일을 찾아보자.

그리고 그 일을 할 때 즐거운 마음으로 일을 하는 방법을 찾아보자.

2-21 사람을 변화시키는 세 가지 방법

사람은 변화될 수 있으며 변화할 수 있는 존재이다.

그러나 사람을 변화시키는 것은 매우 어렵다.
변화하기 싫어하는 사람을 변화시키기는 더더욱 그렇다.
상대방의 말과 행동, 태도와 습관을 내가 원하는 방식대로 변화시키는 것은 매우 어렵다.

상대방이 나를 좋아하게 만드는 일, 내가 원하는 일에 참여시키는 일, 나쁜 행동을 하지 못하게 하는 일 등 내가 원하는 방향대로 변화시키는 일은 쉽지 않다.

예를 들면 이슬람 과격 단체 대원들을 그 조직에서 탈퇴시키는 일, 내가 만든 음식점에 사람들이 많이 오게 하는 일, 공부하지 않는 학생을 공부하게 만드는 일 등을 생각해 보면 알 수 있다.
여러분이 변화시키고자 하는 어떤 사람의 어떤 태도나 행동을 생각하면서 아래 내용을 적용해 보기 바란다.

그렇다면 어떻게 하면 변화시킬 수 있겠는가?

심리학적 이론에 근거하여 살펴본다.

사람의 성격(性格)은 어떤 환경에 대하여 특정한 행동 형태를 일관되게 나타내는 개인의 독특한 심리적 체계이다.

인성(人性)이라고도 한다.

이 성격을 구성하고 있는 요소는 정서, 행동, 태도이다.

어떤 주어진 환경이 발생하면 정서, 행동, 태도가 사람마다 다르게 나타난다.

예를 들면 대학입학시험에 떨어졌을 경우 성격에 따라서 다르게 반응한다.

어떤 사람은 정서적인 측면에서 우울해 하거나 낙심하는 반면 어떤 사람은 도전의식이 생기고 낙관적 감정을 갖는 경우도 있다.

행동은 어떤가?
어떤 사람은 술을 마시는 행동을 하거나 탈선하지만 어떤 사람은 방구석에 처박혀서 나오지 않는 행동을 한다.

태도는 어떤가?
어떤 사람은 부모에 대하여 원망하거나 사회에 대하여 부정적인 태도를 갖기도 한다.
반면 어떤 사람은 자신이 노력을 덜했기 때문이라고 생각하여 앞으로 더 노력하는 태도를 갖기도 한다.
이처럼 사람의 성격을 구성하는 정서, 행동, 태도에 따라 주어진 환경에 대하여 다르게 반응한다.

이러한 기준을 가지고 사람을 변화시키는 방법에 대하여 살펴본다.

첫째, 기분을 좋게 한다.

정서적 측면이다.

정서emotion란 자극에 대한 심리적 반응이며, 감정feeling이란 정서를 느끼는 것을 말한다.

기분은 자극에 대한 만족도이며 행복이란 기분의 최고치이다.

따라서 상대방의 정서에 신경 써야 한다.

상대방을 행복하게 해 주면 상대방을 바꿀 수 있다는 결론이 나온다.

어떻게 행복하게 해 줄 것인가를 생각해 보라.

나의 행복이 아니라 상대방의 행복한 모습이다.

상대방이 언제 기분이 좋고 행복해 하는가를 살펴볼 필요가 있다.

가장 기본적인 부분이 칭찬, 인정, 격려이다. 좀 더 나아가서 재미있을 때, 가치 있을 때, 감동받을 때 기분이 좋아지고 행복할 수 있다.

이런 방법들을 찾아야 한다.

그런데 사람들은 상대방이 내 말대로 또는 내가 원하는 방법대로 변화되지 않을 경우 화를 낸다.

열을 받는다.

그 화를 상대방에게 전달한다.

상대방도 화를 내고 열을 받는다.

그러므로 자신의 입장을 고수하게 된다. 심리학 이론에 감정전이Transfer of affect가 있다.

이 이론은 어떤 대상에 대한 감정이 그 대상과 관련된 다른 것에까지 옮겨지는 현상을 말한다.

어떤 사람에게 긍정적인 감정이나 부정적인 감정을 가지게 되면 그 사람과 관련된 모든 사물조차도 긍정적 감정이나 부정적인 감정을 가지게 되는 심리적 현상을 말한다.

중요한 것은 감정을 옮기는 데 시간, 장소, 대상에 관계없이 감정을 그대로 옮긴다는 것이다.

이러한 이유들 때문에 정서적인 측면을 고려하라는 것이다.

둘째, 참여하게 한다.

행동이다. 변화시키고자 하는 것에 먼저 참여하게 만든다.

행동하게 한다.

인지부조화에 의하면 두 가지 모순된 요소 즉, 태도와 태도, 태도와 행동의 모순을 인지했을 때 그 모순은 심리적 긴장상태를 만들기 때문에 이 긴장을 해소하기 위해 이 두 가지 중 더 지지하는 행동을 한다.

인지부조화 이론에서 강조하는 것은 태도보다 행동이 먼저라는 것이다. 태도에 일치하도록 행동을 바꾸는 것이 아니라 행동을 하면 태도가 변한다.

행동을 하게 하면 그 행동이 지지하는 것이 된다.

다른 사람의 눈에 드러나게끔 행동을 한 경우 그 행동이 나의 태도를 바꾸게 된다. 말이나 글이나 행동으로 변화시키고자 하는 것에 동참시킨다는 의미이다.

그래서 혼자 비전을 세우고 혼자 변화목표를 세우는 것이 아니라 참여시켜서 함께 비전을 만들고 변화목표를 세울 때 변화시키기가 쉬워진다.

셋째, 가치관을 바꾸는 것이다.

태도이다.

가치는 사람들이 추구하고자 하는 궁극적 목표이자 이상으로 태도보다 더 광범위하고 일반적인 개념이다.

여러 가지 태도들을 전체적으로 강조하는 데 사용된다.

태도(態度)는 사람의 가치관에 따라 나타나는 행동 및 정서이다.

습관은 태도와 마찬가지로 학습되는 것이며 지속성이 있다.

좋은 가치관을 갖게 하는 것이다.

변화시키고자 하는 목표와 일치하는 가치관을 갖게 만드는 것이 중요하다.

2-22 감정전이를 활용하는 방법

감정전이Transfer of affect현상이란 프로이트Sigmund Freud가 발견한 것으로 감정을 옮겨 놓는 현상이다.

어떤 대상에 대한 감정이 그 대상과 관련된 다른 것에까지 옮겨지는 현상을 말한다.

어떤 사람에게 긍정적인 감정이나 부정적인 감정을 가지게 되면 그 사람과 관련된 모든 사물조차도 긍정적 감정이나 부정적인 감정을 가지게 되는 심리적 현상을 말한다.

중요한 것은 감정을 옮기는 데 시간, 장소, 대상에 관계없이 감정을 그대로 옮긴다는 것이다.

아내에 대한 긍정적인 감정이 있으면 처갓집 말뚝도 예쁘다는 것이 좋은 예이다.

목사에 대한 미움이 생기면 십자가가 꼴 보기 싫은 것 등이 모두 감정전이 현상에 해당된다.

'나는 저 사람이 하는 것은 무조건 다 좋아', '저 인간이 하는 것은 다 싫어'라는 것이 바로 감정전이 현상 때문이다.

선거에서 후보의 정책, 공약 등에 대해 판단하기보다는 그 후보가 싫으면 모든 것이 싫은 것이다.

반대로 그 후보가 좋으면 그냥 찍는 경향이 있다.

사람들이 어떤 사람에 대하여 그냥 좋거나 그냥 싫은 경우가 있다.

과거 몰래 좋아했던 선생님이 모자를 자주 쓰고 다녔다면 모자 쓴 사람은 모두 좋은 감정을 갖는 경우, 과거에 권위적인 아버지가 싫었으면 권위적인 사람은 모두 꼴 보기 싫은 것 등이 감정전이 현상 때문이다.

이런 감정전이 현상 때문에 좋아하는 연예인이 사용했던 모자, 옷, 안경 등의 값이 비싸게 팔린다.

인간은 합리적인 존재일까, 감정적인 존재일까?

MBTI 성격유형검사에서 보면 의사결정을 할 때 사고형은 주로 합리적 · 이성적으로 판단을 하지만 감정형은 주로 감정적으로 판단하는 경향이 있다. 사람마다 차이가 있다.

대부분의 사람들은 자신이 합리적으로 판단하고 결정한다고 생각하지만 사실은 합리화 하는 경향이 있다.

왜냐하면 인간은 이성적인 측면도 있지만 감정에 따라 기분이 좌우되기 때문이다.

즉, 합리적인 존재가 되기 위해 노력할 뿐이다.

사람들은 옳아서가 아니라 좋아서 찬성하고, 틀려서가 아니라 싫어서 반대하는 경향이 많이 있다.

상대방이 내 마음에 들거나 호의적인 사람일 경우 그 사람이 하는 대부분의 행동들에 대하여 호감을 갖지만 그렇지 않을 경우 그 사람이 하는 대부분의 행동들에 대하여 반감을 갖게 된다.

예를 들면 다른 사람에게 미소 짓는 표정과 친절한 모습은 일반적으로 상대방에게 좋은 이미지를 갖게 한다.

그러나 내가 싫어하는 사람이 내가 꼴 보기 싫어하는 사람에게 미소를 지으며 친절한 행동을 할 때 나의 감정은 어떤가?

가장 꼴 보기 싫지 않은가?

이러한 것은 바로 감정이 전이되기 때문이다.

이러한 측면 때문에 인간관계가 중요하다는 것이다.

감정전이는 일종의 자연적 패턴이다. SNS에서 처음 댓글이 좋은 글이 나오면 그 다음에도 좋은 글이 나올 확률이 높다. 마녀사냥도 여론몰이도 감정전이에 의해 생기는 것이다. 대부분의 사람들이 '예스'라고 할 때 나는 '노'라고 말하기 어렵다. 그래서 감정전이를 잘 활용하는 사람이 여론을 잘 형성할 수 있다.

좋은 인간관계를 유지하는 사람들의 특징은 감정전이를 잘 이해하고 활용 능력을 높인다.

즉, 상대방이 자기를 좋아하게 만든다.

상대방이 나를 어떻게 좋아하게 만들 수 있는가?

간단하다.

상호성의 원리를 활용하면 된다.

즉, 내가 상대방을 좋아하면 된다.

사람들은 자기를 좋아하는 사람을 좋아한다.

그렇다면 어떻게 좋아해야 하는가?

좋아하고 있다는 것을 표현해야 한다.

옆에 있는 친구, 동료, 부하, 상사에게 좋아한다는 메시지를 당사자가 좋아하는 방식으로 보내면 된다.

직접적으로 표현할 수 없을 때 일반적으로 하는 방법이 바로 상대방에게 먼저 미소 짓고, 먼저 인사하고, 먼저 대화하고, 먼저 칭찬하고, 먼저 경청하는 것 등이며 이는 좋은 방법이다.

역전이 현상

특히 미해결된 감정들Unresolved Emotions이 전이되는 경우 전이 대상이 되는 사람은 당혹하게 된다. 이유 없이 좋아하거나 싫어하기 때문이다. 그런데 알고 보면 이유가 있다. 전이하는 사람은 과거의 감정 즉, 해결되지 못한 감정이 있었기 때문이다.

이러한 전이 감정을 바로 이해하지 못할 경우 상담할 때에는 상담자가 그 감정에 동요를 일으켜 내담자에게 감정적인 반응을 보이게 되는 현상을 역전이라고 한다. 예쁘고 젊은 학생이 상담하는 도중에 상담자에게 친밀한 눈길을 보내며 사랑을 고백하는 경우 이것은 상담자를 좋아하는 것이 아니라 그 학생이 상담자에게 전이감정을 보내고 있는 것이다.

이때에 상담자가 그 학생의 사랑의 전이에 동요를 일으켜 그 학생을 사랑하고 싶어지거나 야단을 치면 상담자는 그 학생의 전이감정 때문에 역전이 감정을 일으키고 있는 것이다. 상담상황에서 상담자는 이러한 전이감정과 역전이감정을 잘 분석하여 혼란에 빠지지 않도록 경계해야 한다.

2-23 기대위반이론

기대위반이론Expectancy Violation Theory을 주창한 학자는 주디 버군Judee Burgoon이다.

기대위반이론은 정보를 교환할 때 서로의 기대를 위반할 경우 쌍방은 서로 간의 친밀성에 따라 긍정 혹은 부정적으로 반응한다.

기대가 위반될 경우 사람들은 서로간의 친밀성에 따라 다양한 방식으로 반응을 하게 된다.

기대위반행동이 호의적일 경우 긍정적 평가로 비호의적일 경우 부정적 평가로 이어진다.

그는 화자와 청자 간의 거리에 따라 그 기대 반응을 예측할 수 있다고 정의하고 기대, 문맥, 관계, 전달자의 특성, 위반 가치, 전달자의 보상 가치 등에 따라 기대위반 행동에 대한 반응이 달라진다고 보았다.

기대위반이론은 의사소통 상황에서 사람들은 기본적으로 상대방이 어떻게 행동할 것인가에 대해 일정한 기대치를 형성하고 있다는 데서 출발한다. 이러한 기대치는 상대방의 행동에 의해 확인되면 기존 기대치를 더욱 강화하게 된다.

그러나 상대방이 기대치를 위반하거나 형성된 기대치에 미치지 못한다면 그에 따라 상대방에게 실망과 함께 새로운 평가를 내리게 되는 것이다.

예를 들면 아내의 생일이 되었을 때 아내가 남편에게 생일선물로 케이크를 받기를 기대하였을 경우 3가지 경우를 생각할 수 있다. 기대미달은 케이크를 사오지 않은 경우이다. 기대충족은 케이크를 사오는 경우이다. 기대위반은 케이크를 사서 장미꽃과 함께 카드에 사랑한다는 고백메시지까지 가지고 왔을 경우에 해당된다. 긍정적 기대위반이다. 학교에서 시험칠 때 답을 작성한 후 '교수님 한 학기 동안 수고하셨습니다.' 멘트의 경우 교수의 스타일에 따라 다를 수 있지만 긍정적 기대위반에 해당된다. 인간은 긍정적 기대위반이 있을 경우에 감동한다. 사람을 감동시키면 인간관계는 좋아지며 호감을 얻게 된다. 호감을 얻으려면 긍정적 기대로 위반해 보기 바란다.

기대위반이론과 함께 예측지능이 있다.
예측지능이란 미래에 어떤 모습을 예측하면서 현재의 행동을 결정하는 능력을 말한다. 기대를 미달했을 때의 행동을 예측해 보고 기대를 위반했을 때의 행동을 예측해 보고 현재의 행동을 결정하는 것이다. 예측지능이 우수한 사람들은 긍정적인 기대위반을 한다. 반면 예측지능이 떨어지는 사람들의 대부분은 기대미달의 행동을 한다. 끌리는 사람은 1%가 다르다. 자신의 의무를 다한 후 나머지 1%를 어떻게 다른 사람들과 차별화하느냐에 따라서 끌리는 사람과 그렇지 않은 사람으로 구분된다. 기대를 충족시킨 후 상대방이 생각지도 못한 1%를 긍정적으로 위반했을 때 그 사람에게 호의를 느낀다.

기대불일치이론

기대이론expectancy theory은 브룸Vroom이 제시한 것이다. 내가 하는 행동에 의해 나타날 결과나 보상에 대한 기대수준을 생각하여 어떻게 행동할 것인가를 선택하게 된다는 것이다. 이를 응용하여 올리버Oliver, 스완Swan, 파라슈라만Parasuraman 등에 의해 70년대 후반 소개된 기대불일치이론이 있다.

기대불일치이론Expectancy Disinformation Theory은 예상했던 성과가 기대보다 높으면 만족하고 성과가 기대보다 낮으면 불만족하게 된다.

만족이란 성과와 기대의 상대적 비교에 의해 결정되므로 사전에 기대를 너무 높이는 것은 만족에 부정적인 영향을 미칠 수 있다.

교육사회학은 재미있을 것이라고 기대하면 수업에 잘 참여할 것이다.

생각했던 것보다 재미가 없을 경우 점차 수업에 많이 빠지게 될 것이다.

왜냐하면 기대가 불일치되기 때문이다.

이러한 예는 무수히 많다.

행복한 결혼생활을 기대했는데 기대가 충족되지 않으면 부부싸움이 잦다. 공부를 열심히 하여 A^+ 학점을 기대했는데 실제 학점은 C가 나오면 상당히 불만이 많을 것이다. 제품도 마찬가지이다.

참고: 이민규(2007). 끌리는 사람은 1%가 다르다. 더난출판사.

2-24 인지부조화 이론

認知不調和cognitive dissonance란 미국의 사회심리학자 리언 페스팅거Leon Festinger가 1950년대에 발표한 책 『인지적 부조화 이론』을 통해 소개된 용어이다. 인지부조화는 두 가지 모순된 요소 즉, 태도와 태도, 태도와 행동의 모순을 인지했을 때 그 모순은 심리적 긴장상태를 만들기 때문에 이 긴장을 해소하기 위해 이 두 가지 중 더 지지하는 행동을 한다. 인지부조화 이론에서 강조하는 것은 태도보다 행동이 먼저라는 것이다.

태도에 일치하도록 행동을 바꾸는 것이 아니라 행동을 하면 태도가 변한다.

행동을 하게 하면 그 행동이 지지하는 것이 된다.

자발적인 행동이든 비자발적인 행동이든 내가 다른 사람의 눈에 드러나게끔 행동을 한 경우 그 행동이 나의 태도를 바꾸게 된다.

담배를 피우는 사람이 담배가 몸에 해롭다고 생각하지만 담배를 끊지 못하고 계속 피운다.

왜일까?

담배를 피우는 행동을 했기 때문에 이 행동을 더 지지하게 되는 것이다. 생각과 행동이 일치하지 않는 인지부조화가 있지만 나의 행동에 맞추어 태도를 바꾸기 때문이다.

담배 피워도 오래 사는 사람은 오래 산다로 태도를 바꾸어 담배 피우는 행동을 계속하게 된다.

인지부조화가 발생하면 자기합리화나 감정전이 행동이 발동한다.

예를 들면 12월 4일 종말이 온다고 난리 법석을 떨었는데 그날 종말이 오지 않을 경우 인지부조화가 발생하고 그에 대해 우리가 기도를 열심히 해서 멸망을 피해갔다고 자위하는 것이 자기합리화다.

명백히 잘못을 저지른 정치인, 종교인, 연예인에 대한 무분별한 지지는 인지부조화 이론의 좋은 사례다.

오히려 어떤 경우에는 인지부조화 상태를 조장하여 사실을 왜곡하기도 한다.

예를 들면 특정 정치인, 종교인, 연예인에 대하여 내가 강력한 지지 행동을 했을 경우 지지한 사람이 내가 생각했던 태도와 행동을 하지 않으면 인지부조화가 발생한다.

이때 인지부조화를 이루고 있는 상태에서 지지행동을 할 만한 아주 작은 근거라도 만들어 주면 그것이 거짓일지라도 지지하는 행동이 강화되게 된다.

인지부조화가 인간에게 해를 끼칠 수 있는 영역은 상당히 많다.

특히 종교적으로 가면 더 그렇다.

인지부조화로 인해 사이비 종교를 맹목적으로 믿는 경우, 돈을 못 딸 걸 예상하면서도 계속해서 도박에 매달리는 상황, 맹목적으로 지지하는 정치인, 종교인이 나오는 경우도 여기에 해당된다.

내가 한 행동들 때문에 나의 태도를 바꾸어 탈출하지 못하고 지속적으로 나쁜 행동들을 반복하게 된다.

이렇게 되기 때문에 내가 한 행동이 나의 태도를 바꾸게 된다. 행동이 태도를 만든다는 것이다.

아무리 부정부패가 심한 종교인, 정치인이라도 내가 지지한 행동을 했을 경우 나의 태도는 지지하는 태도가 되는 이유가 여기에 있다.

반대의 경우도 있다.

인지부조화를 통하여 좋은 태도로 변화시킬 수도 있다.

예를 들면 내가 싫어하는 사람 또는 존경하지 않는 사람인데도 불구하고 남들 시선 때문에 겉으로 그 사람에게 인사하거나 좋게 표현하는 행동을 할 경우 인지부조화가 발생한다.

왜냐하면 내가 그 사람을 싫어하고 존경하지도 않은데 겉으로 인사를 하고 좋아한다는 표현을 했기 때문에 내적인 갈등이 발생한다.

이러한 행동을 지속하게 되면 인지부조화 때문에 싫어하는 사람에 대한 태도가 좋아하는 태도로 바뀌게 된다는 이론이다.

즉, 겉으로 드러나는 행동이 그 사람의 태도를 바꾸게 한다는 것이다.

즐거워서 웃는 것이 아니라 웃다 보면 즐거워진다.

슬퍼서 우는 것이 아니라 울다 보면 슬퍼진다.

행복해서 행복한 것이 아니라 행복한 행동을 하다 보면 행복해진다. 감사하는 행동을 하면 감사하는 마음이 생긴다.

어떤 행동을 일관되게 반복하면 그 사람의 태도가 바뀐다고 보는 이론이다. 기독교에 대하여 나쁜 이미지나 태도를 갖고 있는 학자에게 기독교에 대한 좋은 이미지나 좋은 측면의 글을 써 달라고 하여 그 글을 쓰게 하면 그 사람의 기독교에 대한 태도가 좋아질 수 있다. 태도를 바꾸기 위해서 행동을 유도하는 것이다.

사람들은 어떤 결정을 할 때 마음속으로 생각만 하거나 분명한 행동을 하지 않는 경우 또는 내가 직접 참여하지 않은 경우에는 태도 변화가 잘 일어나지 않는다.

하지만 자발적이든 비자발적이든 일단 행동을 한 경우에는 자신이 주체가 되어 벌인 행동을 물릴 수 없다는 것을 알기 때문에 인지부조화된 상태의 불쾌감을 해소하기 위해 상대적으로 바꾸기 쉬운 마음이나 태도를 바꾸게 된다.

특히 자신감 있게 생각하고 있던 태도가 확고할수록 인지부조화로 경험되는 심리적 불편감이 커서 태도 변화가 일어날 확률도 커진다.

부정적인 태도를 변화시키기 위한 좋은 방법은, 부정적인 생각을 가지고 있는 부분에 대하여 직접 참여시켜 긍정적인 행동을 하도록 하면 태도를 변화시킬 수 있다.

그런데 부정적인 태도를 가지고 있기 때문에 긍정적인 행동으로 참여시키기가 매우 어렵다.

그래서 강제로 참여시키거나 상대방에게 부탁을 하거나 도움을 요청하는 것도 하나의 방법이다.

2-25 왜 그런 행동을 할까?(접근 동기와 회피 동기)

공부나 일을 잘하게 하는 방법은 무엇이 있을까?
한마디로 말하면 마음에 불을 지피면 된다.
공부할 마음, 일할 마음이 생기게 만들면 된다.
동기부여이다.

스스로든 외부에서든 동기가 부여되면 된다.

미국 컬럼비아 대학의 심리학자인 토리 히긴스Tori Higgins는 인간의 동기를 접근 동기와 회피 동기 두 가지 차원으로 설명한다.

접근 동기는 좋은 것을 얻기 위해 행동을 한다.

회피 동기는 좋지 않은 것으로부터 회피하기 위해 행동하는 것이다.

접근 동기는 내가 좋아하는 것을 하려고 행동하는 것이다.

회피 동기는 How(어떻게)에 초점이 맞추어져 있다.

접근 동기는 Why(왜)에 초점이 맞추어져 있다.

상을 받기 위해 열심히 공부하는 것,

진급하기 위하여 열심히 일하는 것,

노후에 행복한 삶을 살기 위하여 현재 저축하는 것 등은 접근 동기이다.

공부하지 않아 엄마에게 꾸중 듣기 싫어서 공부하는 것,

진급에 떨어져 주위 사람들의 따가운 시선을 받는 것을 피하기 위하여 열심히 일하는 것, 노후에 피폐한 삶을 피하기 위하여 현재 저축하는 것은 회피 동기이다.

접근 동기는 내가 좋아서,
내가 즐거워서,
내가 하고 싶은 것을 하는 동기인 반면
회피 동기는 내가 싫어서,
내가 즐겁지 않아서,
내가 하기 싫은 것을 피하기 위해서 하는 행동이다.

우리의 삶에서 '감정'은 매우 중요하다.

감정을 결정하는 것은 바로 '욕망'이다.
감정은 똑같은 일을 하더라도 접근 동기로 일을 하느냐
회피 동기로 일을 하느냐에 따라 엄청난 차이가 있다.

내가 좋아서,
내가 하고 싶어서 스스로 하는 행동일 경우에는 행동을 하고 난 후 긍정적 피드백이 있을 경우에는 '기쁨'의 감정을 느낀다.

내가 싫어서,
내가 하고 싶지 않지만 억지로 그 상황을 회피하기 위해서 하는 행동은 그 행동을 하고 난 후 긍정적인 피드백을 받아도 기쁨보다는 '안도감'을 느낀다.
접근 동기로 행동한 경우에는 기쁨을, 회피 동기로 행동한 경우에는 불안감 해소와 안정감을 갖게 된다.

접근 동기가 강한 사람은 꿈이 있고,
목표 설정이 되어 있으며

성취욕이 강한 사람이다.
자신의 꿈과 목표가 이루어지는 것을 상상하며 즐겁게 일을 한다.
일에 성공했을 때는 기쁨과 성취감을, 실패했을 때에는 슬픔을 느낀다.
접근 동기의 결과는 기쁨과 슬픔이다.

회피 동기가 강한 사람은 수동적,
소극적이며 안 좋은 상황을 모면하기만을 바라기 때문에,
자신이 한 일에 성공했다 하더라도 기쁨이나 성취감보다는 안도감을,
실패했을 때에는 슬픔이 아니라 불안감을 느끼는 것이다.

접근 동기와 회피 동기는 둘 다 우리가 어떤 일이 집중할 수 있게 한다. 그 일을 이루기 위해서 노력할 수 있도록 도와준다. 공부나 일을 할 때 내가 어떤 동기를 부여하느냐에 따라 느낄 수 있는 행복은 다르다.

그 결과에 따라 접근 동기로 행동을 할 경우에는 성취되면 기쁨을 실패하면 슬픔을, 회피 동기로 행동을 할 경우 성취되면 안정감을 실패하면 불안을 느끼게 된다.

피할 수 없으면 즐기라는 것이다.

피해야 하는 회피 동기가 자극되기 때문에 내가 좋아하는 접근 동기로 접근하는 것은 쉽지 않다.
접근 동기나 회피 동기 중 어떤 동기를 가지느냐는
개인의 타고난 성향이나 지금 처한 상황에 영향을 받을 수 있다.
그러나 자신의 노력 여하에 따라 바뀔 수도 있다.

예를 들면 공부하기 싫지만 먼 장래에 내가 어느 학교를 들어가느냐에 따라 내 배우자의 미모가 바뀐다고 생각할 때 적극적으로 공부를 하게 될 수 있다.

다른 상사의 싫은 소리를 듣지 않기 위해 이 일을 열심히 하는 것이 아니라 이 일을 통해서 나의 자아실현을 할 뿐만 아니라 앞으로 이 일을 배워서 회사를 차릴 수 있다는 접근 동기로 일을 하는 것이 중요하다.

다른 사람의 지적을 피하기 위해, 또는 어떤 상황을 모면하기 위한 노력으로 얻은 좋은 결과는 '안도감' 정도이다.

안도감보다 더 짜릿한 기쁨과 성취감을 얻으려면 접근 동기가 필요하다.

'피할 수 없다면 즐겨라'라는 말이 수험생의 책상에만 어울리는 말은 아니다.

인생에서 수없이 만나는 '피할 수 없는' 일들을 나에게 다가온 도전으로 기꺼이 받아들이고, 접근 동기로 태도를 바꾼다면 일에 임하는 태도가 달라진다.

현대인들의 대부분은 회피 동기로 인생을 산다.

그 대표적인 예로 돈을 벌기 위해 일을 한다.

돈은 많은 불안으로부터 해방시켜 준다. 돈이 있으면 많은 본능을 충족시켜 준다.

감각적인 영역의 대부분은 돈으로 해결할 수 있다.

본능적인 것에 대한 회피뿐만 아니라 명품과 같은 사치를 통하여 남들보다 우월해 보이고 싶은 '열등감'을 회피하기 위한 행동을 한다.

접근 동기의 목적은 그 자체일 때이다. '돈'을 벌기 위해서가 아니라 그 자체가 좋아서 하는 행동이 접근동기에 의한 행동일 것이다.

똑같이 돈을 벌기 위해 일을 하더라도 접근 동기로 접근하면 돈은 수단이고 목적은 따로 있다. 우리 가족의 행복한 삶을 영위하기 위하여 돈을 번다고 생각할 경우에 돈 버는 행동은 달라진다.

참고: 김경일(2015). 이끌지 말고 따르게 하라. 진성북스.

2-26 여성 호르몬 : 에스트로겐

에스트로겐은 난소에서 분비되는 여성 호르몬

여성 호르몬이란 여포호르몬인 에스트로겐estrogen과 황체호르몬인 프로게스테론을 지칭한다.

그러나 일반적으로 여성 호르몬은 에스트로겐을 지칭하는 용어로 많이 사용된다.

에스트로겐이 하는 작용으로는 성욕을 강화하는 작용과 유선에 대한 작용, 유선 중 유관의 성장을 촉진하며 여성의 2차 성징에 대한 작용을 한다.

에스트로겐은 여성의 몸을 만들어주는 호르몬, 예뻐지는 호르몬이라고 한다. 또한 에스트로겐은 피하지방을 구축함으로써 신체적으로도 감정과 행동의 측면에서도 어느 정도 너그러움과 부드러움을 만들어낸다.

표 2-4 여성 호르몬 불균형으로 생기는 현상

20대	쉽게 없어지지 않는 뾰루지, 여드름, 생리불순 및 생리통
30대	수면장애, 우울증, 신경과민, 피부탄력성 감소, 건조, 탈모, 조기 폐경, 성욕 감퇴
40대	감정의 기복, 기억력 감퇴, 주름, 처짐, 검버섯, 비뇨생식기 위축(질 건조, 성교통, 빈뇨 등)
50대~이상	심장마비, 두통, 구토(심혈관 이상), 골다공증, 골연화증, 각종 여성 질환(자궁근종, 자궁암)

에스트로겐 분비에 좋은 음식

여성 호르몬이 부족한 경우 보충할 수 있는 식물성 에스트로겐이 많이 함유된 식품이 있다. 체리 · 석류 · 마늘 · 파슬리 · 딸기 · 메밀 · 감자 · 당근이다.

무엇보다 식물성 에스트로겐으로 알려진 파이토 에스트로겐이 있는데 파이토 에스트로겐은 장에서 세균에 의해 에스트로겐으로 전환되는 호르몬으로서 콩·해바라기 씨·양배추·브로콜리 등에 많이 함유돼 있다. 콩 단백질은 몸의 모든 기관에 유익하게 작용한다.

많은 갱년기 여성들이 콩 단백질을 섭취하면 피부나 머리카락, 손톱에 윤기와 탄력이 생기고, 두세 달 동안 다량의 콩 단백질을 섭취하면 질 분비물이 늘어난다는 사실을 경험한다.

다음으로 칡이다.

울산대 식품영양학과 최석영 교수는 식물성 에스트로겐이 가장 많이 든 식품으로 칡을 꼽는다.

칡에는 식물성 에스트로겐이 대두보다 30배, 석류보다 625배나 많다. 이러한 음식을 많이 먹을 경우 신체적으로 예쁜 여성의 몸매를 만들 수 있을 뿐만 아니라 감정도 온화하고 너그러우며 부드러운 사람이 될 수 있다.

참고: 임호준(2004). 건강을 다스리는 지혜. 조선일보사.
다음 건강지식.
KBS 싱싱일요일.
헬스조선(2013). 식물성 여성 호르몬의 비밀.
MBN 황금알.

2-27 남성 호르몬: 테스토스테론

테스토스테론은 고환에서 생성되는 남성 호르몬

욕구(慾求) 호르몬 또는 희망(希望) 호르몬이라고도 부른다.

테스토스테론testosterone은 얼굴의 수염, 굵은 목소리와 같은 남성적 특징 및 남성의 성 기관 발달에 필수적이다.

이 호르몬이 남자의 성욕을 자극하고 조절한다. 테스토스테론이 저하되면 아무리 건강한 남자라도 성욕이 감퇴하고 발기가 잘 안 될 뿐더러 사정량이 적고 사정 시 쾌감도 밋밋해진다.

또한 성격도 순한 양처럼 부드러워진다. 또한 수염이나 모발의 성장이 더디고 근육량이 줄며 골다공증이 발생하여 무력감이 발생한다.

남성이 여성에 비해 골다공증이 적은 이유는 테스토스테론이 근육과 골격을 유지시키기 때문이다. 테스토스테론의 저하 원인은 복부비만, 음주, 흡연, 수면 부족, 과로, 지나친 운동, 스트레스, 우울증 등이다.

사랑의 도취감은 가슴에서 오기보다는 뇌하수체에 의해 분비되고 조절된다. 호르몬과 신경작용에서 기인한다.

남성 호르몬으로 알려진 테스토스테론의 수준은 동틀 무렵에 가장 높다. 새벽발기와는 다르게 야한 장면을 볼 때 일어나는 발기는 남성 호르몬과 관계없다.

발기는 테스토스테론에 의한 것이 아니라 대뇌피질에 의한 성적 흥분 때문이다.

남성의 경우 테스토스테론 수준은 60세 전후가 될 때까지 매년 1% 정도씩 감소하여 9세 남아의 수준으로 떨어진다.

성욕이 감퇴한 남성들은 그저 피로와 스트레스가 원인이라고 대수롭지 않게 생각하는 경우가 많이 있다.

그러나 많은 원인이 테스토스테론의 부족 때문이다.

따라서 시간이 지나도 성욕이 회복되지 않으면 병원을 찾아 테스토스테론 수치를 검사한 후 적절한 치료를 받는 것이 좋다.

테스토스테론은 곧 남성 건강의 출발점이기 때문이다.

반면 여성은 갱년기에 이르면서부터 테스토스테론 호르몬의 수준이 증가한다.

사실 갱년기가 지난 일부 여성은 글자 그대로 수염이 돋거나 음성이 굵어지고 허스키가 되기도 한다.

표 2-5 테스토스테론의 부위별 작용

부위	작용
정신	집중력과 기억력 증진, 성욕 증진, 기분 개선, 무력감 해소
근육	근육량 증가, 근력 강화
체지방	복부지방 감소
생식기계	남성 성기 발달 촉진, 정자 생성 및 전립선 기능 관여
골격계	골밀도 증가, 뼈의 성장 촉진
2차 성징	얼굴, 가슴, 음부, 겨드랑이에 털이 나도록 자극

호주 애들레이드 대학 연구진은 미국 휴스턴에서 열리고 있는 제94회 내분비학연례회의에서 테스토스테론 수치가 2배인 1,500명을 대상으로 5년간 갭을 두고 실시한 연구결과를 발표했다.

특이한 사항은 결혼한 남자보다 결혼하지 않은 남자가 테스토스테론 수치가 더 떨어졌다는 것이다.

이는 결혼한 남자의 경우 독신자들보다 더 행복하고 더 건강하기 때문이라고 설명했다.

한 가지 눈에 띄는 것은 섹스를 자주 해야 테스토스테론 수치가 더 높아진다는 사실이다.

테스토스테론 분비에 좋은 음식

테스토스테론을 유도하는 음식으로 굴 · 게 · 새우 등 해산물과 콩 · 깨 · 호박씨 등 푸른 생선 · 견과류 · 콩 등에 많이 들어 있는데, 혈당을 조절하고 전신의 혈류를 원활하게 해 테스토스테론 생성에 중요한 역할을 한다.

항산화물질 마늘의 매운맛을 내는 알리신은 노화를 방지하며 혈액순환을 원활하게 하고 남성 호르몬 분비를 촉진한다.

토마토에 들어 있는 베타카로틴 성분은 남성 호르몬을 만들어 내고, 항산화물질인 라이코펜은 전립선 질환 예방에 효과적이다.

비타민E · 불포화지방산 땅콩 · 잣 · 호두 등 견과류에는 비타민E와 리놀렌산 등 불포화지방산이 다량 들어 있어 남성 호르몬 생성과 근력 유지를 돕는다.

남성 호르몬을 저하시키는 음식은 육류 · 버터 · 치즈 · 아이스크림 등으로 이 음식들에 많이 들어 있는 포화지방산은 테스토스테론 수치를 급격히 떨어뜨려 남성의 성욕감퇴를 유발한다.

감자튀김 등 패스트푸드도 테스토스테론 수치를 낮춘다. 카페인을 너무 많이 섭취하면 이뇨, 부정맥, 불면증 등을 일으켜 갱년기 남성을 더욱 지치게 한다.

하지만 적당하게 섭취하면 중추신경계를 자극해 성욕을 증가시키고, 정자의 운동성을 향상시켜 남성갱년기의 주요 증상인 성기능 약화를 개선하는 데 보조적인 도움을 준다.

술 · 담배를 많이 하면 테스토스테론 수치가 낮아질 수 있다. 지나친 음주 · 흡연은 새로운 뼈를 만드는 세포 활동을 억제하고 골다공증 위험을 증가시킨다.

여성 호르몬인 에스트로겐과 남성 호르몬인 테스토스테론 모두를 균형 있게 만드는 공통된 음식이 있다. 그것이 바로 마늘과 콩이다. 두 가지 음식은 쉽게 구할 수 있는 음식이다. 이 음식을 잘 섭취하여 호르몬 조절을 잘할 경우 건강하고 행복한 삶을 유지한다.

참고: 임호준(2004). **건강을 다스리는 지혜**. 조선일보사.
다음 건강지식.
KBS 싱싱일요일.
헬스조선(2013). 식물성 여성 호르몬의 비밀.
MBN 황금알.

2-28 애정 호르몬 · 신뢰 호르몬 : 옥시토신

옥시토신은 애정 호르몬이며 신뢰 호르몬

옥시토신Oxytocin은 인간과 다른 척추동물의 체내에서 자연분비되는 호르몬으로 사회적 교감 · 부부애 · 모성본능 · 관용 · 신뢰 · 자궁근육 수축을 촉진하는 것으로 알려지고 있다.

연애감정에 빠졌을 때 도파민이 두뇌를 점령하는 것은 마치 마약을 했을 때와 마찬가지 효과라고 한다.

상대방을 만났을 때 넘쳐나는 도파민으로 인해 그 상황을 잊지 못하기 때문에 상대방을 보지 못하면 견딜 수 없는 감정에 휩싸이는 것도 그 때문이다.

도파민의 강렬한 작동으로 시작된 연애감정은 곧 도파민이 아닌 옥시토신의 지배를 받게 된다.

연애감정을 느끼면 상대방을 만지고 싶은 충동으로 발전하는데 이때부터 옥시토신이 지배적이게 된다.

단순한 감정을 넘어 두 사람이 육체적 관계를 갖고 즐기는 것은 옥시토신의 영향을 전적으로 받게 된다.

옥시토신은 사랑의 호르몬이기도 하지만 여성들이 출산할 때 아이가 자궁에서 빠져나온 후 자궁이 엄청난 속도로 축소될 때 옥시토신의 역할이 필요하다.

강렬한 옥시토신 호르몬 덕분에 3kg의 태아와 양수를 담을 만큼 크게 부풀었던 자궁은 다시 자그만 주먹 크기로 돌아오게 된다. 남성에게 옥시토신이 증가할 때는 성행위를 하고 난 이후뿐이다.

스위스 취리히 대학 에른스트 페르Ernst Fehr 교수는 특정한 호르몬을 코에 뿌리면 상대에 대한 신뢰감이 증대한다는 연구결과를 〈네이처〉 지에 발표했다. 페르 교수는 최근 발달한 신경생물학을 이용해 소비자 구매행동 등을 분석하는 신경경제학자이다.

이 연구에서 뿌린 호르몬은 옥시토신. 동물의 경우 상대에 대한 경계감을 누그러뜨려 짝짓기를 유도하고 사람에게서는 분만과 수유를 촉진시키는 호르몬이다.

연구팀은 128명의 남성에게 40스위스센트(미화 32센트)를 주고 투자게임을 실시했다. 그 결과 옥시토신 냄새를 맡은 참가자들은 45%가 수익을 나누어 줄 것을 믿고 돈을 맡겼다.

반면 냄새를 맡지 않은 사람들에게서는 투자하는 비율이 21%에 그쳐 옥시토신이 상대에 대한 신뢰감을 두 배나 높게 증대시키는 것으로 나타났다.

한국과학기술원KAIST 김대수 교수는 옥시토신은 동물에게서 사회성을 유발하는 호르몬이라며 생쥐 새끼가 옥시토신을 받아들이지 못하게 하면 어미를 따라다니지 않게 되는데 이는 마치 인간이 자폐증에 걸린 것과 같다고 말했다.

페르 교수도 자폐증과 같이 사회성 장애를 겪고 있는 환자들에게 옥시토신이 어떤 역할을 하는지에 대한 연구로 이어질 수 있을 것으로 기대했다.

정치가 · 백화점 점원이 옥시토신 냄새를 풍기고 있으면 표와 돈으로 연결될 것이란 생각을 할 가능성도 있는 것이다.

남녀 간 성욕을 촉진하고 산모에게는 아기에 대한 모성본능을 일으킨다 하여 사랑의 호르몬이라고 불리는 옥시토신이 자폐아의 가장 특징적 증상인 사회적 교감장애를 완화하는 효과가 있다는 또 하나의 연구결과가 나왔다.

호주 시드니 대학의 애덤 과스텔라Adam Guastella 박사에 따르면 일단의 자폐스펙트럼장애(자폐증) 아이들을 두 그룹으로 나누어 한 그룹에게만 격주로 한 번씩 옥시토신을 코스프레이로 투여한 뒤 감정인식을 측정하는 얼굴표정 읽기 테스트를 실시한 결과 옥시토신이 투여되지 않은 자폐아들보다 성적이 현저히 개선된 것으로 나타났다는 것이다.

옥시토신을 높이는 방법

옥시토신은 수다 떨기·프리 허그·맛있는 음식·눈빛 교환·악수, 스킨십 할 때 등의 행위를 통해 일상에서 분비가 촉진될 수 있다. 사실 기하급수적으로 늘어나고 있는 커피하우스들은 카페인과 폴리페놀의 공급처이기도 하지만 옥시토신 교환을 위한 최적의 장소라고 볼 수도 있다.

참고: 임호준(2004). 건강을 다스리는 지혜. 조선일보사.
다음 건강지식.
KBS 싱싱일요일.
헬스조선(2013). 식물성 여성 호르몬의 비밀.
MBN 황금알.

2-29 행복물질 · 조절물질 · 공부물질 : 세로토닌

세로토닌은 행복물질 · 조절물질 · 공부물질

세로토닌serotonin은 혈액이 응고될 때 혈소판에서 혈청 속으로 방출되는 혈관 수축 작용을 하는 물질로 뇌 · 내장 조직 · 혈소판 등에 들어 있다.

행복물질 · 조절물질 · 공부물질이라고 부르기도 한다.

세로토닌은 정서본능 예를 들면 평온함, 위로 등을 관장한다. 세로토닌은 베타 엔도르핀의 생성을 촉진시켜 준다.

세로토닌은 감정 조절과 스트레스 조절이 잘 되도록 도와주기 때문에 식욕이 왕성해지는 것을 막아 다이어트에도 효과적이다.

세로토닌이 부족하면 우울증이 생길 수도 있다.

세로토닌은 잡념을 없애 주며 변연계를 활성화시켜 주기 때문에 집중력과 기억력에도 도움을 준다.

세로토닌 분비가 왕성해지면 행복감을 많이 느끼게 되며 신진대사 또한 활발하게 되어 식욕과 성욕이 강하게 좋아진다.

도전의식과 집중력, 기억력 등을 좋게 만든다.

베타 엔도르핀의 경우엔 화끈한 것이다.

축구 결승전에서 우리나라 선수가 골을 넣을 때 생기는 흥분, 들뜨는 마음 이러한 것이 베타 엔도르핀이다.

베타 엔도르핀은 오래 지속되지 않는 것이 특징이다.

그래서 지나친 베타 엔도르핀은 사람을 공격적이고 과격하게 만든다. 또한 어느 선을 넘어가면 중독성이 있다.

그래서 필요한 것이 세로토닌이다.

세로토닌은 차분한 물질이며 식욕, 성욕과 같은 본능적인 일을 할 때 세로토닌이 분비된다.

세로토닌은 한마디로 잔잔한 감동과 잔잔한 행복을 주는 물질이다.

세로토닌을 증가시킬 수 있는 방법

첫째, 걷기 운동이다.

걷기 운동을 하면 뇌 건강에 도움을 주게 된다. 가장 효율적인 운동시간은 30분이다.

둘째, 딱딱한 음식 섭취이다.

딱딱한 음식을 섭취하면 턱 관절이 움직이게 되어 뇌 세포를 자극하여 세로토닌을 분비하게 된다.

껌을 씹는 것도 하나의 방법이다.

셋째, 따뜻한 햇볕을 쬐어 준다.

넷째, 스킨십을 자주한다.

다섯째, 명상을 한다.

여섯째, 복식호흡이다.

명상뿐만 아니라 자세를 바르게 하여 복식호흡을 잘하여도 세로토닌이 많이 분비된다.

일곱째, 아침에 일어나서 스트레칭을 한다.

세로토닌 호르몬은 밤에는 멜라토닌의 원료 역할을 한다.
트립토판에서 세로토닌이 만들어지고 이어서 세로토닌은 멜라토닌을 만들어 낸다.
태양이 사라지면서 저녁이 되면 인간은 누구나 약간의 쓸쓸함을 느끼게 된다.
밤이 되면서 세로토닌이 수면 호르몬으로 불리는 멜라토닌으로 바뀌기 때문이다.

멜라토닌은 숙면할 수 있게 해주는 호르몬이다.
다시 태양이 떠오르면 세로토닌으로 바뀌어 생체 리듬을 조절해 준다.
그러므로 아침에 일어나서 스트레칭에 투자를 하면 멜라토닌이 세로토닌으로 바뀌는 전환 작용이 우리 몸에서 잘 일어나서 상쾌한 기분으로 아침을 시작하게 된다.

여덟째, 웃음도 세로토닌 분비를 돕는다.

소리 내어 웃는 웃음은 우리에게 활력소가 되며 세로토닌을 분비하는 데 많은 도움이 된다.

아홉째, 아침식사를 철저히 한다.

트립토판이 세로토닌으로 만들어지려면 뇌라는 장벽을 뛰어넘어야 한다. 트립토판이 뇌로 갈 때는 많은 양의 포도당을 필요로 한다.

아침에 굶게 되면 포도당 공급이 되지 않아 트립토판이 뇌로 가지 못하게 된다.

세로토닌을 증가시킬 수 있는 음식

트립토판이 함유된 음식을 섭취한다. 세로토닌을 보충하는 약은 따로 없다. 트립토판이 함유된 음식은 콩, 바나나, 돼지고기, 오리고기, 호두, 우유 등이다.

열째, 등산한다.

산에 자주 간다.
산에 가면 자연의 향과 기운을 받을 수 있다.
산에 가면 뇌 속에 세로토닌이 펑펑 쏟아진다.
자연이 바로 세로토닌의 보고이다.

열한째, 즐겁고 행복한 마음가짐을 갖는다.

긍정적인 생각이 가장 중요하다.
매사에 긍정적 사고와 감사하는 마음이 세로토닌 분비에 가장 도움이 된다.

참고: 임호준(2004). **건강을 다스리는 지혜**. 조선일보사.
다음 건강지식.
KBS 싱싱일요일.
헬스조선(2013). 식물성 여성 호르몬의 비밀.
MBN 황금알.

2-30 통증완화 효과 : 베타 엔도르핀

엔도르핀endorphin은 포유류의 뇌와 뇌하수체에서 자연적으로 생성되며 통증 완화 효과를 지닌 단백질을 통틀어 이르는 말이다.

엔도르핀과 뇌에 있는 엔도르핀 수용체의 활동에 대한 지금까지의 지식은 아편중독과 만성 통증성 질환의 치료 가능성을 암시한다.

엔도르핀은 마약성 진통제인 모르핀보다 진통효과가 200~300배 강한 천연 진통제이다.

이 물질은 또한 식욕조절, 뇌하수체를 통한 성(性)호르몬의 분비, 쇼크의 분산효과 등에도 관련이 있다고 믿어진다.

엔도르핀의 분비체계와 뇌의 기쁨중추가 연결되어 있다는 명백한 증거도 있다. 한때 엔도르핀이 고통스러울 때 고통의 경감을 위해 분비되는 호르몬이므로 기쁘고 행복할 때 분비된다는 것은 말이 안 된다는 오해도 있었다.

이러한 오해를 해결하기 위해서는 먼저 엔도르핀이라는 용어가 단지 하나의 호르몬을 말하는 것이 아니라는 것을 알아둘 필요가 있다.

즉, 내재성 통증 조절성분을 지닌 호르몬을 모두 총칭하는 용어가 바로 엔도르핀이다.

이들 중 우리가 흔히 건강에 좋다고 생각하는 엔도르핀은 바로 베타 엔도르핀β-endorphin이다.

이 베타 엔도르핀은 통증을 완화해 주며 기분을 좋게 한다.

베타 엔도르핀을 나오게 하는 방법

첫째, 15초 정도 손뼉을 치면서 크게 웃는다.

크게 웃어야 근육이 많이 움직인다.
억지로 웃더라도 스트레스를 완화하는 데 도움이 된다.
왜냐하면 뇌는 실제 웃음과 거짓 웃음을 구분하지 못한다.
이렇게 할 때 세로토닌과 베타 엔도르핀 등 21가지 호르몬이 나오게 된다.

1분 동안 크게 손뼉을 치면서 실컷 웃게 되면 10분 동안 조깅했을 때와 같은 운동효과가 있다.
박장대소하면서 웃을 때는 650개의 근육과 얼굴근육 80개, 206개의 뼈가 움직이며 에어로빅을 5분 동안 하는 것과 운동효과가 같다.

또한 웃을 때는 침 속에 면역글로불린 AlgA가 많아져서 외부에서 들어오는 세균이나 바이러스에 대한 1차 방어 기능이 강화된다.
그리하여 긴장이 완화되고 동맥도 이완되어 혈액순환을 원활하게 하는 역할도 한다.

둘째, 충분한 숙면을 한다.

사람에게서 여러 가지 뇌파가 나오는데 각성 시 나오는 베타파는 스트레스 뇌파지만 자는 동안에는 나오는 알파파와 엔도르핀은 모든 병을 고치는 기적의 호르몬이어서 아플 때 잠을 푹 자고 나면 병이 낫고 기분도 상쾌해진다.

그러나 깨어 있어도 웃거나 긍정적인 생각을 할 때, 사랑할 때 뇌 속에서 알파파와 엔도르핀이 동시에 분비되어 건강과 활력, 매력이 넘치게 되어 삶에 리듬감을 주며 여유와 웃음을 가진 생활을 할 수 있도록 도와준다.

셋째, 성생활을 자주 한다.

성생활을 통하여 황홀경을 경험했음은 베타 엔도르핀이 생성되었다는 것을 의미한다.

성생활을 마치고 나면 성생활을 하기 전보다 베타 엔도르핀의 양이 200% 증가된다고 한다.

존스홉킨스 대학의 캔다스 퍼트Candace Pert 박사에 의하여 베타 엔도르핀과 오르가슴에 관한 연구가 최초로 실행되었다.

성교뿐만 아니라 신체 접촉에 의해서도 베타 엔도르핀이 분비되며 옥시토신oxytocin도 함께 분비된다고 증명되었다.

옥시토신은 오르가슴을 생성시켜 주며 부부관계를 원활히 해주는 호르몬으로서 사랑호르몬love hormone이라고도 부른다.

옥시토신은 희랍 말로 Quick Birth란 뜻을 지니고 있다.

다시 말하면 자궁을 수축시켜 분만을 순조롭게 해준다는 의미이다.

두 사람의 사랑을 돈독하게 해주는 것은 여러 가지 원인이 있지만 베타 엔도르핀이 가장 중요한 역할을 해준다는 것이 발견되었다.

로얄 에든버러 병원Royal Edinburgh Hospital의 신경심리학자 데이비드 윅스David Weeks 박사는 10년 동안 3,500명을 상대로 연구한 결과 일주일에 4번 내지 5번 성생활을 하는 사람들이 일주일에 두 번 성생활을 하는 사람보다 10년 더 젊어졌다는 것을 발견하였다.

윅스 박사는 성생활을 통하여 얻는 즐거움은 젊음을 유지해 주는 중요한 원인 중 하나라고 발표하였다.

윅스 박사는 성생활은 사람을 기쁘게 만들어 줄 뿐만 아니라 베타 엔도르핀과 옥시토신을 분비시켜 주기 때문에 더 젊어진다고 발표하였다.

그러나 난잡한 성생활을 하는 사람들은 예외라고 밝혔으며 오히려 노화를 더욱 촉진한다고 발표했다.

넷째, 베타 엔도르핀은 세로토닌과 마찬가지로 명상을 할 때, 기도할 때, 묵상할 때, 심호흡할 때, 운동을 할 때에도 분비된다.

운동의 경우 심한 운동을 해야 분비된다.

운동을 통해 숨이 턱에 차서 죽을 정도로 고통이 밀려오면 베타 엔도르핀이 분비된다. 이 지점을 사점이라고 한다.

사점을 지나면 편안함을 느낀다.

그리고 점차 생각이 없어지고 몽롱해진다. 베타 엔도르핀, 천연 마약이 분비되기 때문이다.

그리고 죽음 직전에 가장 많이 분비된다.

다섯째, 음식으로는 고추를 먹는다.

고추의 캡 사이신 성분은 뇌신경을 자극하여 우울하거나 다운되어 있는 기분을 해소시켜 주는 베타 엔도르핀을 분비하게 한다.

참고: 임호준(2004). **건강을 다스리는 지혜**. 조선일보사.
다음 건강지식.
KBS 싱싱일요일.
헬스조선(2013). 식물성 여성 호르몬의 비밀.
MBN 황금알.

2-31 감동받을 때 나오는 다이돌핀

다이돌핀은 감동받을 때 생기는 호르몬

글, 영화, 연극, 음악, 멋진 풍경, 진리의 발견, 예술작품 등 어디에서든 감동받으면 분비되는 호르몬이 다이돌핀didorphin이다.

감동을 받아 흘리는 눈물은 우리에게 주는 최고의 선물이다. 감동받아서 눈물 흘릴 때 다이돌핀이 분비된다.

이 다이돌핀은 엔도르핀보다 우리 몸에 4,000배 더 좋다고 한다.

또한 다이돌핀이 체내에서 생성되면 이 호르몬은 평소에는 반응이 없다가 유전자가 감동을 받으면 갑자기 활성화되어 안 나오던 엔도르핀 · 도파민 · 세로토닌 등 우리 몸에 아주 유익한 호르몬을 생산하기 시작한다.

다이돌핀을 분비하기 위해서 가장 중요한 것 중의 하나가 다른 것에 감동받는 것이다.

감동을 받기 위해서 가장 중요한 것 중의 하나는 작은 것에도 감사함을 느끼고 긍정적인 마인드를 갖고 사는 것이다.

그렇게 해야 감동받을 수 있다. 이 다이돌핀은 우리 몸의 면역체계에 강력한 긍정적인 작용을 일으켜 병도 고치고 암을 공격하는 대단한 효과를 갖는 호르몬이다.

2-32 당신의 행복지수는 몇 점인가?

당신은 현재 행복한가?

행복하게 살기 위한 방법은 있는가?

경제협력개발기구Organization for Economic Cooperation and Development: OECD가 36개 나라의 삶의 질을 나타내는 행복지수를 측정한 결과 호주가 가장 행복한 나라로 선정·발표되었다.

행복지수The Better Life Index는 OECD가 행복한 나라를 판단하는 기준으로서 각 나라의 행복 정도를 나타내 주는 11개 항목을 나라별로 분석해서 측정한다.

11개 항목은 주거, 소득, 고용, 공동체, 교육, 환경, 시민참여, 건강, 삶의 만족도, 안전, 일과 생활의 균형이다.

> OECD가 뽑은 세계에서 가장 행복한 나라는 1위 호주, 2위 노르웨이, 3위 미국, 4위 스웨덴, 5위 덴마크, 6위 캐나다, 7위 스위스, 8위 네덜란드, 9위 뉴질랜드, 10위 룩셈부르크이다. 일본은 21위, 한국은 24위이다.
>
> – 국가별 행복지수World Happiest Places by Lauren Sherman

당신의 행복지수는?

그렇다면 당신은 현재 행복한가?

당신의 현재 행복지수를 먼저 측정해 보자.

아래 표 2-6 행복지수 측정 문항을 읽고 해당되는 것에 체크해 보자. 체크방법의 경우 '전혀 그렇지 않다 1점 ~ 매우 그렇다 7점' 중 해당하는 점수에 체크하면 된다. 아래 문항은 "한국인의 행복지수와 그 의미"(서은국, 구재선, 이동귀, 정태연, 최인철, 2000)에서 참고한 내용이다.

행복지수는 주관적 안녕감Diener, Suh, Lucas, & Smith, 1999 연구를 토대로 행복의 인지적 요소(삶의 만족)와 정서적 요소(긍정 또는 부정적 정서 경험의 빈도)로 구성했다.

행복의 인지적 요소를 측정하는 문항은 한국인의 문화적 특성을 반영할 수 있도록 삶의 개인적 측면, 관계적 측면, 집단적 측면에 만족하는 정도를 측정하는 3개 문항을 개발했다.

표 2-6 행복지수 측정 1

번호	질 문	체크						
1	나는 나의 개인적인 측면(외모나 성격)에 대해서 만족한다.	1	2	3	4	5	6	7
2	나는 내 삶의 관계적 측면(가족, 친구)에 대해서 만족한다.	1	2	3	4	5	6	7
3	나는 내가 소속한 집단(가정, 직장)에 대해 만족한다.	1	2	3	4	5	6	7

행복의 정서적 요소는 러셀Russell, 1980의 모델에 근거하여 각성-비각성, 쾌-불쾌의 2차원으로 구분하고 각성 수준 고, 중, 저의 긍정적 정서와 부정적 정서 총 6문항으로 구성했다. 그 문항은 표 2-7 과 같다.

지난 한 달 동안 아래 제시된 감정을 얼마나 자주 느꼈는가?에 대한 질문이다. 체크 방법은 '전혀 느끼지 않았다 1점 ~ 항상 느꼈다 7점' 중 해당하는 점수에 체크하면 된다.

그렇다면 욕심을 다 버리면 되지만 어떻게 인간이 살아가면서 욕심을 다 버릴 수 있는가?

시험 잘 보려고 하는 것이 욕심인가?

아니다.

만약 내가 목표를 정하고 노력을 한다면 그것은 욕심이 아니다.

그런데 내가 노력하지 않고 얻으려고 하는 것은 욕심이다.

공짜 심리이다.

내가 목표를 정하고 노력했음에도 불구하고 불안이 생기는 것은 왜일까? 내 마음에 병이 들었다는 것이다.

우울증상, 불안증상, 기분조절장애 증상 등 마음의 병이 들었다는 징조이다. 병이 들면 어떻게 해야 하는가?

치료를 해야 한다.

치료 방법은 약물치료나 마음치료가 있다.

두 가지 방법을 병행해야 한다.

정신적으로 힘들었을 경우 약물치료를 꺼리는 것은 삼가야 한다.

마음의 병도 감기와 비슷한 병으로 생각하여 적극적으로 약물치료해야 한다.

그 다음에 마음의 병이기 때문에 마음치료도 필요하다.

여러 증상으로 인한 불안을 극복하기 위한 방법을 제시한다.

첫째, 비합리적인 사고방식을 버린다.

비합리적인 사고방식 중의 하나가 바로 완벽성이다.

모든 일을 완벽하게 해야 한다는 생각은 비합리적이다.

바보심리이다.

인간은 완벽할 수 없다.

매번 칭찬받는 사람도 매번 비난받는 사람도 이 세상에 한 명도 없다.

예수도 부처도 공자도 완벽하지 않고 사람들로부터 칭찬도 받고 비난도 받았다.

하물며 인간이 어떻게 완벽할 수 있겠는가?

나의 약점, 나의 실수, 부족한 부분들을 받아들이는 것이 중요하다.

그런데 이것이 잘 안 된다.

인정받고 싶은 욕구 때문이다.

인정받지 않을 용기가 필요하다.

남에게 인정받는 것이 아니라 자신의 부족한 부분을 스스로 인정하는 것이 중요하다.

둘째, 불안과 마주하기이다.

불안한 상태에 직면해 본다.

머릿속으로도 직면해 보고, 실제 상황에서도 직면해 본다.

예를 들면 교통사고로 인하여 운전불안이 생겼다면 교통사고 당한 장면을 피하지 말고 이미지로 그 상황을 생생하게 재현해 본다.

반복하여 재현해 본다.

그런 다음 운전을 다시 시작해 본다.

그러면 아마 불안이 더 심하게 생길 수 있다.

이때 불안 증상이 신체적으로 나타난다.

가슴이 두근거리거나, 호흡이 빨라지거나, 땀이 많이 나거나, 목소리가 가늘어지는 등의 증상이 나타난다.

이러한 증상이 나타나면 불안은 증폭된다.

셋째, 확인하기이다.

가슴이 두근거리는 상태, 호흡이 빨라지는 상태, 땀이 많이 나는 상태, 목소리가 가늘어지는 상태에 대하여 내가 직접 확인한다.

불안을 증폭시키는 것이 아니라 이러한 상태를 확인하면서 내 신체가 나의 불안상태를 보호하기 위하여 정상적으로 작동한다고 확인하는 것이 중요하다.

가슴이 두근거리는 상태, 호흡이 빨라지는 상태, 땀이 많이 나는 상태, 목소리가 가늘어지는 상태를 다시 한 번 확인한다.

넷째, 어떤 행동을 할 것인지 결정한다.

신체의 상태를 확인한 후 내가 원하는 상태로 행동한다.

의지적으로 극복하려고 노력한다.

나는 불안하지 않다.

시험 치는 데 아무 이상이 없다.

스카이다이빙을 할 수 있다.

운전을 할 수 있다 등.

내가 원하는 행동을 하려고 노력한다.

때로는 두려움을 이겨내야 그 건너편의 아름다움을 볼 수 있다.

『주역』에 나오는 궁즉변(窮卽變), 변즉통(變卽通), 통즉구(通卽久)라는 말이 있다.

곤궁하면 변해야 하고, 변하면 통하고, 통하면 오래간다는 의미이다.

내가 어렵고 힘든 상태에 부딪히면 내가 최선을 다하여 노력하는 것이 중요하다.

장애물이 있으면 장애물을 치우든지 장애물을 비켜 가든지 장애물을 탓하지 말고 내가 최선을 다하여 변화하면 문제가 해결된다.

내 자신이 최선을 다하여 노력하는 것이 필요하다.

그렇게 하면 통한다.

내가 변하면 문제가 해결되고 문제가 해결되면 오래간다는 의미이다.

지금 처해 있는 상황이 막혀 있고 무언가 답답하다면 통하기 위해서는 우선 나 자신부터 변해야 한다는 전제가 깔려 있다.

변하고자 하는 의지가 중요하다. 노력이 필요하다.

이때 중요한 것은 지나친 노력이 아니라 내가 감당할 수 있을 정도의 노력이다.

지나친 노력은 불안을 증폭시킬 수 있다.

주위에 있는 사람들은 스스로 안정감을 찾을 수 있도록 도와준다.

다섯째, 긍정적인 생각을 한다.

생각하는 대로 이루어진다.

운동선수들이 심상훈련 하는 것처럼 마음속으로 생생하게 극복하여 행복한 모습을 상상하는 연습을 한다.

심상훈련을 하면 실제 훈련하는 효과와 비슷하다.

상상임신이 좋은 예이다.

상상으로만 임신을 하여도 실제 임신한 모습과 비슷하게 된다.

생리가 없어지고, 배가 불러오며, 가슴이 커지게 되는 것이 상상임신 증상이다.

플라시보 효과처럼 좋은 생각을 구체적으로 심호흡을 하면서 반복 연습할 때 불안은 극복할 수 있다.

여섯째, 안구운동을 한다.

눈동자를 왼쪽으로 할 때는 왼손을 꽉 쥐고, 눈동자를 오른쪽으로 할 때는 오른손을 꽉 쥐면서 불안했던 장면을 구체적으로 떠올린다.

1시간이나 1시간 30분 정도 불안하던 구체적인 장면을 생생하게 떠올리면서 이 운동을 반복한다.

일곱째, 지금 당장 하라.

노력을 지금 바로 시작하는 것이 중요하다.

노력하는 것이 쉽지 않다.

왜냐하면 자기가 하고 싶지 않은 일을 해야 할 때와 자기가 하고 싶은 일을 하지 못할 때 사람들은 힘들어한다.

내가 하고 싶은 일을 하고 내가 하기 싫은 일을 안 할 때에는 노력이 필요 없다. 자연스럽게 되는 것이다.

노력을 통하여 마음의 근육을 키우는 것이다.

근육을 키우려면 육체적인 고통이 따른다.

육체적인 고통 없이 근육을 키울 수 없다.

건강한 몸을 만들기 위하여 힘이 드는 운동이 필요하듯이 마음을 튼튼하기 위해서도 노력이 필요하다.

여덟째, 자신을 인정하고 칭찬하라.

노력하고 난 후 노력한 나에게 인색하지 말고 자신을 칭찬한다.

나에게 가장 야박하게 구는 사람은 나 자신일 경우가 많다. 튼튼한 건물을 만드는 사람이 있듯이 튼튼한 나를 만드는 사람도 있다.

튼튼한 나를 만드는 사람은 나 자신이다.

가끔씩 스스로 내 몸을 안고 쓰다듬어 준다. 나의 파랑새는 내 안에 있다.

제3부
교육사회학 :
교육은 사회와 어떤 관계를 맺고 있는가?

3-0 교육사회학이란?

생각해 보기 : 교육사회학이란 무엇인가?

생각해 보기 : 교육사회학을 왜 공부해야 하는가?

3-1 교육사회학을 왜 공부해야 하는가?

교육사회학을 왜 공부해야 하는가?

교육은 항상 사회와 관계를 맺는다.

교육과 사회는 불가분의 관계이다.

그러므로 교육과 사회는 어떤 관계를 맺고 있는지 파헤쳐 보기 위해 교육사회학을 공부해야 한다.

먼저 사회학에 대한 이해가 필요하다.

사회학이란?
다양한 특성을 지닌 개인들이 사회라는 조직 속에서 살아가는 방식을 이해하고, 사회적 현상을 설명하며, 보다 나은 사회를 모색하기 위한 학문이다.

사회학Sociology이란?
라틴어 Socius(인간의 집단)와 Logos(연구)의 합성어이다. 인간의 집단을 연구하는 학문이라는 의미이다.
인간의 집단이 사회 속에서 어떤 관계를 맺고 있는가? 알아보는 것이다.

교육사회학이란?
교육이 사회와 어떠한 관계를 맺고 있는가를 알아보는 것이다.

'교육은 사회와의 관계 속에서 어떤 의도를 가지고, 어떤 행동을, 왜 변화시키려고 하는가?'에 대한 반문을 사회학적 관점에서 살펴보아야 한다. 이것이 교육사회학을

공부해야 하는 이유 중 하나이다.

사회학적 관점이란?

여러 가지 의미로 해석한다.

여기서는 두 가지 의미로 살펴본다.

첫째, 사회를 바라보는 기준의 문제이다. 사회를 바라보는 기준은 거시적 관점과 미시적 관점이 있다.

거시적 관점은 사회구성원 개개인보다 그 개인들이 이루고 있는 사회공동체를 더 중요시하는 관점이다.

개인의 생활을 사회제도나 규범, 조직과 같은 사회구조에 비추어 생각해 본다는 의미이다.

반면 미시적 관점은 거시적 관점과 반대되는 관점으로 개개인의 생활을 사회구성원 개개인에 초점을 맞추고 개인과 개인의 상호작용에 관심을 가지는 관점이다.

거시적 접근의 경우 개인보다 집단을, 미시적 접근의 경우 집단보다 개인을 중요시한다.

교육사회학의 주요 이론 중 기능주의 이론과 갈등주의 이론은 사회를 거시적인 접근으로 보고자 하였다.

반면 해석학이나 신교육사회학, 교육과정사회학의 경우 사회를 미시적인 접근으로 보고자 한다.

둘째, 사회현상을 바라볼 때 겉으로 드러나는 현상만 보지 않고 그 이면에 있는 모습을 역사적 · 문화적 · 사회적 · 정치적 관점에서 보려고 하는 것이다.

즉, 어떤 하나의 현상을 보더라도 피상적인 사실, 관계만을 인지하는 것이 아니라, 그 행위 내면의 의미, 관습, 상징 등을 통찰하고 총제적인 관점으로 바라보고 나아가 비판적으로 사고하는 것을 의미한다. 이렇게 바라보는 관점을 사회학적 상상력이라고 한다.

사회학적 상상력이란? 우리가 당연하다고 생각하는 것, 자연스럽다고 생각하는 것을 그렇지 않을 수도 있다고 상상해 보는 것을 말한다.

Q : 새벽 두 시에 교통신호등을 지켜야 하는가?
남을 도와주는 것이 좋은 것인가?
남자가 주방에 들어가서 아내를 도와주는 것이 좋은 것인가?
학생이 학생다운 것이 좋은 것인가?
오래 사는 것이 좋은 것인가? 등

우리가 당연히 받아들이고 자연스럽게 생각하는 것을 왜 그런지 반성적 사고 reflective thinking를 해 보는 것이다.

즉, 왜why를 끊임없이 반문해 보는 것이 사회학적 상상력이다.

왜냐하면 자연스럽고 당연하게 받아들이고 있는 것들이 역사적 사건이나 사회적 과정을 통해서 많은 영향을 받은 결과일 수 있기 때문이다.

3-2 교육사회학 이론의 전개

사회를 보는 관점은 거시적 접근과 미시적 접근이 있다.

거시적 접근의 경우 개인보다 집단을, 미시적 접근의 경우 집단보다 개인을 중요시한다.

교육사회학의 주요 이론 중 기능주의 이론과 갈등주의 이론은 사회를 거시적인 접근으로 보고자 하였다.

반면 해석학이나 신교육사회학, 교육과정사회학의 경우 사회를 미시적인 접근으로 보고자 한다.

기능주의 이론의 경우 사회를 긍정적으로 해석한다.

교육도 좋은 것으로 해석한다.

기존 질서를 유지하기 위해 교육이 필요하다고 본다.

여기에서 '~답게' 철학이 나온다.

교사는 교사답게, 학생은 학생답게, 농민은 농민답게, 상인은 상인답게, 정치인은 정치인답게 행동만 한다면 모든 것이 다 질서가 유지될 수 있다고 본다.

반면 갈등주의 이론의 경우 사회를 부정적으로 보며 교육은 지배집단의 경제, 문화, 이념 등을 재생산하기 위한 수단으로 보고 있다.

즉, 교육은 좋지 않은 것이다.

지배집단을 재생산하기 위한 수단으로 학교와 교육이 이용되기 때문이라고 본다.

해석학의 경우 개인적인 자율성이 중요하다. 각각의 개인들이 어떻게 교육을 바라보고 해석하느냐가 중요하다는 것이다. 따라서 교사의 자율성이 강조된다.

신교육사회학과 교육과정사회학의 경우 가르치는 내용의 문제를 다루고 있다.

교육과정curriculum을 분석하여 그 교육과정을 왜 가르쳐야 하는지를 분석하고자 한 것이다.

교육사회학 이론이 전개된 흐름을 살펴보면,

첫째, 기능주의적 접근이다.

1950년대까지는 뒤르켐Emile Durkheim, 파슨스Talcott Parsons를 주축으로 한 기능주의 이론이 교육사회학의 중심개념으로 전개되었다.

둘째, 갈등주의적 접근이다.

1970년경 신마르크스주의의 영향으로 갈등론적 접근이 대두되기 시작하였다.

이와 관련하여 보울스Samuel Bowles와 진티스Herbert Gintis를 중심으로 경제적 재생산, 문화적 재생산과 같은 재생산이론이 등장하였으며, 제국주의적 관점에서 교육을 이해하려는 종속이론과 교육을 통한 인간성 해방을 강조하는 저항이론 등이 교육사회학 영역으로 대두되었다.

셋째, 해석학적 접근이다.

기능주의 이론과 갈등주의 이론의 경우 사회를 거시적 관점에서 보고자 했다. 해석학적 접근은 사회를 미시적 관점에서 해석하려는 것이다.

넷째, 신교육사회학의 등장이다.

1970년대 중반 이후부터는 새로운 접근이 시도되기 시작하였다.

종래의 교육사회학이 실증주의와 객관주의에 치우쳤다고 비판하면서 주관주의와 합리주의적 접근으로 새로운 교육사회학적 접근이 등장하였다.

이러한 접근이 바로 신교육사회학이다.

다섯째, 교육과정사회학Sociology of Education이다.

영국을 중심으로 갈등주의 이론에 바탕을 둔 신교육사회학은 미국으로 건너가면서 교육과정사회학 연구에 많은 영향을 주었다.

교육사회학 이론의 흐름을 표로 제시하면 표 3-1 교육사회학 이론의 전개와 같다.

표 3-1 교육사회학 이론의 전개

<table>
<tr><th>구분</th><th>기능주의적 접근</th><th>갈등주의적 접근</th><th>해석학적 접근</th><th>신교육 사회학적 접근</th><th>교육과정 사회학적 접근</th></tr>
<tr><td>중심 국가</td><td colspan="2">미국중심</td><td colspan="2">영국중심</td><td>미국중심</td></tr>
<tr><td>접근 방식</td><td colspan="2">거시적, 실증주의, 객관주의</td><td colspan="3">미시적, 합리주의, 주관주의</td></tr>
<tr><td>사회관점</td><td colspan="2">사회실재론(사회유기체설)</td><td colspan="3">사회명목론(사회계약설)</td></tr>
<tr><td>중요성</td><td>사회를 긍정
사회는 안정
질서는 합의</td><td>사회를 부정
지배질서 유지
지배질서 재생산</td><td>개인의 해석이 중요함</td><td>학교 내에서 발생하는 여러 현상이 중요함</td><td>교육과정 재개념화</td></tr>
<tr><td>강조 철학</td><td>~답게 만드는 것이 중요함</td><td>혁신하는 것이 중요함</td><td colspan="3">교사의 역할이 중요함</td></tr>
<tr><td>배경 이론</td><td>• 기술기능 이론
• 인간자본론
• 근대화이론</td><td>• 경제적 재생산론
• 문화적 재생산론
• 자본주의국가론
• 종속이론
• 지위집단이론
• 문화적 헤게모니론
• 저항이론</td><td>• 현상학
• 교환이론
• 민속방법론
• 상징적 상호작용론</td><td>• 지식사회학</td><td>• 신교육사회학</td></tr>
</table>

3-3 사회적 함정social trap 1

침몰한 세월호에서 소중한 가치를 인양해야 한다.

2014년 4월 16일 진도에서 세월호가 침몰하였다.

선장과 승무원들은 침몰하는 배를 버리고 제일 먼저 도망갔다.

정부관계자들은 무능의 극치를 보여주었을 뿐만 아니라 유가족의 슬픔을 공감하지도 못했다.

침몰하는 배에서 우리는 소중한 가치를 모두 잃었다.

인간에게 가장 소중한 가치인 생명을 경시하는 모습을 여실히 보여 주었다.

공무원들은 자신의 업무에 대한 책임은 뒤로한 채 윗사람 모시기에 급급한 모습을 보였으며, 언론들은 사실을 전달하기보다는 시청률 올리기에 급급한 모습을 보여주었다.

무능하고, 책임을 지지도 않고, 사과도 할 줄 모르고, 공감도 하지 못하는 이런 대통령을 국민들은 비난하였고 더 이상 대통령 자리에 연연하지 말고 하야하라고까지 하였다.

선장은 승객들을 내팽개치고 도망쳤다.

자신의 책임도 망각한 채 그저 제 목숨 하나 구하고 심지어는 주머니에 있는 돈까지 말리는 추태를 부렸다.

선내에서는 배가 두 시간 동안 가라앉는데도 불구하고 선체에 움직이지 말고 그대로 있으라고 누차 방송하였다.

상황파악을 제대로 하지도 않고 승객들을 오히려 수장시키는 방송만 하였다. 누구하나 제대로 책임지지 않았다.

침몰하는 배를 보면서 진도 앞바다에서 통곡하는 유가족들을 보면서 대한민국의 앞날은 암울하기까지 하였다.

대한민국의 선장은 없었다.

국가에 대한 신뢰와 지도자에 대한 신뢰를 한꺼번에 잃었다.

더 이상 지도자를 믿지 않을 것이다.

지도자를 믿지 못하고 더 이상 따르지 않을 것이다.

부패한 국가일수록 사회적 자본을 잃고 있다.

1973년 미시건 대학교 존 플랫John Platt 박사는 개인이나 조직이나 사회가 단기적인 이익을 추구하다 보면 장기적으로 최선의 이익이 되지 않고 오히려 비용이 비싼 또는 해로운 일이 일어나는 상황을 '사회적 함정'으로 설명한다. 예를 들면 시골에서 쥐를 잡을 때 쥐가 다니는 길목에 쥐 본드를 깔아 놓고 그 가운데 먹이를 두면 쥐는 먹이를 먹다가 쥐 본드에 달라붙어 결국 죽게 된다. 쥐가 손쉽게 눈앞의 먹이를 구하려고 하면 함정에 빠져 도망가는 것은 어렵거나 불가능하게 된다.

개인의 이익만 추구하거나 조직이나 집단이기주의가 만연할 경우 단기적으로는 개인 또는 조직에게 도움이 되겠지만 장기적으로 헤어날 수 없는 상황에 이르게 된다.

사회적 자본이란 한 사회가 가지고 있는 그 자체의 경쟁력이다.

사회적 자본의 가장 중요한 요소는 사회질서, 시민의식, 투명성, 신뢰 등이다.

좁은 의미로 사회적 자본은 교통수단이나 도로, 항만과 같은 것을 말하지만 넓은 의미로 사회적 자본은 교육, 법질서, 공동체의식, 시민의식 등을 포함한다.

이러한 소중한 가치를 지켜야 한다.

3-4 사회적 함정 social trap 2

침몰한 세월호에서 소중한 가치를 인양해야 한다.

우리는 침몰한 세월호 속에서 소중한 가치를 인양해야 한다.
침몰한 세월호 속에서 생명의 존엄성에 대한 가치가 여지없이 짓밟혔다.
선장은 죽어가는 승객들을 눈앞에 두고 무책임하게 제일 먼저 탈출했다. 대통령은 리더십을 제대로 발휘하지 못했다.

죽어가는 아이들을 앞에 두고 어떻게 해야 할지 우왕좌왕하는 모습을 보였을 뿐만 아니라 공감도 하지 못했다.
교육부 장관은 생사도 알 수 없는 아이들 부모 앞에서 라면을 먹는 추태 아닌 추태를 보여 비난을 샀다.

안전행정부 국장은 그 와중에 장관에게 기념사진을 찍자고 했다.
민간 잠수부들이 구조를 하는 현장에서 언딘이라는 회사는 자신들의 이익을 위해 구조를 방해하기까지 했다.

이 외에도 무수히 많은 잘못된 관행, 잘못된 제도, 잘못된 시스템들이 도마에 올랐다.

안전 시스템을 개조해야 한다고 난리를 떤다.
시스템을 개조해야 한다.
매뉴얼을 만들어야 한다.
이 모두 고쳐야 한다.

하지만 시스템을 개조하고 매뉴얼을 만들면 무엇 하는가?
사람이 제대로 실행하지 않으면 무용지물이다.
종이 회사가 아니라 종이 정부를 또 만드는 것이다.
중요한 것은 사람이다. 사람이 먼저고 사람의 생각이 먼저다.
소중한 가치가 중요하다.
그 소중한 가치들이 우리 사회에서는 침몰되었고 사라져 가고 있다.

우리는 왜 분노하는가?
왜 비판하는가?
그 소중한 가치를 버렸기 때문이다.
죽어가는 생명 앞에서 눈앞의 이익만 생각하는 리더나 관료들을 보면서, 구조 관계자들을 보면서 격분하고 분노한다.

반면 왜 감동하고 눈물을 보이는가?
소중한 가치들을 지키려고 자신의 목숨까지 내어준 승무원, 교사, 아저씨들 때문에 눈물을 흘리지 않는가?
그 소중한 가치들을 찾아야 한다.

일찍이 에밀 뒤르켐은 1897년부터 도덕 사회화를 주장하였다.
사회화란 사회가 가지고 있는 규칙, 질서, 문화를 내가 받아들여 내면화하는 것이다.
도덕 사회화란 그 사회가 지켜야 할 도덕을 내가 받아들이고 내면화하는 것이다.
교육과 국가가 중심적 역할을 해야 한다.
우리 사회는 이미 도덕 사회화가 아닌 비도덕 사회화가 되어 가고 있다.

가장 도덕적이어야 하는 곳 중의 하나가 종교단체이다.

종교단체나 종교지도자들을 보면 한심하기 그지없다.

큰 잘못을 저질러 사회적으로 제재를 받고도 아주 떳떳하게 설교하고 방송까지 나온다.

자신들은 할 말 못할 말 다 하면서 성도들에게는 순종하라고 한다.

가난한 할머니, 할아버지들이 박스 주워서 헌금한 돈으로 최고급 승용차를 타고 다닌다.

정부가 잘못한 것을 비판하면 종북으로 몰기도 한다.

종교지도자들은 종교지도자로서의 신뢰를 잃은 지 오래다.

민주주의의 꽃은 선거이다.

선거가 공정해야 민주주의가 산다.

그런데 대통령선거는 이미 국정원, 국군기무사, 그 외 정부기관들의 댓글 사건으로 인해 불공정한 선거가 되었다.

대통령뿐만 아니다.

국가정보원은 증거를 조작하여 한 시민을 간첩으로 몰았다.

검찰총장은 자신의 소신대로 수사하지 못하고 권력에 의하여 쫓겨나는 사태까지 발생했다.

야당 지도자들도 마찬가지이다.

자신들의 정치적 안위를 위해 국민들과 함께 울지도 웃지도 못하는, 여당의 2중대 역할을 한다.

앞장서서 싸우려고 하지도 않는다.

굳이 싸울 이유도 없다.

이런 사람들이 새 정치를 한다고 한다.

울화통이 치민다.

역겹기까지 하다.

이것이 대한민국의 현실이다.

이 모두 정부기관이고 이 모두 권력자이며 이 모두 리더들이다.

리더에 대한 신뢰가 무너졌다.

그리고 그 리더들이 모두 제대로 처벌받는 모습을 국민들은 보지 못했다. 잘못을 해도 권력이 있으면 무마가 된다.

개인이 이러한 모습들을 보면서 비도덕 모습을 사회화한다.

어른들은 물론이고 매스미디어를 통하여 아이들이 비도덕을 사회화한다. 사회화된 비도덕을 도덕적 사회화로 하기에는 엄청난 비용과 시간이 든다.

침몰한 세월호 속에서 소중한 가치를 인양해야 한다.

생명에 대한 가치, 책임에 대한 가치, 배려에 대한 가치, 공감에 대한 가치와 같은 우리 사회가 지켜야 할 매우 소중한 가치를 회복해야 한다. 그래야 우리 자식들이 살고 대한민국이 산다. 탁월, 혁신, 헌신, 사랑까지 바라지도 않는다. 우리가 지켜야 할 가장 기본적인, 생명에 대한 소중한 가치만 생각해도 이러한 사태는 재발하지 않을 것이다.

침몰한 세월호를 보면서 펑펑 울던 학생이 말했다. 앞으로 이 사회에서 내가 조금이라도 책임을 지면서 살고 싶다고.

미치겠다.

3-5 SKY 장애

아이들을 키울 때 유치원 때에는 대부분의 부모들이 우리 아이가 천재라고 생각한다. 그래서 우유도 아인슈타인 우유를 먹인다. 초등학교 입학하면 천재가 아니라는 사실을 깨닫지만 그래도 받아쓰기, 산수 하는 것을 보면 서울대학교 정도는 입학할 것이라고 생각하여 서울우유를 먹인다. 중학교에 들어가면 현실을 조금씩 받아들인다. 성적을 보니 서울대학교는 아닌 것 같고 건국대학교 정도는 입학할 것 같아 건국우유를 먹인다. 고등학교 들어가면 이제야 현실을 깨닫는다. 그래서 최소한 지방대학만이라도 가지 않았으면 하는 바람에 저지방 우유를 먹인단다. 유머다.

우리 사회에서 SKY 하면 하늘로 생각하기보다 학력으로 생각하는 사람들이 많다.
서울대학교, 고려대학교, 연세대학교를 말하는 것이다.
전국 1%가 되어야 갈 수 있는 학교다.
이 학교를 들어가기 위해 학생과 부모는 많은 애를 쓴다.
많은 애를 써도 들어가기가 쉽지 않다.
그런데 왜 이 학교를 많은 사람들이 들어가고 싶어 할까?
이 학교에 들어가면 무엇이 좋을까?

물론 좋은 부분들이 많이 있을 것이다.
그리고 미래도 보장받을 수 있을 확률이 높다.
그러나 이 학교에 다니는 학생들이 과연 행복할까?
결론은 행복할 수도 있고 아닐 수도 있다.
행복한 삶을 살아가는 데 이 학교들은 많은 도움을 주지 못한다.

SKY뿐만 아니라 고학력도 마찬가지이다.

박사학위를 받으면 행복할까?

물론 상황에 따라 다를 수 있다.

학교든 학력이든 개인에 따라 다를 수 있다.

그러나 SKY나 고학력이 행복한 삶을 사는 데 방해가 되는 부분이 많이 있다.

서울대를 졸업하고 떡볶이 장사를 할 수 있는가?

고려대를 졸업하고 문방구점을 할 수 있는가?

연세대를 졸업하고 연세우유 배달을 할 수 있는가?

박사학위 받고 옷장사를 할 수 있는가?

물론 할 수 있는 사람도 있고 할 수 없는 사람도 있다.

여기서 말하고자 하는 것은 이러한 학교나 학벌이 살아가는 데 장애요인이 될 수 있다는 것이다.

행복한 삶을 사는 데 장애요인으로 작용한다는 것이다.

서열 매김이 한심하지만 이른바 '좋은 대학'에 지원이라도 하려면 내신이 2등급은 되어야 한다.

그런 대학을 졸업해도 이른바 '좋은 직장'에 들어갈 확률은 아무리 넉넉히 잡아줘도 20%가 되지 않는다.

100명의 학생 가운데 고작 두세 명만 그런 직장을 얻을 수 있다.

하지만 승자가 된 두세 사람마저도 40대 중반이면 직장을 그만둬야 하는 상황에 부닥친다.

피 터지는 경쟁의 승리자들이 겨우 20년의 '안정적인 삶'을 누리다 가만히 내려놓아야 한다.

SKY를 졸업하면 SKY 코스로 나가고자 한다.

그런데 상위계층으로 올라가는 부분들은 그 길이 매우 좁다.

SKY를 졸업한 학생들이 또 다른 SKY를 위해 달려가야 SKY 대접을 받을 수 있다.

얼마나 힘든 삶인가?

SKY다운 삶을 위해서 너무 많은 에너지를 낭비한다.

그래서 SKY 장애란 말이 나온다.

행복한 삶을 사는 데 SKY가 오히려 장애요인이 될 수 있는 부분이다.

SKY를 나오지 않은 사람들에게는 많은 위로가 될 것이다.

그렇다고 무조건 SKY를 가지 말라는 이야기는 아니다.

학력이나 학벌과 같은 외적 조건이 행복한 삶을 사는 데 오히려 장애가 될 수 있다는 것이다.

3-6 미메시스

노을 지는 석양을 바라보며 사진을 찍는다.
사진을 찍은 것인가? 흔들리는 나의 마음을 찍은 것인가?
흔들리는 나의 마음을 사진 속에 담는다.
이것이 미메시스mimesis다.

미메시스Mimesis란 예술 창작의 기본 원리로서의 모방imitation이나 재현representation을 의미한다.

사람은 오관을 통한 모든 행위를 직접 흉내 내고 모방하고 싶어 하는 욕구가 있다.

통일신라시대 화가 솔거는 황룡사 벽에 소나무를 그렸다.
소나무를 실제와 너무 닮게 그려 새들이 그림에 날아들었다고 한다.
아테네에 제욱시스라는 화가는 포도송이를 바구니에 담아 운반하는 소년을 그렸다.
너무 잘 그려 새들이 바구니에 날아왔다고 한다.
화가가 그린 화폭 위의 세계는 화폭 밖에 있는 세상을 자기 나름대로 구성한 것이다.
이러한 예술행위를 예술분야에서는 미메시스mimesis라고 한다.
일반인들은 모방imitation이라고 한다.

화폭 위의 소나무와 포도는 화폭 밖의 소나무와 포도를 미메시스한 것이다.
훌륭한 미메시스는 얼마나 진짜와 닮게 가짜를 만들어 내느냐에 달려 있다.
그래서 뛰어난 미메시스는 사기일 수도 속임수의 기술일 수도 있다.

플라톤은 미메시스를 좋지 않게 생각했다.

플라톤에 따르면 실제 포도조차도 진짜 포도가 아닌 가짜라는 것이다.

플라톤은 그림과 조각을 포함한 미메시스를 추방해야 한다고 하였다.

플라톤과 달리 아리스토텔레스는 미메시스하는 예술가들을 인정한다.

미메시스를 즐기라고 한다.

미메시스하면서 기쁨을 느낀다는 것이다.

세상 모든 것은 미메시스된 것이다.

창조 이후 모든 것이 미메시스이다.

인간이 미메시스를 가장 잘한다.

아이들은 어른들을 모방하고 흉내 낸다. 인사하는 방법, 밥 먹는 방법을 미메시스 한다.

일상적인 미메시스를 아리스토텔레스는 예술의 지평으로 승화한다.

미메시스는 부정적으로 보면 왜곡과 속임수로 볼 수 있다.

그러나 긍정적으로 보면 일종의 선별과 선택의 작업이다.

어차피 대상과 모방, 실제와 작품 사이에는 차이와 거리가 있다.

시험이 또한 미메시스다.

교수님이 가르쳐준 내용을 머릿속에 미메시스하는 것이다.

사진 찍는 행위도 미메시스다.

여행하면서 감탄을 하는 것도 일종의 심적 미메시스다.

멋있는 풍경을 바라볼 때 와, 우와, 멋있다 등 감탄할 줄 아는 사람, 예쁜 꽃을 보면 와, 우와, 참 예쁘다고 말하는 사람과 이 꽃의 종류는 말이지 하며 일반적 상식으로 말을 시작하는 사람이 있다.

어떤 사람이 미메시스하는 사람인가.

미메시스의 기쁨과 멀어져 있는 사람은 좀비이거나 감성이 메말라 있는 사람이다.

미메시스를 미메시스하는 것도 있다.

즐겁게 미메시스해보라.

미메시스 속에서 즐거움과 행복을 찾을 수 있을 것이다.

미메시스Mimesis

예술 창작의 원리로 시간과 공간의 틀 안에서 끊임없이 변화하고 가려져 있는 대상의 순수한 형상을 포착하여 화폭 위로 가져와 다시re, 현재화present시켜 보여주기action라는 뜻을 가진 모방imitation이나 재현representation의 뜻을 갖는다.

3-7 자신과 소통하라.

자신과 소통하기 위해 자신의 감정을 관리하라.

상대방을 변화시키기 위해서는 내가 변하면 된다.
내가 변하면 상대방도 변한다.
내가 변하려면 어떻게 하는 것이 좋을까?

자신과 소통하라. 자신과 소통하기 위해서는 자신의 감정을 잘 관리해야 한다. 자신과 감정소통이 중요하다.

감정은 시시때때로 변한다.

아침에 일어났을 때 기분이 좋을 때도 있고 나쁠 때도 있다.

스스로 감정코칭을 잘하는 것이 무엇보다 중요하다.

감정을 관리하려면 오관을 관리하라.

감정을 잘 관리하려면 어떻게 해야 하는가?

오관을 잘 관리하면 된다.

보고! 듣고! 만지고! 냄새 맡고! 맛보고! 이 오관을 잘 관리하면 감정을 잘 관리한다.

그래서 좋은 것을 보고! 좋은 것을 듣고! 좋은 것을 만지고! 좋은 냄새를 맡고! 좋은 것을 맛보고! 하는 것이 감정을 관리하는 방법이다.

보고 듣는 것을 생각해 보라.

영화나 TV, 뮤지컬, 연극 등을 볼 때 어떤 내용을 보느냐에 따라 그 사람의 감정이 달라진다.

즐거운 감정을 위해서는 유쾌한 장르를 보면 될 것이다.

냄새 맡는 것 또한 마찬가지다.

악취를 맡으면 기분이 나빠질 것이고 좋은 향을 맡으면 기분이 좋아질 것이다.

만지고 느끼는 것 또한 마찬가지다.

돈을 벌고 열심히 일하는 이유 중 하나는 좋은 느낌을 받기 위해서인지도 모른다.

사랑하는 사람을 만나서 사랑하는 이유도 좋은 느낌을 위해서이다.

여행을 통해서도 좋은 느낌을 받을 수 있다.

아하! 와우! 유후! 이렇게 하기 위해서 우리는 열심히 산다.

감정은 활동에서 나온다.

감정은 활동적인 행위로부터 관리될 수 있다.

그 활동에 3가지가 있다.

작용action, 반작용reaction, 상호작용interaction이다.

이러한 행동을 통해 감정이 고조될 수 있다.

자신이 어떤 행위를 함으로써 감정은 관리된다.

또한 상대방이 한 행동에 내가 스스로 반작용을 함으로써 감정을 좋게 만들 수 있다.

물론 상호작용도 마찬가지이다.

인간이기 때문에 상호작용을 통해서 좋은 감정을 불러 올 수 있다.

가장 중요한 상호작용은 가장 가까운 사람과 올바른 소통을 하는 것이다.
결혼한 사람에게 가장 가까운 사람은 부부이다.
부부간의 소통이 행복한 나를 만드는 기본이다.
왜냐하면 가장 많은 시간을 함께 하기 때문이다.
물론 직장 동료 또한 많은 시간을 함께 보낸다.
하지만 더 가까운 것으로 보면 부부이다.

3-8 남녀 차이의 이해 1

듣고 싶은 말이 남자는 수고했어! 여자는 사랑해!

세상의 반은 남자이고 반은 여자이다.

남자와 여자들은 서로 다른 사랑의 욕구가 있다.

남자들이 받고자 하는 사랑의 욕구는 신뢰, 인정, 감사, 찬미, 찬성, 격려이다.

반면 여자들이 받고자 하는 사랑의 욕구는 관심, 이해, 존중, 헌신, 공감, 확신이다.

주된 욕구가 충족되고 나서야 나머지 사랑을 충분히 받고 음미할 수 있게 된다.

남자들은 여자들에게 어떤 말을 듣고 싶어 할까?

남자들은 여자들에게 신뢰받고 인정받고 싶어 한다.

모든 사람들이 자신에 대하여 신뢰받고 인정받고 싶어 하지만 특히 결혼한 남자들은 아내에게 신뢰받고 인정받고 싶어 한다.

그래서 '사랑한다'는 말보다 '당신이 최고야', '고마워', '수고 했어'라는 말을 더 듣고 싶어 한다.

남편들이 아내에게 가장 열 받을 때에는 '일도 못하는 주제에', '돈도 못 버는 주제에', '능력도 없는 주제에'라는 말로 이런 말을 들을 때 격노한다. 남편의 기를 살리기 위해서는 이런 말을 절대로 삼가야 한다.

이런 말들은 남편들의 자존심에 치명적인 상처를 주게 된다.

남녀 차이의 이해는 존 그레이가 쓰고 김경숙이 옮긴 『화성에서 온 남자, 금성에서 온 여자』(2010)가 많은 공감을 얻고 있다.

따라서 남녀 차이의 이해는 이 책의 내용을 많이 참고하였다.

남자가 듣고 싶은 말은? 당신 오늘 정말 수고했어! 고마워!

반면 '당신 오늘도 정말 수고 했어', '자식들 먹여 살리느라고 힘 많이 들지, 고마워' 라는 말을 들을 때 감동하고 신이 난다.

사랑한다는 말보다 남편들에게는 이러한 말들을 많이 하는 것이 아내들이 사랑받는 방법이다.

뉴스를 볼 때 또는 신문을 볼 때 아내와 남편이 같이 대화를 나눌 때 남편이 하는 말에 맞장구를 쳐줄 뿐만 아니라 대단한 것을 남편이 알고 있다고 감탄해 주는 것이 좋다.

예를 들면 자신이 아는 내용을 남편이 장황하게 설명할 경우 '아니 당신 어떻게 그런 것까지 알고 있느냐?'는 식으로 맞장구쳐 주는 것이 좋다.

남편이 한마디 하면 아내가 자기도 다 알고 있는 양 아니 더 많이 알고 있는 것처럼 표현하거나 행동하는 것은 사랑받지 못하는 빌미를 제공하게 된다.

그래서 남자들은 누군가가 자기를 필요로 한다고 느낄 때 힘이 솟구치고 신뢰받고 인정받고 있다는 생각이 들 때 마음이 움직인다.

남자는 자기가 누군가에게 긍정적인 변화를 주고 있지 못한다고 느끼면 더 이상 그 관계에 마음을 쓰지 않는다.

남자는 자신이 필요한 존재가 되지 못한다고 느끼면 그 관계에 신경 쓰지 않는다.

여자가 듣고 싶은 말은? 사랑해! 당신 오늘 예뻐!

반면 여자들은 누군가가 자기에게 관심을 갖고 있고 이해를 해 준다고 느낄 때 힘이 생기고 마음이 움직인다.

자기가 사랑하는 사람으로부터 관심을 받고 있고 이해받고 있다는 느낌이 여자들에게는 중요하다.

여자들은 이러한 관심과 이해에 대한 자신의 욕구가 충족될 것이라는 믿음이 왔을 때 행복을 느낀다.

여자에게 중요한 것은 누군가와 함께 있다는 느낌이며 혼자가 아니라는 느낌이며 관심 받고 있다는 느낌이다.

그래서 여자들이 듣고 싶어 하는 말은 '오늘 머리 스타일 바뀌었네', '사랑해'라는 말이다.

아내들이 남편들에게 가장 듣고 싶은 말이 '사랑해', '당신 정말 사랑해' 또는 '당신 오늘 예뻐' 등이다. 아내에게 '수고 한다', '고마워'라는 말도 많이 해야 하지만 그러한 말보다 아내를 감동시키는 말은 '당신 오늘 예뻐', '사랑해'이다.

즉, 관심이다.

관심을 갖고 그것을 표현하는 것이다.

같은 말임에도 누구에게 하느냐에 따라 더 감동적일 수 있고 덜 감동적일 수 있다.

아내들에게는 무조건 '사랑해'라는 말을 많이 하면 아내를 감동시킬 수 있다.

왜냐하면 사랑한다는 말에 당신에게 관심이 있다는 표시가 함축되어 있기 때문이다.

사람들은 부지불식간에 자신이 원하는 것을 상대방에게 주기 때문에 가끔 사랑을 그르친다.

여자들의 주된 욕구는 관심을 받고 이해받는 것이다.
그러므로 자연히 자기 남자에게도 많은 관심을 기울인다.

그런데 남자들은 이런 관심이 오히려 자신을 믿지 못한다고 느끼게 되는 경우가 많다.
남자들의 주된 욕구는 신뢰와 인정이지 보살핌이 아니다. 그러므로 남자들이 여자들의 관심과 보살핌을 달가워하지 않는 반응을 보이면 여자들은 남자들을 이해하지 못한다.

이러한 이유로 다투게 된다.

참고: 존 그레이 지음. 김경숙 옮김(2010). **화성에서 온 남자, 금성에서 온 여자**. 동녘라이트.

3-9 남녀 차이의 이해 2

남자는 긍정오류 · 여자는 부정오류

남자는 주로 긍정오류가 많으며 여자는 주로 부정오류가 많다.

긍정오류란 실제 상대방이 자신에게 관심이 없는데 관심이 있다고 착각하는 경우를 말한다.

남자들의 경우 여자들이 조금만 친절하게 해주어도 자기를 좋아한다고 생각한다.

착각이다.

남자들의 경우 한 번 만난 여자들도 사귀었다고 표현한다.

똥배가 많이 나왔음에도 불구하고 자신 있게 배를 드러내 놓고 자신의 몸매가 좋다고 야단이다.

자신이 멋있지 않음에도 멋있다고 과시한다.

여자들의 눈이 한 번만 마주쳐도 자기에게 관심 있다고 착각한다.

분명 착각인데 이 착각을 사실로 받아들이는 경우가 많다.

부정오류란 실제 상대방이 자신에게 관심이 있는데 관심이 없다고 착각하는 경우이다.

여자들의 경우 몸매가 아주 좋음에도 불구하고 스스로 거울을 보면서 몸매가 별로라고 생각한다.

얼굴도 마찬가지다.

예쁘게 생기고 피부도 좋음에도 불구하고 스스로 성형해야 한다고 생각하며 피부도 별로 좋지 않다고 생각한다.

그래서 여성들이 성형 수술을 많이 한다.

한 조사 연구에 의하면 남녀 만남의 자리에서 남자들의 경우 상대방 여성이 나를 좋아할 것이라고 스스로 생각하는 비율이 60%, 여자들의 경우 상대방이 나를 싫어할 것이라고 스스로 생각하는 비율이 65%로 나타났다.

그것도 남자들의 경우 매력적인 여성들이 나를 좋아할 것이라고 생각하는 비율이 60%로 나타났다는 것이다.

남자들이 이렇게 산다.

착각하면서 말이다.

이런 경향을 나타내는 이유는 진화론적 관점에서 보면 남자들의 경우 종족번식에 유리하기 때문이다.

남자는 다다익선이다.

더 많은 여성과의 관계를 통해 더 많은 본능을 수행할 수 있고 더 많은 종족을 번식할 수 있기 때문이다.

반면 여자는 한 번 임신을 하면 10개월 동안 뱃속에서 아기를 키우기 때문에 가장 왕성한 정자를 고르기 위해 고르고 또 고르는 행동을 해야 한다. 옛날에 할머니들이 하던 말 중에 '남자들은 기죽으면 안 된다', '기죽이지 마라'란 말이 있다.

남성 호르몬은 실제로 자신감이 떨어지면 급격하게 힘을 잃는다.

남성의 긍정오류에 의한 신체왜곡도 이런 맥락으로 잘생겨 보이게 본능적으로 만들어진 이유가 자신감이 죽으면 호르몬 자체 활동에 문제가 생기기 때문이다.

참고: 존 그레이 지음. 김경숙 옮김(2010). **화성에서 온 남자, 금성에서 온 여자.** 동녘라이트.

3-10 일탈

일탈이란?

사회구성원들이 정상적인 것이라고 인정하는 규범의 허용한계를 벗어난 행동을 말한다. 일탈에는 긍정적 일탈과 부정적 일탈이 있다. 긍정적 일탈은 사회질서를 크게 위협하지 않는 행동을 말한다. 천재, 괴짜, 천재적 예술가, 위대한 성인, 독립운동가 등이 있다. 부정적 일탈은 사회질서를 해치는 행동으로 마약 중독, 가출, 범죄, 광적 신앙 등이 있다.

이러한 일탈행동은 왜 발생하는가?

인간은 누구나 다 개인차가 있다.

사회화가 완전히 이루어진다면 사회구성원의 생각과 행동이 모두 똑같아질 것이다.

그러나 인간은 누구나 선천적인 기질이 다르며 후천적인 환경도 다르다.

이로 인해 타인과는 다른 독특한 자아를 형성하게 되고 외부로부터 받는 사회화 내용을 행위자의 내면세계에 따라 다르게 받아들이기 때문에 유사한 사회화 과정을 거쳐도 사회 규범이 허용하는 한계를 벗어난 행동을 하게 된다.

일탈행동의 기준은 사회적 행동을 평가하는 기준인 가치관, 역사적 조건, 사회적 상황에 따라 달라질 수 있다.

따라서 일탈행동의 기준도 시대와 사회에 따라 차이가 있다.

어린아이가 귀엽다고 머리를 쓰다듬거나 안아주는 것은 과거에는 자연스러운 행동이었지만 지금은 함부로 하지 못한다.

왜냐하면 성추행으로 볼 수 있기 때문이다.

60년대와 70년대만 하여도 우리나라에서 어린아이 고추를 만지는 것은 흔한 일이었지만 지금은 성추행이 될 수 있다.

옷차림의 경우도 마찬가지이다.

70년대 남자들의 장발, 여성들의 짧은 치마는 단속 대상이었지만 지금은 그렇지 않다.

남을 폭행하는 것은 범죄가 되지만 권투시합에서는 더 많이 때린 사람이 칭찬을 받는다.

이러한 일탈은 행위 자체보다 그 행위에 대한 사회의 반응에 의하여 규정되는 경우가 많다.

또한 사회구성원 대다수가 일탈행동을 하는 경우에는 사회 해체의 문제가 생기며, 소수의 일탈은 사회 통제가 강화되어 사회의 결속력을 더욱 공고히 하는 역할을 하기도 한다.

일탈행동의 형성에 대한 이론은 아노미(anomie) 이론, 차별적 교제 이론, 상호작용 이론, 사회적 학습 이론, 낙인(烙印)이론, 심리적 일탈이 있다.

첫째, 아노미 이론은 가치관 혼란 또는 무규범상태를 말한다.

목표와 수단의 차이에서 발생한다.

가치와 기회의 차이에서 발생한다.

예를 들면 A+학점 받는 것이 목표인데 커닝을 통해서 목표를 달성할 경우 가치관 혼란이 발생한다.

돈을 많이 버는 것이 목표인데 사기를 쳐서 돈을 벌 경우 가치관 혼란이 발생한다.

이러한 아노미 현상은 사회가 급격히 변동하는 과정에서 낡은 규범과 새로운 규범 사이에서 사람들이 어떤 규범을 적용해야 할지 갈피를 잡지 못하거나 전쟁과 같은 혼란 상황에서, 그리고 과거의 지배적인 규범을 정립하지 못한 상태에서 많이 발생한다.

아노미 상태에서는 목표와 수단의 괴리가 발생하기 때문에 사람들이 불법적이거나 비도덕적인 수단을 통해서라도 목표를 달성하고자 하여 일탈행동이 증가된다.

둘째, 차별적 교제 이론, 상호작용 이론, 사회적 학습 이론의 경우 일탈행동을 하는 집단과의 상호작용으로 일탈행동을 하게 된다.

예를 들면 착한 학생이 나쁜 친구들과 어울려 다니다가 일탈자가 되는 경우를 말한다. 일탈행동 집단과의 교제 빈도 및 강도, 개인의 주체성 강약에 따라 일탈행동의 가능성이 달라질 수 있다.

셋째, 낙인이론은 다른 사람들에 의해 일탈행위자로 낙인찍힘으로써 체념하여 더 일탈행위를 하게 된다.

일탈의 원인을 개인의 성격이나 부적응에서 찾지 않고 사회가 특정 행동을 일탈행동으로 규정함으로써 일탈행위자가 스스로 체념하는 데에 주목한다.

예를 들면 전과자에 대한 냉대가 전과자의 재범을 유발하는 경우가 있다.

일탈자의 입장을 지나치게 옹호하여 패자의 논리라고 비판받기도 한다.

넷째, 심리적 일탈의 경우 범죄의 원인을 특정한 성격과 연관시킨다.

특히 정신분석학이 일탈이나 범죄의 심리학적 해석에 영향을 미쳤는데, 학자들은 특이한 사회화 경험을 가진 소수의 개인들에게서 공격적·반사회적 성격이 강하게 나타났다고 주장한다.

즉, 대부분의 사람들은 어린 시절에 배운 절제에서 유래한 도덕적인 행동을 하는데, 정신병리적 특성을 가지고 있는 사람들은 그렇지 못하여 비도덕적인 행동을 하게 된다는 것이다.

그러나 특별한 정신병리적 문제가 없는 일탈자의 행동을 설명하지 못하는 한계가 있다.

생각해 보기

하인즈의 딜레마 해결해 보기

하인즈가 약을 훔치다.

어느 마을에 희귀한 암에 걸려 거의 죽음에 임박한 여인이 있다. 여인을 구할 수 있는 약이 한 가지 있는데 그것은 50년 된 산삼의 일종으로 같은 마을에 사는 한의사가 최근에 발견해낸 것이다. 그 약은 원가가 비싼 데다가 약사가 원가의 100배나 되는 값을 요구한다. 그는 약을 구입할 돈이 500만원밖에 없다. 약사는 5천만원을 요구한다. 암에 걸린 여인의 남편인 하인즈는 자신이 알고 있는 사람들을 찾아가 돈을 빌리려 했으나 약값의 10분의 1밖에 안 되는 천만원밖에 빌릴 수 없었다. 그는 약사를 찾아가 아내가 죽어가고 있으니 약을 싸게 팔거나 아니면 후에 갚게 해달라고 부탁했다. 그러나 약사는 안 된다고 한다. 아내는 이 약을 먹지 않으면 죽는다.

당신이 하인즈이다.

1. 약을 훔치겠는가? (　　　)
2. 자포자기하겠는가? (　　　)
3. 제3의 방법을 시도하겠는가? (　　　)

어떻게 할지 결정하고 그 이유를 명확히 기술해 보시오.

표 3-2 콜버그의 도덕적 발달 단계

도덕성 발달단계		도덕성 판단기준		이유
제1수준 전 인습적 도덕기 (Pre-conventional level)	1단계 (3~7세)	복종과 처벌(obedience and punishment orientation): **복종(obedience)**	**안 됨**	**처벌** 받기 때문에 훔치면 안 된다고 생각함
	2단계 (8~10세)	도구적 목적과 교환의 단계 (self-interest orientation): **이기심(self-interest)**	됨	처벌 받지만 **아내(개인)**의 생명을 구하는 것이 옳다고 생각함. 자신의 욕구충족을 위해 된다고 생각함
제2수준 인습적 도덕기 (Conventional level)	3단계 (11~17세)	개인 간의 상응적 기대, 관계, 동조의 단계(interpersonal accord and conformity): **사회규범에 순응(conformity)**	**안 됨**	**약사(개인)에게 피해**를 입히기 때문에 훔치면 안 된다고 생각함. 착한 아이 지향형
	4단계 (18~25세)	사회체제와 양심보존의 단계 (authority and social-order maintaining orientation): **법과 질서(law and order)**	**안 됨**	아내 형편이나 약자에 대한 배려가 없고 **법과 질서 유지(사회)**를 위해서 훔치면 안 됨
제3수준 후 인습적 도덕기 (Post-conventional level)	5단계 (25세 이상)	권리 우선과 사회계약, 혹은 유용성의 단계(social contract orientation): **인권(human rights)**	됨	인간에 대한 존재와 배려심과 **개인의 권리와 가치 중시(사회)**
	6단계 (25세 이상)	보편윤리적 원리의 단계 (universal ethical principles): **보편적 인간윤리 (universal human ethics)**	됨	**인간의 생명과 가치**를 가장 중요하게 생각함

※ 2단계와 3단계의 경우 개인적 수준이며 4단계와 5단계는 사회적 수준에 해당됨
궁극적으로 인간의 생명과 가치, 인간의 존엄성이 가장 중요하다는 것을 강조함.

생각해 보기

국가 장학금 신청자, 명문대생 절반 '상위 30%' 부유층 자녀?

지난해 국가장학금 신청자 분석. 이대 · 서울교대 · 고대 · 포항공대 등
11개 대학에서 소득 8분위 이상 50% 넘어. 대학 진학도 소득 따른 양극화 심각.

이화여대 · 포항공대 · 고려대 등 이른바 '명문대' 재학생의 절반 정도가 소득 상위 30%에 해당하는 상대적 부유층 자녀들인 것으로 추산할 수 있는 자료가 나왔다. 대학 재학생들의 계층 분포가 구체적 수치로 드러난 것은 처음이다. 안민석 민주통합당 의원이 교육과학기술부로부터 받은 '2012년 1학기 국가장학금 신청자 소득분위 분포 현황(신입생 제외)'을 보면, 이화여대 · 서울교대 · 포항공대 · 고려대 등 11개 대학에서 국가장학금을 신청한 학생 가운데 소득 8분위 이상에 속하는 경우가 50%를 넘는 것으로 나타났다. 소득분위는 전체 가구를 소득에 따라 10개 그룹으로 나눈 것으로, 분위가 높을수록 소득이 많다. 8분위는 2012년 기준으로 가구당 연 환산소득이 5,371만원을 넘는 계층이다.

자료를 보면 국가장학금 신청자 가운데 소득 8분위 이상 재학생이 가장 많은 대학은 이화여대였다. 이화여대는 국가장학금 신청자 가운데 59.6%가 소득 8분위 이상이었다. 서울교대(57.6%), 포항공대(55.9%), 고려대(54.8%), 경인교대(54.2%)가 그 뒤를 이었다. 서울대(52.9%), 서강대(52.2%), 홍익대(51.1%), 연세대(50.8%)도 국가장학금 신청자 중 소득 8분위 이상의 비율이 소득 1~7분위 학생보다 많았다. 소득 8분위 이상 신청자가 50%를 넘는 11개 대학 가운데 8곳은 서울에 위치한 대학이다. 국가장학금 신청자들의 소득분위 통계는 전체 대학생 중 상위층 분포를 가늠할 수 있는 중요한 지표다. 대학생 가운데 국가장학금을 신청하는 비율이 매우 높아 통계의 표본이 큰데다, 여기에 포함되지 않은 학생들은 부유층일 가능성이 높기 때문이다.

2012년 1학기의 경우 전국 336개 대학 재학생 204만 명 가운데 153만 명이 국가장학금을 신청해 신청률이 75%에 달했다. 지난해는 7분위까지만 국가장학금 지급 대상이었지만, 학생들은 자신의 소득분위를 잘 알지 못해 8분위 이상 학생도 상당수 신청했다. 국가장학금을 신청하지 않는 학생은 소득 수준이 높아 국가장학금 수혜 대상이 아니라고 생각하거나 성적이 국가장학금 수혜 기준(이전 학기 B학점 이상)에 미달하는 경우가 대부분이다. 연세대 09학번 이 아무개(23) 씨는 "나는 소득분위에 해당하지 않는 것 같아 신청 안 했다. 친구들 가운데 신청하지 않은 경우도 집안이 넉넉해서 장학금이 필요하지 않거나 성적이 안 되는 경우가 대부분"이라고 말했다.

이번에 공개된 대학생들의 소득분포 현황은 교육 양극화 현상의 심각성을 보여주는 것으로 대책 마련이 시급하다는 지적이다. 임은희 한국대학교육연구소 연구원은 "수능 성적 우수자가 서울 강남 등에 많다는 통계로 소득에 따른 교육 격차의 심각성이 제기된 바 있는데, 대학 진학 역시 같은 결과를 보여준다. 소득에 따른 교육양극화 현상은 이제 사회가 해소책을 고민해야 할 정도에 이르렀다"고 지적했다. 장수명 한국교원대 교수(교육정책학)는 "한국 대학은 특목고 출신, 수능 성적 우수자 등 우수한 아이들을 뽑는 데만 골몰한다. 그러나 미국만 하더라도, 학업을 따라올 수 있는 잠재력만 평가되면 적극적 우대 정책을 통해 약자를 훨씬 배려한다. 한국 대학도 재학생의 계층 다양성을 확보하기 위한 학생 선발법을 고민해야 한다"고 말했다.

출처: 한겨레신문(2013.1.25)

생각해 보기

자본주의란 무엇인가?

자본주의란?

인간의 욕망을 유발시켜 끊임없이 부추기면서 소비하게 하는 제도: 김치냉장고 광고를 통해 김치냉장고를 사고 싶게 함. 쾌락의 원칙을 인정하는 제도.

※자본주의 탄생배경은 칼뱅의 예정설이다. 예정설에서 구원은 예정되어 있는 것으로 자유의지설에 반대되는 것이다. 그럼 예정되어 있는데 왜 열심히 일해서 돈 버는 것이 중요한가 하면 신에 대한 믿음 때문이다. 남들보다 더 열심히 일해서 신께 보답해야 한다고 생각하기 때문이다. 당시 귀족에 의해 천대받던 상인들은 신이 부여한 직업에는 귀천이 없고 돈 버는 것이 부끄러운 일이 아니라고 생각하게 되어 돈 버는 것에 자부심을 갖게 되었다. 가톨릭 구교의 경우 돈을 많이 갖고 있는 것 자체가 죄이며 부자가 천국에 들어가는 것은 낙타가 바늘에 들어가는 것에 비유하였다.

자본주의 속성상 갈등이 발생할 수밖에 없는 이유?

왜냐하면 인간의 욕망은 끊임없는데 자원은 한계가 있기 때문이다. 매슬로우의 욕구 5단계(생리적, 안전, 소속감, 자존감, 자아실현)를 보면 알 수 있다.
예를 들면 모두 다 대통령이 되려고 할 경우?
여자는 한 명만 있는데 남자들이 다 애인이 되려고 하는 경우?

3일 굶겨 놓은 후 빵 한 조각을 나누어 먹으라고 한다면?
노예제도는 정당한가? 그렇지 않은가?

자본주의에서의 가치란?

여러분들에게 1억 원을 준다면 아래 중 어디에 가장 많이 투자할 것인가?
권력, 명예, 재테크, 사랑, 우정, 건강

자본주의에서 대부분 가치는 어디에 두는 것인가?

돈만 있으면 무엇이든 할 수 있는가? 권력, 애인, 명예

자본주의 입장에서 잘사는 나라가 못사는 나라를 도와주어야 하는가?

정원이 4명 타는 배에 6명을 태울 수 있는가? 원칙적 입장에서 보면 도와주면 다 죽는다. 여기서 적자생존이 나오며, 복지의 문제가 등장한다.

똑같이 하루 일해서 어떤 사람은 100만원을 받는데 어떤 사람은 3만원을 받을 경우 정당한가?

제4부
교육행정학 :
훌륭한 리더란?

4-0 교육행정학이란?

생각해 보기 : 교육행정이란 무엇인가?

생각해 보기 : 교육행정을 왜 공부해야 하는가?

4-1 교육행정학을 왜 공부해야 하는가?

교육행정이란 교육활동의 목표를 설정하고, 그 목표달성에 필요한 인적 · 물적 조건을 정비 · 확립하고 목표달성을 위한 활동을 지도 · 감독하는 것을 말한다.

교육행정이란 개념은 광의로는 학교, 지방공공단체, 국가를 막론하고 광범하게 쓸 수 있으나, 협의로는 국가의 통치 작용과 관련시켜서 국가나 지방공공단체에 한하여 사용하고, 학교를 단위로 하는 학교행정 또는 학교관리와 구별하는 경우도 있다.

따라서 협의의 교육행정은 국가나 지방공공단체와 관련해 교육활동에 대한 목표수립과 그 목표달성을 위한 지도 · 감독을 포함하는 일련의 봉사활동을 말한다.

즉, 교육행정이란 교육이념, 교육철학, 교육정책, 교육법규를 실제 학교 현장에서 실현하기 위한 것이다. 어떻게 하면 교육이념이나 교육철학과 교육정책, 교육법규들을 효과적 · 효율적으로 잘 실현할 것인가를 연구하는 학문이 교육행정학이다.

교육행정을 왜 공부해야 하는가?
교육의 가치를 실현하기 위해 필요한 부분들 예를 들면, 정책수립, 법 집행, 학교운영 등 교육의 목적을 효과적으로 달성하기 위해 필요한 조치를 정비하고 확립하며 현장에서 효과적 · 효율적으로 실현하는 수단이 필요하다.

교육행정의 목적은 일반적으로 국가가 추구하고자 하는 교육의 목적을 달성하는 일이다. 우리는 국가가 추구하고자 하는 교육목적을 어떻게 하면 잘 달성할 수 있는가를 알아야 한다. 그 목적을 달성하기 위한 제도정비, 정책수립, 학교운영, 현장에서 행정가들의 리더십 발휘 등과 같은 것을 공부해야 좀 더 쉽게 그 목적을 달성할 수 있다.

4-2 교육행정 이론의 발달

교육행정의 주요 발달이론은 고전적 이론, 신고전적 이론, 현대적 이론이 있다.

첫째, 고전적 이론(1900~1930)의 경우 일과, 생산성, 과업을 중시하는 이론으로 과학적 관리론, 행정관리론, 관료제이론이 있다.
둘째, 신고전적 이론(1930~1950)은 인간관계론이 대표적이며
셋째, 현대적 이론(1950~)은 행동과학론, 개방체제이론이 대표적이다.

1. 고전적 이론

첫째, 과학적 관리론은 과학적 직무 분석 즉 관찰, 자료 수집 및 신중한 측정을 통해 각 직무를 수행하는 "한 가지 최선의 방법"을 결정한다.

아담 스미스Adam Smith의 "분업의 원리"를 적용 발전, 생산 공정에 있어 개개의 작업에서 요소동작의 형태, 순서, 소요시간을 시간연구와 동작연구에 의해 표준화함으로써 1일의 공정한 작업량을 설정, 그 과업을 기준으로 관리의 과학화를 추구하는 것이다.

둘째, 행정관리론의 경우

행정관리 과정에 관심을 갖고 있다.

조직경영을 위한 거시적인 행정원리에 관한 접근법으로 분업의 원리, 권한과 책임의 원리, 규율의 원리, 명령통일의 원리, 지휘통일의 원리, 조직 전체의 이익에 대한

개인적인 이해관계의 종속의 원리, 보상의 원리, 집중화의 원리, 책임 계층의 원리, 질서의 원리, 공평성의 원리, 직원 신분 보장의 원리, 솔선 및 자발성의 원리, 단결심 및 단체정신의 원리 등이 있다.

셋째, 관료제이론의 경우 정치적 의미로서 권력을 장악하고 있는 소수 통치 집단의 지배 현상으로, 그리고 조직 구조적 의미로서 대규모 조직의 집단관리 현상으로서 계층제의 형태를 지닌 구조이며 웨버 Wever, 1946**가 제시하였다.**

관료제의 지배유형으로 ① 합법적 권위는 모든 지배의 근거를 법 규정에 두고 ② 전통적 권위는 세습되는 지위에 의한 권위, ③ 카리스마적 권위는 경외심, 남다른 예지력이나 영웅적 특성에 두고 있다.

2. 신고전적 이론

대부분의 노동자들은 교육수준이 높아지고 생활수준이 향상됨에 따라 그들의 권리를 요구하며 인간으로 대접받기를 기대한다.

인간관계론의 경우 폴렛Follet은 조직의 기본문제는 민주적 정신과 인간관계를 형성하고 유지하는 것이라고 하여 조직운영의 심리학적 관점을 도입했다.
미국의 하버드 대학 교수였던 메이요Mayo와 뢰슬리스버거Roethlisberger가 시카고 교외에 있는 서부전기회사의 호손 공장에서 행한 "호손 실험" 연구를 통하여 성립되었다.

조직연구에 있어서 행동과학적 연구의 기초를 닦았고, 조직구성원의 행동과 영향, 동기의 원천, 지도성의 본질 등을 규명하여 조직관리의 발전에 크게 공헌하였다.
전통적인 관리자들은 기술적 내지 구조적 측면을 지나치게 강조한 데 반하여 인간관계론에서는 사회 심리적 측면에 지나치게 집착하였다.

3. 현대적 이론

첫째, 행동과학이론

행동과학이론의 대표적인 학자로는 버나드Barnard와 사이먼Simon을 들 수 있다.

행정에 대한 행동과학적 접근을 처음으로 시도한 버나드는 구조적 개념으로 개인 협동체제 공식조직, 복합적 공식조직, 비공식 조직을, 동태적 개념으로 자유의지, 협동, 의사소통, 권위, 의사결정과정, 동태적 균형을 중요하게 생각했다.

버나드는 조직은 사회적 협동체이므로 의사결정의 중요성과 효과성과 효율성을 강조하였다.

사이먼은 행정행위에 있어서 경제적 인간형과 행정적 인간형을 구분하여 제한된 합리성이 가장 효과적이라고 보고 권위와 권력을 잘 절충하는 것이 중요하다고 보았다.

많은 행동과학자들이 조직에서 인간행동에 관심을 집중함으로써 새로운 행정의 기틀을 형성하였다.

둘째, 개방체제이론의 경우

조직과 그 조직의 운영에 관한 종합적 · 과학적 접근방법으로 1960년대에 등장하였다.

조직과 환경의 관계를 중요시한다. 개방체제이론은 환류의 기능을 강조한다.

개방체제이론에 의하면 조직은 환경에 적응하며 언제나 안정 상태를 유지하려는 항상성을 갖는다.

4-3 지도성 이론의 발달

지도성 이론으로는 특성이론, 행동과학적 이론, 상황적응이론이 있다.

첫째, 특성이론은 지도자가 갖추어야 할 특성에 초점을 둔 이론이다.

지도성을 하나의 통일적 자질로 본다. 지도자가 갖추어야 할 특성 또는 자질을 강조하고 그것을 찾아내려고 노력한다.

둘째, 행동과학적 이론의 경우 지도자가 어떤 행동을 하느냐를 분석하는 것이다.

어떤 상황 내의 지도자의 행동을 관찰하여 지도자들 간에 나타나는 행동 양식의 차이점을 유형화하는 것이 특징이다.

자율을 수용하느냐 거부하느냐에 따라 권위주의적 지도자, 민주적 지도자, 자유방임형 지도자로 구분할 수 있다.

또한 과업중심형 지도자, 인간중심형 지도자 등도 과업을 중시하느냐 사람을 중시하느냐에 따라 지도성의 유형을 구분할 수 있다.

셋째, 상황적응이론의 경우 모든 상황에 적용될 수 있는 하나의 지도성은 없다.

따라서 상황 중심적 접근은 어떠한 상황적 조건 아래서 어떤 지도성 유형이 더 효과적인가를 예언해 줄 수 있다.

지도성 유형의 효과는 지도자가 어떠한 상황에 처해 있느냐에 따라 좌우된다는 것이다.

따라서 효과적인 지도자는 상황에 따라 지도성 유형을 바꾸어야 한다. 그러기 위해서는 상황을 조작할 수 있는 능력을 가져야 한다.

4-4 내가 무엇을 하고 싶은지 알려면 현장에서 부딪쳐라!

매일 맑은 날만 계속된다면 이 세상은 사막이 되었을 것이다.

내가 무엇을 좋아하는지, 내가 무엇을 하고 싶은지 잘 모른다.
그런데 내가 무엇을 싫어하는지, 무엇을 하고 싶지 않은지는 안다.
철학자 라캉Lacan에 의하면 "인간은 타자의 욕망을 욕망한다"고 한다.

나의 욕구에 의해서 행동하는 것이 아니라 다른 사람의 기대에 따라 내가 행동한다는 것이다.

유아기 때 엄마 아빠가 '까꿍' 하면 엄마 아빠의 기대에 부응하기 위해 웃어준다. 학창시절에는 부모의 기대에 따라 공부하고 부모가 원하는 방향대로 살아가려고 애쓴다.

또한 사회의 기대에 따라 나의 행동은 제한된다.
즉, 사회화된다.
사회가 가지고 있는 규범, 질서, 가치들을 내면화한다. 내 생활은 없다.

내가 무엇을 하고 싶은지 알려면?

첫째, 나에게 기대하는 사람이 아무도 없어도 내가 지금 이 일을 하고 있을까? 생각해 본다.

다른 사람들로부터 정서적으로 독립하는 것이 필요하다.

청소년들의 경우 부모로부터 정서적 독립이 필요하다.
다른 사람의 기대가 아니라 자신의 기대에 부응하라. 두려워하지 말고 도전하라.

둘째, 내가 무엇을 좋아하는지, 내가 무엇을 하고 싶은지 당장 알 수 없다. 현장에서 부딪혀 보는 것이 필요하다.

하고 싶은 것을 그냥 해 보는 것이다.
계획 따위 필요 없다.
그냥 해 보라.
해 보면 맞는지 그렇지 않은지 알 수 있다.
꿈, 계획 필요 없다.
우선 그냥 겪어 보라는 것이다.
좌충우돌 해 봐야 안다.
다양한 체험이 필요하다.
그러면 내가 좋아하고 내가 원하는 것을 발견하게 된다.

4-5 일어나 네 자리를 정돈하라!

당신이 머문 자리는 아름다운가?

인간으로 태어난 이상 어디서든 내가 있는 곳에서 환경의 주인이 되어야 한다.
환경의 주인이 되어 자신의 꽃을 피워야 한다.
망설이는 삶은 언제나 그 자리일 뿐이다.
현재 당신이 있는 자리에서 열매를 맺고 꽃을 피워라.
많은 사람들이 자리싸움을 한다.
동물들은 자신의 자리를 알리기 위해 영역표시까지 한다.
자리만 연연하는 사람은 동물과 다름없다.

첫째, 자기 자리를 못 찾는 사람이 많다.

분명히 자기 자리가 있음에도 자기 자리를 못 찾는 사람이 있다.

자신이 해야 할 위치에서 그 역할을 잘 수행하지 못하는 사람을 말한다. 사장으로서의 역할, 임원으로서의 역할, 팀장으로서의 역할이 주어졌음에도 그 역할을 충실히 수행하지 못하는 사람들이다.

둘째, 자기 자리가 아닌데 그 자리를 탐하는 사람이 있다.

자기 자리가 아닌데 그 자리를 탐하는 사람은 두 종류가 있다.
첫째, 욕심이나 탐심을 가진 사람이고
둘째, 도전하는 사람이다.

노력을 통하여 그 자리에 올라가고자 하는 사람은 도전정신이 있는 사람이지만, 아무런 대가도 노력도 없이 그 자리를 차지하고자 하는 사람은 탐욕스런 사람이다.

동물들도 자신의 영역을 표시하기 위해 열심히 노력한다.

노력 없이 돈으로 자리를 사려고 하거나, 권력으로 그 자리를 차지하고자 하는 사람들이 여기에 해당된다.

셋째, 자기 자리를 찾았지만 자리 값을 못하는 사람이 있다.

자기 자리를 찾았지만 자리 값을 못하는 사람이 있다.

게으르거나 역량이 부족한 사람이다.

일을 맡겨도 게을러서 능력이 부족하여 성과를 내지 못하는 사람이다.

그러나 부지런하고 애를 써도 열매 맺고 꽃을 피우지 못할 때가 있다.

열매 맺고 꽃을 피울 수 없을 때는 무리하지 말고 대신 땅속 깊이 뿌리를 내려야 한다.

열심히 자기개발을 하라는 것이다.

다음에 맺을 열매와 피울 꽃을 더욱 탐스럽고 아름답게 하기 위해 뿌리를 튼튼하게 만들어야 한다.

자기 자리를 찾아서 있는 그대로를 받아들이며 감춰진 가능성 발굴을 위해 노력해야 한다.

아름다운 꽃을 피우기 위해, 풍성한 열매를 맺기 위해 그 자리에서 열심히 노력해야 한다.

넷째, 자기 자리를 찾고 자리 값보다 더 잘하는 사람이 있다.

이런 사람은 열심히 노력하는 사람이다.

현재에 만족하지 않고 분수를 알면서도 노력하고 도전하며 열정을 지닌 사람이다.

이런 사람들은 지금 현재 자리보다 더 높은 자리에 오르는 사람이다.

이런 사람들이 많으면 얼마나 좋을까? 생각해 본다.

주위를 둘러보라.

이런 사람이 몇이나 있는가?

다섯째, 그 자리에 연연하지 않고 가치 있는 일을 하는 사람이 있다.

자리에 연연하지 않고 가치 있는 일을 하는 사람이 가장 중요한 사람이다.

자리에 연연하지 않고 자신이 하고 있는 일에 가치를 부여하는 사람이다. 자리에 연연하는 것이 아니라 일의 의미를 찾는 사람이다.

일의 의미를 찾는 사람은 어떤 자리에서 일을 하든 최선을 다한다.

그런 사람은 나중에 자기 자리를 찾을 뿐만 아니라 더 높은 자리에 자연스럽게 올라간다.

4-6 다친 손으로는 일할 수 있지만 다친 마음으론 아무것도 할 수 없다.

물건을 훔치면 도둑이지만 마음을 훔치면 리더가 된다.

인간은 합리적인 존재가 아니라 합리화하는 존재이다.
나는 당신이 싫다.
그래서 나는 당신의 의견에 반대한다.
나는 당신이 싫다.
그래서 나는 당신의 제안을 거절한다.
나는 당신이 싫다.
그래서 당신의 제품을 구매하지 않는다.
나는 당신이 꼴 보기 싫다.
그래서 나는 당신이 제안하는 모든 것을 받아들이지 않는다.
이것이 인간이다.

토끼를 잡으려면? 귀를 잡는다.
개를 잡으려면? 목덜미를 잡는다.
사람을 잡으려면? 마음을 잡아야 한다.

그런데 "사람을 잡으려면 어떻게 하면 될까요?"라고 물으면 어떤 사람은 멱살을 잡는다, 또 어떤 사람은 약점을 잡는다고 한다.

사람을 잡으려면 그 사람의 마음을 잡아야 한다.

웃는 사람은 아름다운 사람이다.
웃기는 사람은 훌륭한 사람이다.
웃어주는 사람은 위대한 사람이다.

진짜 그런가? 아니다. 생각해 보라.

내가 가장 꼴 보기 싫은 사람 한 명을 떠올려 보라.

꼴 보기 싫은 사람이 가장 싫은 때는 언제인가?
웃을 때이다.
웃길 때이다. 웃어줄 때이다.

따뜻한 미소가 더 꼴 보기 싫은가?
냉소가 더 꼴 보기 싫은가?
냉소인가?
아니다.
꼴 보기 싫은 사람이 짓는 따뜻한 미소이다.

꼴 보기 싫은 사람이 가장 꼴 보기 싫은 행동을 할 때는 언제인가?
친절할 때이다.
어제 부부 싸움을 했다.
상대방이 꼴도 보기 싫다.
그런데 이 꼴 보기 싫은 사람이 내가 싫어하는 다른 사람에게 따뜻한 미소를 지으며 친절하게 행동할 때 여러분 마음은 어떤가?
아마도 제일 꼴 보기 싫을 것이다.

이것은 말이나 내용보다 누가 하느냐가 더 중요하다는 것이다.
즉, 다른 사람과의 관계가 중요하다.

빌 게이츠 이야기가 있다. 빌 게이츠는 하버드 대학교를 중퇴하였다. 중퇴한 이유는 하버드 대학교 재학 당시 '탐'이라는 친구가 빌 게이츠를 많이 괴롭혔기 때문이다. 소위 '탐' 때문에 빌 게이츠는 왕따 당하고 견디다 못해 학교를 중퇴하였다. 중퇴한 후 빌 게이츠가 혼자 열심히 연구하여 개발한 프로그램이 있다. 이 프로그램을 개발하면서 '탐'에게 복수하려고 하였다. '탐'에게 복수하기 위해 개발한 프로그램이 바로 '탐색기'이다. '탐 새끼'라는 것이다. 유머이다.

모든 것이 관계이다. 관계 하면 가장 먼저 생각나는 것이 무엇인가?
'불륜'이라고 말하는 사람도 있다.
모든 것이 관계이다.
부모와 자식 간의 관계,
형제들과의 관계,
부부 사이의 관계,
친구와의 관계,
애인과의 관계,
동료와의 관계,
상사와의 관계,
이웃과의 관계,
국가와 국가와의 관계
이 관계가 좋아야 모든 것이 순조롭다.
관계가 틀어지면 문제가 발생한다.
죄 중에 가장 큰 죄는 괘씸 죄라는 말이 있다.
그러므로 좋은 관계를 맺어야 한다.

이러한 사람의 마음을 잡으려면 어떻게 해야 하는가.

어떤 사람은 상대방이 원하는 기대수준에 미치지 못한다.
즉 기대부족형 인간이다.
이 사람은 무엇을 시켜도 기대에 미치지 못한다.
어떤 사람은 기대충족형 인간이다.
이 사람은 시킨 사람의 기대만큼만 한다.
기대초과(돌연변이)형이 있다.
이는 기대위반효과라고 한다.

이 사람은 기대한 것보다 잘해서 기대한 사람을 감동시키는 유형이다.
이런 사람이 상대방의 마음을 사게 된다.
이런 사람에게 물건을 구매하게 되고 이런 사람의 제안을 받아들이게 되며 이런 사람이 말하는 것은 많은 부분을 수용하게 된다는 것을 명심해야 한다.

예를 들면 원고 교정을 맡겼는데 교정을 왜 이 사람에게 시켰을까 후회하게 하는 유형이 있는 반면, 교정만 잘해 온 유형이 있다.

반면 기대위반효과 유형으로 교정을 잘해 왔을 뿐만 아니라 이런 부분은 이런 사례가 들어갔으면 좋겠다는, 나도 생각하지 못한 부분을 준비해 와서 새로운 제안을 하는 유형이 있다면 어떤 사람이 나의 마음을 사겠는가?

생각해 보라.
고객들은 자기가 좋아하는 사람에게 물건을 산다.
마케팅은 마음을 사는 것이다. 영업은 사람을 얻는 것이다.
부자는 마음을 얻는 사람이다.

우리나라 IMF 발생 이후 기업에서 구조조정을 많이 했는데 구조조정 당한 사람들에게 '당신은 왜 구조조정을 당했습니까?'라고 물어 보니 80% 이상이 상사에게 잘못 보여서 구조조정을 당했다고 응답했다. 즉, 상사에게 잘못 보여서, 찍혀서 잘렸다는 것이다. 내가 업무능력이 부족해서, 실력이 부족해서 회사에서 구조조정 당했다는 사람은 거의 없다. 이만큼 인간관계는 어디에서든 중요하다.

좋은 인간관계를 형성해 나가기 위해서는 어떻게 해야 하는가?

첫째, 상대방에게 신뢰를 주어야 한다.

상대방에 대한 말과 행동의 일관성이 있어야 한다.
일관성이란 하나의 방법이나 태도로서 처음부터 끝까지 한결같은 성질이다.

예를 들어 내가 상대방에게 믿음을 주기 위해서는 약속을 정했으면 그 약속대로 지켜야 신뢰가 형성된다.
그 약속을 지키지 않으면 신뢰는 깨어진다.
약속을 지켰다가 지키지 않았다가 하는 태도는 일관성이 없다.
그러므로 신뢰가 형성되지 않는다.
좋은 관계를 유지하기 위해서는 말과 행동의 일관성이 있어서 상대방에게 신뢰를 형성해야 한다.

둘째, 상호존중이다.

서로 상대방의 가치를 존중해 나가야 좋은 관계가 형성된다.
상대방이 어떤 위치나 상황에 있든지 간에 그 사람 자체의 존엄성에 대한 가치를 인정해야 한다.

왜냐하면 사람은 모두 차이가 있기 때문이다.

부부 관계가 좋지 않은 가정이 있었다. 부부는 1년간 불만이 있을 때마다 서로에 대한 불만의 내용을 쪽지에 적어 상자에 넣기로 하였다. 한 달 후 그 내용을 보기로 약속하고 약속한 날짜가 되자 상자를 열어 서로의 불만을 확인하였다. 아내의 불만은 많았다. 그런데 남편의 불만은 불만 사항이 아니라 자신의 부족한 점만 적어 놓았다. 그럼에도 불구하고 아내를 사랑한다. 이런 내용들로 가득했다. 내용을 본 순간 서로 어떻게 되었을까? 상상해 보라.

셋째, 대인감수성이 있어야 한다.

대인감수성이란 상대방의 행동을 보고 내가 그 행동에 어떻게 반응해야 상대방이 좋아할 것인가를 알고 미리미리 상대방 입장을 생각하며 대처해 나가는 것이다.

삼겹살을 구워 먹는데 계속해서 굽는 사람이 있는가 하면 구워 놓은 것만 계속해서 먹는 사람이 있다.

계속해서 구워놓은 것을 먹기만 하는 사람은 대인감수성이 떨어지는 사람들이다. 자신이 왜 내가 삼겹살을 구워야 하는지조차 의식하지 못하는 사람들은 좋은 관계를 형성해 나가지 못한다.

넷째, 내가 먼저 상대방에게 다가간다.

내가 먼저 상대방에게 베풀고 다가가는 것은 좋은 인간관계를 형성하는 데 매우 도움이 된다.

갈등이나 문제가 발생하면 상대방이 먼저 해결해 주기를 기다리기보다는 내가 먼저 상대방에게 다가가 해결하려고 노력한다.

그리고 상대방을 변화시키려 하지 말고 내 자신이 변화하면 상대방은 자연스럽게 변화한다.

다섯째, 평소에 좋은 관계를 만들어둔다.

평소에 상대방과 좋은 관계를 형성해 놓아야 한다.

평소에 상대방의 감정은행 계좌에 내가 좋은 감정을 많이 저축해 두어야 한다.

그러면 문제가 발생해도 감정은행 계좌에 있는 좋은 감정으로 그 문제를 해결해 줄 수 있다.

평소에 감정은행 계좌에 부정적인 감정을 저축해 둔 사람은 상대방과 좋은 관계를 형성하지 못할 뿐만 아니라 사소한 문제가 발생해도 상대방과 많이 부딪히게 된다.

4-7 해야 할 일을 할 때 하고 싶은 일을 할 수 있다.

부지런한 사람이 성공한다.

왜냐하면 첫째, 부지런한 사람이 지혜롭게 되기 때문이다.

부지런하면 천하에 어려움이 없다.

왜냐하면 여러 가지 시행착오를 겪으면서 많은 것을 깨닫게 되기 때문이다.

사람이 태평하고 한가롭게 놀기만 하고 부지런히 분발하지 않으면 평생을 두고 아무런 진보도 없을 것이다.

둘째, 게으른 사람은 전문가가 될 수 없다.

왜냐하면 게을러서 노력하지 않기 때문이다.

즉, 땀을 흘리지 않으면 무엇이든 이루지 못한다. 루소는 많이 가진 자이건 가난한 자이건, 힘센 자이건 약한 자이건 놀고먹고 지내는 시민은 모두가 사기꾼이라고 보았다.

셋째, 게으른 사람은 무기력한 사람이 된다.

왜냐하면 하기를 원하지 않고 무기력해지기 쉽기 때문이다.

그래서 일도 사회생활도 무서워한다. 게으름은 쇠붙이의 녹과 같다.

쇠붙이에 녹이 슬면 못 쓰게 된다.

게으른 사람은 결국 못 쓰게 된다.
또한 게으름은 인생의 빛을 흐리게 한다.
성실재근(成實在勤)이라는 말이 있다. 성공의 열매는 부지런함에 있다는 뜻이다.
근면과 성실이 있으면 불가능한 일은 거의 없다.

게으름을 고치는 방법이 있다.

첫째, 나를 가슴 뛰게 하는 뭔가를 찾아라.

나를 동기화시킬 수 있는 것을 찾아라.
꿈이든 비전이든 나를 움직이게 하는 것이 있어야 한다.
그래야 부지런해진다.
취미든,
공부든,
놀이든,
연애든 나를 설레게 하는 것을 찾아야 한다.
게으른 사람도 자기가 좋아하는 일은 열심히 한다.
온종일 빈둥대며 텔레비전만 보는 사람이 있었다.
어느 날 그가 가장 좋아하는 프로그램을 보고 있는데 갑자기 텔레비전이 고장 나고 말았다.
그는 어떻게 할까?
벌떡 일어나 텔레비전 수리를 위해 신속히 움직일 것이다.

둘째, 구체적인 목표를 세워라.

구체적인 목표를 세우면 그 일을 해야 하기 때문에 부지런해진다.

쉽게 해낼 수 있고 기간이 짧은 계획부터 세우는 것이 중요하다.

휴일 아침에 눈을 떴을 때 구체적인 계획이 있으면 부지런해진다.

구체적인 계획이 없을 경우 게을러진다.

이번 휴일 10시에 친구들과 북한산 등반을 하기로 되어 있다.

구체적인 목표가 정해졌기 때문에 게으름을 피울 수 없다.

그 목표를 달성하기 위해 아침부터 부지런해진다.

셋째, 기대수준을 낮추어 행동하라.

큰 목표를 작은 목표로, 작은 목표를 더 작은 목표로 나눠서 작은 일부터 시작한다.

예를 들면 글을 쓴다고 할 때 제목만 써 본다.

아니면 목차만 써 본다.

아니면 한 페이지만 아무렇게나 써 본다.

또는 집 안을 정리할 때 집 전체를 다 정리하려고 하지 말고 방 하나만 청소한다.

아니면 거실만 청소한다고 생각한다.

이렇게 시작하면 지렛대의 원리처럼 모든 일을 다 할 수는 없더라도 작은 일을 하나 시작함으로써 미뤄뒀던 큰일을 시작하게 된다.

넷째, 좋은 경쟁상대를 만들어라.

스스로 의지가 약한 사람은 경쟁상대를 선정해서 상상해 보라.

경쟁상대자는 어떻게 행동할 것인가를 생각해 보면 조금이라도 부지런해질 수 있다.

그러면서 지금 이 순간 무엇을 하고 싶은지 어떤 일을 해야 하는지 살펴보라.

다섯째, 자기 자신을 격려하라.

한다는 긍정적인 생각을 할 때 부지런해진다.
무기력한 상황에 빠져 일을 자꾸 미루고 일이 싫어지는 마음이 드는 경우도 있다.
이럴 경우 너무 완벽하게 해야 한다는 생각을 버려야 한다.
완벽하게 해야 한다는 생각이 게으름을 낳게 한다.
이러한 상태를 신경증적인 자기고문게임이라 한다.

내 안의 주인은 완벽을 추구하기에 하인이 할 수 없는 이상을 요구하며 하인을 야단친다.
하인은 다음에는 잘하겠다고 하면서도 일을 회피한다.
이러한 모습이 수동공격적인 태도로 나타난다.
예를 들면 일을 하는 것처럼 보이지만 시간을 허비하는 경우이다.
공부하기 위해 책상에 앉았지만 공부는 하지 않고 책상 정리로 시간을 보내는 것이다.
내가 어떤 일을 미루고 있다면 내 안에서 저항하고 있는 자기고문게임에서 무기력한 상황에 빠진 것은 아닌지 살펴보아야 한다.

여섯째, 빠른 선택을 하라.

하나를 선택했을 때, 다른 선택이 주는 이득을 포기해야 한다.
이 포기가 빠를 때 부지런해진다.
게으른 이유 중의 하나는 의사결정을 미루고 선택을 하는 데 결정을 잘 못하기 때문이기도 하다.

예를 들어 새로운 스마트폰을 구입하기 위해 온갖 사양을 비교 검토하다가 한두

달을 지연하다 보면 더 업그레이드된 제품이 나와 의사결정은 더 어려워진다.

여기서 스마트폰을 사러 가는 게으름이 생기게 된다.

시장 보고 와서 청소할까 청소하고 시장 갈까? 생각만 하다 보면 시장도 못 보고 청소도 못한 채 생각만 하다가 일을 뒤로 미룬다.

일곱째, 자기만의 데드라인을 정하라.

오늘 할 일을 내일로 미루지 말고 오늘 할 일을 지금 하라.

늦었다고 할 때가 가장 늦었다.

시작은 반이 아니다. 시작은 시작일 뿐이다.

벼락치기에 익숙해져 습관적으로 일을 미루는 경우가 있다.

물론 막판에는 압박감 때문에 짧은 기간에 고도의 집중력을 발휘하여 일을 마치는 경우도 있다.

이러한 것이 습관화되면 미루는 습관이 강화된다. 하지만 이런 일이 반복되면 내성이 생겨 끝낼 시간이 다가와도 더는 긴장되지 않고 집중력도 발휘되지 않는다.

많은 시간이 주어져도 결국 끝내야 할 시간에 맞춰 일을 시작하기 때문에 게을러지게 된다.

10분 후와 10년 후를 동시에 생각하라.

그러면 할 일이 생긴다.

여덟째, 지금 하라.

교육이란 경험의 연속이다.

또한 알지 못하는 바를 알도록 가르치는 것을 의미하기도 하지만 사람들이 실천하지 않을 때 실천하도록 동기를 유발하는 것이기도 하다.

긴 고민도 필요하지만 고민했으면 지금 바로 실행에 옮기자.

이순신 장군이 전쟁 중에 쓴 일기가 있다. 바로 난중일기이다. 이순신 장군이 하루는 몸이 너무 피곤하여 일기를 쓰지 못하고 있었다. 그런데 부하가 이순신 장군에게 물었다. "장군님! 어찌하여 오늘은 일기를 쓰지 않습니까?"라고 묻자. 이순신 장군이 이렇게 대답했다. "난중에 쓰겠다." 그래서 난중일기가 되었다는 설이 있다. 유머이다. '우문현답'이라는 말이 있다. 예전 뜻은 어리석은 질문에 현명한 답을 한다는 의미이다. 지금은 뜻이 바뀌었다. 우리의 문제는 현장이 답이다. 실천하기 위해 발로 뛰어야 한다.

현장을 보아야 한다.
고민은 어떤 일을 시작한 후보다 일을 할까 말까 망설일 때 더 많이 생긴다.
모든 일은 망설이기보다 불완전한 채로 시작하는 것이 한 걸음 앞서는 것이다.
망설이기보다는 차라리 실천하여 실패 경험을 선택하라.

지금 당장 해 보자. 현금·백금·순금·소금보다 더 중요한 지금.

자기고문게임

모든 것을 완벽하게 해야 한다는 생각을 지속적으로 자기에게 주문하는 것을 말한다. 너무 완벽하게 해야 한다는 상태를 신경증적인 자기고문게임이라 한다. 내 안의 주인은 완벽을 추구하기에 내 안의 하인에게 할 수 없는 이상을 요구하며 하인을 야단친다. 하인은 다음에는 잘하겠다고 하면서도 일을 회피한다. 이러한 모습이 수동공격적인 태도로 나타난다. 수동공격적인 형태가 바로 하려고 애를 쓰지만 결국 못하게 된다는 것이다.

4-8 ASK(Ask!, Seek!, Knock!) 활용하기 – 벤저민 프랭클린 효과 활용하기

신약성경 마태복음 7장 7절에 나오는 말이다.

구하라!(Ask) 그리하면 너희에게 주실 것이요.
찾으라!(Seek) 그리하면 찾아낼 것이요.
문을 두드리라!(Knock) 그리하면 너희에게 열릴 것이니.

자신이 원하는 것을 상대방에게 요청하는 사람은 많지 않다. 궁금한 사항을 질문하는 사람도 많지 않다.

내가 원하는 것을 얻기 위해서는 다른 사람에게 요청하는 것이 중요하다. 요청하면 이루어질 가능성이 높아진다.

요청하는 사람이 성공할 가능성이 높다.

성공은 내가 이루는 것도 있지만 요청하면 상대방이 시켜주는 것도 있다. 되지 않을 것이라고 스스로 판단하여 요청하지도 않는 것은 매우 어리석은 짓이다.

도움을 요청한다는 것은 다른 사람을 인정하고 다른 사람에게 필요한 도움을 받을 수 있는 겸손한 사람으로 인식될 가능성도 높기 때문이다.

주로 자존심이 강한 사람, 교만한 사람의 경우 다른 사람에게 요청하기를 거부하는 경향이 있다.

요청을 잘만 하면 원수 같은 사람도 친구가 될 수 있다.

18세기 미국의 정치사상가 벤저민 프랭클린Banjamin Franklin은 펜실베이니아 주 의회에서 그에게 사사건건 시비를 거는 한 의원이 있었다. 냉담한 그 의원의 마음을 얻기란 쉽지 않았다. 프랭클린은 관계를 회복하고 싶었지만 관계가 잘 회복되지 않았다. 그 의원에게 다가가고 싶었지만 잘 되지 않아서 다른 방법을 선택하였다. 그는 우연히 그 의원이 희귀한 책을 소장한다는 것을 알았다. 프랭클린은 그 의원에게 희귀한 책을 이틀만 빌려달라고 요청하였다. 그 일이 있은 후 그 의원의 태도는 완전히 달라졌다. 이후 프랭클린을 만난 의원이 먼저 정중한 말을 걸어왔고 두 사람의 관계는 회복되었다.
'내게 작은 도움을 준 사람이 그 이후 더 많은 도움을 주고 싶어 한다'는 격언이 있다. 이같이 도움을 요청한 사람에게 호의를 느끼는 현상을 벤저민 프랭클린 효과라고 한다.

내가 상대방에게 친절을 베푸는 것도 중요하지만 때로는 상대방이 나에게 친절을 베풀 기회를 마련해 주는 것도 중요하다.

내게 친절을 한번 베푼 사람은 내가 친절을 베풀어 준 사람보다 더 기꺼이 또 다른 친절을 베풀려고 한다는 원리를 생각하면서, 소원했던 사람이 있으면, 성공을 하고 싶으면 지금 다른 사람에게 뭔가 요청해 보기 바란다.

4-9 당신의 오늘을 평가할 때 오늘 거둔 것으로 하지 말고 오늘 심은 것으로 평가하라.

한다고 말하다 보면 결국 실천하게 된다.

실천 없이는 성공도 없다.

할 수 없다고 생각하면 아무것도 이룰 수 없다.

이렇게 준비가 되었으면 내일이 아니라 지금 당장 한 가지만이라도 실시하라.

미래는 현재다.

미래는 준비하는 사람들의 몫이다.

오늘을 평가할 때 오늘 한 결과에 대해서 평가하는 것이 아니라 오늘 무엇을 심었는가를 평가해 보라. 무언가를 심은 이 결과가 현재다.

이 결과가 미래가 된다.

그 미래를 오늘 심어라.

지금 당장 움직이고 실천하지 않으면 이 모든 것을 이룰 수 없다.

한국대표 소설가 이문열 씨는 신춘문예에 탈락하고 출판사에 직접 투고한 원고까지 거절당했다. 교보그룹 창업자인 신용호 회장은 한국의 유명인사 99명으로부터 당신이 하는 사업은 무조건 실패한다는 말을 들었다. 안 된다고 했던 사업이 교보생명이었다. 스타벅스 창업사 슐츠는 스타벅스 사업계획서를 217명의 투자자로부터 거절당했다. 이랜드 창업자 박성수는 근육 무력증에 걸려 5년간 누워 지냈었다.

삶에서 포기할 것과 포기하지 말아야 할 것을 잘 구분해야 한다.

포기할 것은 빨리 포기하는 것이 최고다.
미련을 두고 집착하면 시간 낭비다.
쓸데없이 고집 부리고,
되지도 않는 것에 매달려 시간을 허비할 바에는 빨리 포기하는 것이 좋다.
빨리 포기해야 할 것에 희망을 가지고 매달리면 인생은 다 지나간다.

예를 들면 ○○고시 같은 경우 5년, 7년, 10년 매달리는 경우가 있다. 포기하지 않고 끝까지 도전한다고 하는데 젊음은 다 지나간다.
그렇게 해서 합격한다고 해도 10년 세월 보냈던 시간이 아까워 제대로 잘 살 수 없을 것이다.

뭔가 포기해야 할 때에는 빨리 포기하고 다른 일을 찾는 것이 제일 좋다. 빨리 포기해야 할 것과 빨리 포기하지 말아야 할 것을 현명하게 구분하는 것이 중요하다.
포기하지 말아야 할 일이 있으면 포기해서는 안 된다.
예를 들면 내가 지켜야 할 가치나 내 삶에서 중요한 일의 경우에 포기해서는 안 된다.

인생은 실패할 때 끝나는 것이 아니라 포기할 때 끝난다.

인생에서 실패할 때가 있다.
실패란 어떤 일을 도전할 때 있는 것이다.
아무것도 도전하지 않으면 실패도 없다.
실패는 성공하기 위해 값을 치른 경험이다.
포기하는 순간 실패했던 경험도 실패로 끝나는 것이다.
성공이란 거듭된 실패를 경험으로 이루어낸 좋은 결과물이다.

성공의 반대말은 실패가 아니라 포기이다.

실패와 포기의 차이는 이렇다.

실패는 자신이 하고 싶은 것을 위해 열심히 노력했는데 몇 프로가 부족한 것이고, 포기는 하다가 힘들어서 안 하는 것이 포기이다.

성공이란 포기하지 않는 자에게 주는 선물이다.

아프리카 기우제 이야기가 있다. 어느 아프리카에서는 추장이 기우제만 드리면 비가 온다는 신기한 일이 있다. 어떻게 해서 기우제만 드리면 비가 오는가? 나중에 알아보니 그 추장은 비가 올 때까지 기우제를 드린다는 것이다.

어떻게 실천할 것인지 계획표를 작성하라.

5W1H 즉, 누가 · 언제 · 어디서 · 무엇을 · 어떻게 · 왜를 기준으로 계획표를 작성하고 작성된 계획표대로 움직여 보라.

지금 당장.

오늘밤 12시가 되기 전에 한 가지만 실천하라.

~도 했다면 ~도 해 낼 수 있다.

4-10 솔선수범만 한 가르침은 없다.

솔선수범은 계명보다 강하다.

상대방이 변화를 원한다면 당신이 먼저 변화주체가 되면 된다.

뛰어난 리더들은 자기 자신이 먼저 솔선수범함으로써 주변사람들에게 영향을 주는 사람들이다.

사람을 이끌기 위해서는 말보다 중요한 것이 솔선수범이다.

리더가 보이는 생각과 말과 행동과 습관은 따르는 사람의 목표설정과 성취에 많은 영향을 미친다.

즉, 리더의 모습이 바로 행동강령이 되고 역할모델이 되며 실천지표가 된다.

솔선수범을 실천하는 것은 우리의 뒷모습과도 닮아 있다.

먼저 앞장선다는 것은 자신의 뒷모습을 상대방에게 자연스럽게 보이는 것이다. 또한 먼저 뒷모습을 보여주는 것을 말한다.

먼저 뒷모습을 보여준다는 것은 그 뒤에 있을 사람을 신뢰한다는 의미일 수도 있다.

나는 하지 않으면서 상대방에게 명령하면 대부분 이렇게 대답한다.

'자기는 안 하면서 왜 나한테만 시키는가?'

상대방을 변화시키려면 방법은 간단하다.

나부터 솔선수범하면 된다.

몸소 가르치면 따르고, 말로만 가르치면 시비만 한다.

금호아시아나그룹(회장 박삼구) 전 계열사가 2013년도 경영방침을 '솔선수범(率先垂範)'으로 정했다. 박 회장은 이 자리에서 "회장인 나부터 솔선수범하겠다"면서 특히 '사장단의 솔선수범'을 주문했으며, "직급이 높을수록 '솔선수범'을 보여야 한다"고 강조했다. 포스코의 윤리경영 실천의 핵심 키워드는 '지속 교육', '일벌백계', '리더의 솔선수범' 등이다. 햄버그로 유명한 맥도널드 창업자 레이 크락은 자신이 창업한 많은 프랜차이즈 점포에서 직원들과 함께 화장실 청소도 하고 유리창 닦기도 하였다. 그는 음식점의 경우 청결이 최우선이며 청결한 음식점만이 성공한다는 확신하에 자신이 먼저 솔선수범해 보임으로써 직원들이 청결하도록 모범을 보였다. 월마트를 창업한 샘 월튼의 경우도 많은 점포들을 찾아다니며 고객들에게 겸손하게 서비스하는 모습을 직접 보여 주었다. 우리나라 10대 기업 최고경영자의 출근 시간은 평균 6시이다. 직원들에게 일찍 출근하라고 명령하는 것보다 자신이 일찍 출근하는 모범을 보이면 직원들은 말을 하지 않아도 일찍 출근한다. 현대그룹 창업자 정주영 회장은 솔선수범의 모범사례이다. 건설 현장에 참여하는 것은 물론이고, 공사 때는 아예 현장에 텐트를 설치해 놓고 공기(工期)를 단축시키기도 한다. 경영자가 나서면 사원들은 따라온다.

가정에서도 마찬가지이다. 부모가 아이들에게 공부하라고 말만 하고 자신은 TV를 이리 돌렸다 저리 돌렸다 하면서 밤 12시까지 TV만 보고 있으면 아이들도 따라 하게 된다. 아이들에게 공부하라고 다그치기보다는 부모들 스스로 책을 펴는 것이 더 효과적이다. 부모의 솔선수범이 더 중요하다. 솔선수범만 한 가르침은 없다.

『맹자』에 나오는 이야기이다. 신하의 잘못을 일일이 들어 책망해 봤자 소용이 없고, 정사의 잘못을 일일이 들어 비난해봤자 소용이 없다. 임금이 인(仁)하면 그 누구도 仁하지 않을 수 없고, 임금이 의(義)하면 그 누구도 義하지 않을 수 없다. 또 임금이 올바르면 신하들도 다 올발라서 백성을 바르게 다스리지 않을 수 없다. 오직 임금이다. 임금이 마음을 한번 바르게 잡으면 나라는 자연히 바르게 안정된다. 맹자는 이것을 "바람이 불면 풀은 자연스럽게 눕게 된다."고 표현하였다. 성공적인 자녀 교육방법에 대하여 아프리카의 성자로 불리는 슈바이처 박사에게 어떤 사람이 질문하였다. 그러자 슈바이처 박사는 "첫째, 솔선수범이요, 둘째, 역시 솔선수범이요, 셋째도 솔선수범"이라고 하였다.

4-11 나의 이미지가 나의 가치를 결정한다.

첫 이미지가 중요하다.

평소에는 매우 조용하고 차분하지만 술만 마셨다 하면 망가지는 여성을 생각해 보자.

평소의 차분하고 조용한 이미지를 먼저 많이 보아왔던 사람들의 80%는 그 여자는 술버릇만 나쁘지 조용하고 정숙하다고 생각하는 반면에 술에 취해 망가진 모습을 먼저 본 사람들의 80% 정도는 그 여자는 그렇고 그런 여자라고 평가한다는 것이다.

다음 내용을 상상해 보라. 인상이 좋지 않은 사람이 저쪽 복도에서 커피를 마시면서 이쪽으로 걸어오고 다른 사람도 커피를 마시면서 복도를 걸어가고 있다. 그런데 인상이 좋지 않은 사람이 다른 사람에게 커피를 엎질렀을 경우 피해를 당한 사람은 인상이 좋지 않은 사람에게 무슨 말을 할 것인가? 아마 세탁비용을 달라고 할지 모른다. 어떤 사람은 이렇게 질문하니까 인상이 좋지 않은 사람이 저쪽 복도에서 걸어오면 마주치지 않고 다른 곳으로 피해서 간다고 대답하는 사람도 있다. 이번엔 내가 커피를 상대방에게 무심결에 엎질렀다고 가정해 보자. 어떤 소리를 들을 것인가? 상대방 이미지에 따라 반응하는 형식이 달라질 수 있다.

여러분들이 과일가게에서 과일을 산다고 가정해 보자.

어떤 과일을 고를 것인가?

아마 겉모습이 쭈글쭈글하고 얼룩이 많은 과일을 고르지는 않을 것이다.

겉모양이 반들반들하고 예쁜 것을 선호할 것이다.

과일을 고를 때도 이렇게 겉모습 이미지를 본다.

과일은 스스로 이미지를 만들어 낼 수 없다. 사람이 이미지를 만들어 주는 것이다.

그런데 인간은 스스로 자신의 이미지를 만들어 낼 수 있다.

이것이 이른바 이미지 관리image making이다.

이미지 관리에 인상이론이 있다.

이미지 관리란 '나를 나답게 표현할 수 있는 것'이다.

최근에는 영상매체의 발달로 인하여 보는 것이 더욱 중요하게 부각되고 있다.

이미지 관리에서 중요한 것은 우선 첫인상 관리이다.

사람이 첫인상을 보고 그 사람을 판단하는 데, 학자들에 따라 조금씩 차이가 있지만 보통 2~5초 안에 결정된다고 본다.

첫인상을 갖고 나머지 부분을 생각하게 된다.

인상이론 중 첫째, 일관성오류 이론이 있다.

이 이론에 의하면 사람이 한번 판단을 내리면 상황이 달라져도 그 판단을 지속하려고 하는 경향이 있다는 것이다.

1970년대 휴스턴 대학 연구에 의하면 의과대학에 지원한 학생들 중 필기시험에 합격한 학생들에게 면접을 통해 최종 합격자를 선정했다.

그런데 행정 착오로 학생들을 추가로 선발해야 하는데 대학 측은 면접에서 떨어진 필기시험 합격자들을 대상으로 추가로 합격시켰다.

그렇다면 2차에 추가 합격된 학생들은 1차로 면접에서 합격한 학생들과 실력이나 적응력에서 차이가 났어야 올바른 면접이었을 것이다.

그런데 결론적으로 이 두 그룹은 기말고사 점수에서도 별 차이를 보이지 않았으며 또한 몇 년 후 의사가 되었을 때도 별 능력의 차이가 없었다. 이것이 면접이다.

이것이 처음 보는 인상일 것이다.

둘째, 인지적 구두쇠 이론이 있다.

사람들은 상대방을 판단하는 데 많은 노력을 들이지 않고 쉽게 결정하려고 하는 경향이 있다는 것이다.

이 말은 '인지적 경제성 원리'이다. 처리할 정보가 많을 때 한 번에 다 처리할 수 없어서 정보가치가 가장 높은 것만 골라서 먼저 처리하는 경향이 있다.

> 물고기를 한번 그려보라. 아마 대부분의 사람들이 물고기의 옆면을 그렸을 것이다. 옆면, 앞면, 윗면, 밑면, 뒷면이 있는데도 불구하고 사람들은 물고기의 옆면을 그린다. 그 이유는 그리는 사람도 보는 사람도 옆면을 그릴 때 가장 빨리 자신의 생각을 표현하고 표현된 것을 쉽게 알아 볼 수 있기 때문이라고 한다.

인지적 구두쇠의 이론은 대통령 선거에서 후보를 선택할 때도 통한다.

유권자들 대부분은 이성적 판단보다는 감성적 판단에 의존한다.

사람들은 후보를 이미지로 판단하는 경향이 강하다.

미 프린스턴 대학 심리학자 알렉산더 토도로프Alexander Todorov 교수의 조사에 의하면 프린스턴 대학생들에게 사전 정보 없이 2000년부터 2004년까지 미 상하원 선거에서 경쟁자로 출마했던 후보들의 사진을 나란히 1초간 보여준 뒤 누가 더 유능하게 보이는지를 선택하도록 했다.

그 결과 대학생들의 선택과 실제 선거에서 승리한 의원은 70% 정도가 일치하였다고 한다.

셋째, 콘크리트 법칙이 있다.

이 법칙은 인상이 한번 결정되면 바꾸기가 쉽지 않다는 것이다.
첫인상은 콘크리트처럼 쉽게 굳어져버린다는 것이다.
우리 뇌는 처음 보고 느낀 것을 가장 오래 기억하도록 되어 있다.
그러므로 첫인상은 지속성이 있다.
한번 이미지화된 첫인상을 바꾸는 데는 무려 40시간의 재면담이 있어야 한다는 것이다.
사실상 40시간을 재면담하기란 가족 외에는 쉽지 않다.

그러므로 첫인상이 중요하다. 정치인 중 이회창의 이미지는 '대쪽이미지'였다.
2007년 대통령선거에서는 그 대쪽 이미지를 바꿔보려고 수십 년간 써온 무테안경을 얇은 금속테로 바꾸기도 하고, 특유의 뾰쪽한 턱을 부드럽게 처리하도록 해도 차가운 대쪽이미지를 벗어나는 데는 한계가 있었다는 것이다.
『이미지 경영』의 저자인 매리 미첼Mary Mitchell은 '첫 이미지를 만들 수 있는 두 번의 기회란 없다'고 주장한다.

넷째, 부정성의 법칙이 있다.

한번 전과자는 사회에 발붙이기 힘들다고 하듯이 부정적인 특징이 긍정적인 것보다 인상형성에 더 강력하게 작용하는 것이다.
다른 사람에게 어떤 사람에 대한 평가를 부탁했을 때 그 평가가 부정적인 피드백이 되었을 경우 좋은 사람임에도 불구하고 부정적인 측면만 보이게 된다.

만일 어떤 사람이 당신이 사기꾼이라는 말을 다른 사람을 통해서 들었다고 가정해보자.

그 사람이 당신을 만났을 때 당신이 사기꾼이 아니더라도 사기꾼의 인상을 가지게 된다는 것이다.

이러한 부정적인 인상은 회복하기가 어렵다. 이런 것들이 부정성의 법칙이다.

다섯째, 거울법칙이 있다.

거울은 절대 먼저 웃지 않는다.

상대방과의 관계에서 내가 웃지 않으면 상대방도 웃지 않을 가능성이 많다는 것이다.

인사를 할 때 실험을 한번 해보라.

내가 먼저 "안녕하세요. 만나서 반갑습니다." 웃으면서 하면 상대방도 웃으면서 그렇게 인사할 것이다.

반면에 무뚝뚝하거나 아무 표정 없이 인사를 하면 상대방도 똑같이 그렇게 인사할 것이다.

여섯째, 본뜨기법칙이 있다.

이 법칙은 내가 좋아하는 사람의 모습을 그대로 따라하면 그 사람과 좋은 관계를 형성하는 데 도움이 된다는 것이다.

다리를 꼬고 앉으면 나도 다리를 꼬고 앉거나, 팔짱을 끼고 있으면 나도 팔짱을 낀다.

이것이 본뜨기법칙이다.

회사에서 존경하는 상사가 있으면 그 사람의 행동을 모방하는 예가 바로 이것이다.

상사가 피우는 담배를 똑같이 피운다든지 상사의 자세를 따라하는 행동 등이 바로 이러한 예이다.

4-12 나의 이미지를 좋게 하는 방법

첫인상에 영향을 미치는 요인들에는 그 사람의 표정, 매너와 에티켓, 자세와 신체언어, 패션 칼라와 스타일, 머리 스타일, 메이크업, 화술 등이 있다.

한 연구에 의하면 각 회사에서 구직지원자들의 면접과 급여를 결정하는 풍부한 경험이 있는 대상자들을 중심으로 모의 면접을 실시하였는데 이미지가 좋지 않은 사진을 포토샵 처리하여 이미지가 좋은 사진으로 바꾸어 면접관에게 보여 주었을 때 바꾸기 전보다 급여를 8~20% 정도 높게 책정한 결과도 있다.

이미지가 이렇게 중요한 이유 중의 하나는 오관에 의한 지각 정도 중 시각이 75% 영향을 미치고 청각이 13% 그 다음 후각 · 미각 · 촉각이 12% 영향을 미치기 때문에 이미지의 중요성을 간과할 수 없다.

우리가 사람들을 만날 때 첫 만남에서 호감을 가질 경우 심리적으로 상대방과 좋은 관계를 맺기 원한다.

반면에 비호감을 가질 경우 심리적으로 관계를 맺지 않으려고 한다.

호감의 반응을 만들어 내는 것이 중요하다.
알버트 메라비언Albert Mehrabian에 의하면 상대방과의 관계에서 이미지를 형성하는 요소 중 비언어적인 요소가 55%의 영향을 미친다고 한다.

용모나 복장이나 표정, 인사나 예절 등 비언어적인 요소인 시각적인 부분이 가장 큰 영향을 미친다는 것이다.

그 다음 언어적인 요소인 말씨나 화법 화술이 38% 영향을 미친다.

마지막 말의 내용 즉, 메시지는 7%밖에 영향을 미치지 않는다.

즉, 말의 내용이 7%, 어조나 억양이 38%, 표정이나 자세가 55% 상대방에게 영향을 미친다.

그러므로 이미지 형성은 말의 내용이 중요한 것이 아니라 비언어적인 요소인 시각적으로 보이는 것에 의해 대부분이 결정된다는 것이다.

그러므로 시각적인 이미지를 잘 관리해야 한다.

여성들이 가장 많이 하는 것이 성형수술이다.

시각적 이미지를 관리하기 위한 것이다.

여러분들은 사람을 처음 만났을 때 어디부터 보는가?

어떤 사람은 다리, 허벅지, 엉덩이 등으로 농담 삼아 이야기하는데 대부분의 사람들은 처음 만나면 그 사람의 얼굴을 본다. 얼굴 중에서도 눈을 가장 먼저 보게 된다. 그러므로 인상은 어디에서 오는가? 눈에서 나온다. 그러므로 좋은 인상을 만들기 위해서는 어떻게 해야 하는가? 웃어야 한다.

웃는 모습의 인상이 최고 좋은 인상이 아닌가?

여자들이 성형수술을 가장 많이 하는 부위가 어딘가? 쌍꺼풀 수술이다.

왜냐하면 눈이 예뻐야 인상이 좋기 때문이다.

이미지에는 외적 이미지와 내적 이미지가 있다.

외적 이미지는 생김새, 얼굴표정, 옷차림, 메이크업, 자세 등과 같은 시각적 이미지를 말하며 내적 이미지는 매너, 성격, 가치관, 지적 수준, 인간미, 신뢰감, 겸손함 등과 같은 것을 말한다.

첫인상을 좋게 하려면 다음과 같이 하면 된다.

첫째, 표정face을 잘 관리하라. 표정을 관리하기 위해서는 웃어야 한다.

> 미소를 지어라.
> 웃는 사람은 아름다운 사람이고
> 웃기는 사람은 훌륭한 사람이고
> 웃어주는 사람은 위대한 사람이다.

무표정한 얼굴은 상대방의 마음을 닫게 한다.

다른 사람들을 만났을 때 입가와 눈에 미소 띤 얼굴을 습관화 하라.

의식적으로 미소 짓는 연습을 하면 몇 개월 또는 몇 년 후 당신은 좋은 인상의 소유자가 될 것이다.

연습방법으로 눈썹 위에 손가락을 대고 눈썹을 위로 아래로 몇 번씩 반복훈련 한다.

그리고 볼에 바람을 넣고 전후좌우로 움직이는 연습을 많이 한다.

그 다음에는 개구리 뒷다리~~~처럼 '~~리자'로 끝나는 발음 훈련을 많이 하면 입꼬리가 올라간다.

둘째, 패션fashion 감각을 키워라.

즉, 복장에 신경 쓰라는 것이다.

깔끔한 복장, 단정한 복장은 좋은 이미지를 형성하는 데 매우 도움이 된다.

TPOtime, place, occasion에 맞는 복장을 선택하여 입는다.

셋째, 매너manner 좋은 사람이 되라.

매너 중 다른 사람들을 만날 때 냄새를 관리하라.

입 냄새, 땀 냄새, 몸에서 나는 나의 냄새를 관리하라.

상대방과 식사할 때, 식사 예절을 지켜라.

밥을 먹을 때 말을 너무 많이 하여 침이나 밥풀이 상대방에게 튀는 행동을 조심하라.

반찬을 먹을 때에도 숟가락이나 젓가락으로 이것저것 막 집지 말고 자기가 먹을 것만 집어라.

머리 스타일을 관리하라.

머리를 감지 않아서 냄새가 나거나 새집 몇 마리 짓게 하여 나오지 마라.

코털이나 코딱지를 관리하라.

특히 코털의 경우 잘 정리되지 않으면 지저분해 보인다.

약속시간을 지켜라.

약속시간은 지키지 않는 만큼 인상이 구겨진다.

넷째, 이미지를 개발하라.

이미지를 개발하기 위해서는

① 자기 자신에 대하여 알아야 한다.

나의 이미지는 어떤가?

어떤 점이 좋고 어떤 점이 부족한가? 어떤 측면을 개발해야 하는가? 등을 분석해야 한다.

② 자신을 개발하라.

자신의 이미지를 개발하라.

외적 이미지 즉, 머리 스타일, 표정, 옷차림, 메이크업, 자세 등 시각적 이미지를 개발하라.

내적 이미지 즉, 매너, 성격, 가치관, 지적 수준, 인간미, 신뢰감 등도 개발할 필요가 있다.

탐미주의 작가인 오스카 와일드는 인간을 좋은 사람과 나쁜 사람으로 나누는 것은 무의미하다고 하였다.

'인간은 매력이 있는가?
없는가? 둘로 나누어질 뿐이다'라고 했다.

③ 자신을 포장하라.

우리는 물건을 살 때 포장지나 디자인 등을 보고 구매한다.
개인도 이렇게 포장을 하라는 것이다.
나를 어떻게 포장을 하느냐에 따라 나의 몸값이 달라진다.

④ 자신을 팔아라.

물건을 포장해서 적극적으로 홍보하고 물건을 판매하는 것처럼 자신도 잘 포장하여 시장에 홍보하는 것이다. 시장에 적극적으로 판매하는 것이다.

다섯째, 긍정적인 생각을 하라.

사람이 웃으려면 긍정적인 마인드를 갖고 있어야 한다.
긍정적인 마인드가 없으면 웃을 수 있는 상황에서도 웃지 못한다.

따라서 이미지를 좋게 하려면 긍정적인 생각을 먼저 해야 한다.
그래야 웃을 수 있고 웃어야 이미지가 좋아진다.

여섯째, 미인대칭경하라.

먼저 미소 짓고, 먼저 인사하고, 대화를 많이 하고, 칭찬하고, 경청하라는 것이다.

4-13 먼저 미소를 잘 짓는 것도 스펙이다.

톨스토이는 "이 세상을 아름답게 하고, 모든 비난을 해결하고 얽힌 것을 풀어 헤치며, 어려운 일을 쉽게 만들고 암담한 것을 즐거움으로 바꾸는 것이 있다면 그것은 친절이다."라고 말했다.

이런 친절은 소극적 행동이 아닌 적극적 행동이다.

이 친절에서 빼 놓을 수 없는 항목이 바로 "미소"이다.

친절하면서 웃지 않는 사람은 없을 것이다.

인도의 간디는 비록 몸이 왜소했지만 그의 얼굴에는 항상 미소가 있었기 때문에 인도의 지도자로 존경을 받았다.

도산 안창호 선생도 우리 민족에게 미소가 필요함을 강조하였다.

첫인상을 결정하는 1위 요소가 미소이다. 미소 짓는 데는 돈이 들지 않지만 미소로 돈을 벌 수 있고 사람을 얻을 수도 있다.

상대방을 만나면 먼저 웃는다. 웃는 얼굴에 침 못 뱉는다.

내가 먼저 미소 지으면 상대방도 따라 미소 짓게 만든다.

진짜로 웃는 것과 가짜로 웃는 것을 구분하는 방법이 있다.

미소는 일반적으로 인간에게는 즐거움을 나타내는 표정이지만, 불안을 표현할 때 씁쓸한 미소를 짓는 경우도 있다.

진짜 미소는 눈이 웃어야 한다. 눈이 웃기 위해서 가장 중요한 것은 마음을 여는 것이다.

웃기 위해서 마음이 중요하다.
즉, 태도가 중요하다.
긍정적이고 열린 마음을 갖고 있어야 미소 지을 수 있고 웃을 수 있다.

자연스럽게 진짜로 웃는 미소를 뒤센의 미소Duchenne smile라고 한다. 반면 뒤센의 미소에 대비되는 것으로 판 아메리카 미소pan american smile가 있다. 이는 미국의 비행기 승무원들이 홍보를 위해서 찍은 인위적인 미소를 말한다.

미스코리아 선발대회 때 화면 앞에서 미스코리아 후보들이 짓는 미소를 말한다. 그 미소 중 대부분은 그저 입꼬리만 추켜올린 인위적인 것이어서 뒤센의 미소에 비해 근육이 훨씬 덜 움직인다는 것이다.

뒤센의 미소가 세상을 바꿀 수도 당신의 미래를 바꿀 수도 있다.

그럼 실제로 미소를 머금은 목소리와 그렇지 않은 목소리에 대해서 훈련을 해보겠다.

"이 사과는 정말 맛있습니다."와 같은 단순한 문장을 미소 없이 말해본다. 어떻게 들리는가? 다음으로 미소를 짓고 다시 한 번 문장을 말해본다. 차이가 있을 것이다. 만일 제대로 차이를 느끼지 못했을 경우 주변 동료에게 말해 본 후 피드백을 받아보면 차이를 느낄 수 있다.
퀴즈이다. 이것은 한순간에 끝나지만 대부분의 사람들이 좋아한다. 이것의 가치는 매우 크다. 또한 가난해서 이것을 다른 사람들에게 나누어 줄 수 없거나 너무 부유해서 이것을 필요로 하지 않는 사람은 없다. 이것은 무엇인가? 바로 미소이다. 언어 치료사인 미르타 마노와 루벤 델라우로는 '미소와 건강'Smiling and Health 자가 치료 센터를 운영하면서 미소에 대한 연구를 하였다. 그들은 단순히 미소를 짓는 것만으로도 뇌하수체에 영향을 주는 전기적 자극이 생기는 것을 밝혔다. 미소에 대한 반응으로 뇌하수체는 기분을 좋게 해주는 엔도르핀 물질을 뇌에서 분비한다고 하였다.

어떤 사람은 주변 평판이 참 좋고 어떤 사람은 주변 평판이 별로 좋지 않다.

그 이유는 학벌이나 직업, 외모가 아니다.

그런데 평판이 좋은 사람은 모두 하나같이 마음이 따뜻해짐을 느낀다고 한다. 그 비결은 무엇일까?

바로 미소 때문이다.

대부분의 사람들은 남자나 여자나 밝게 웃는 사람이 호감을 얻는다.

미소를 잘 짓는 것도 스펙이다.

지금 바로 옆에 있는 사람에게 미소를 지어 보자.

비아냥거리는 썩소 말고 미소 말이다.

이처럼 간단한 미소를 통해서, 우리는 자신과 다른 사람들에게 유익을 줄 수 있다.

참고: 슈테판 클라인 저, 김영옥 역(2006). **행복의 공식**. 웅진지식하우스.
김주환(2011). **회복탄력성**. 위즈덤하우스.

4-14 먼저 인사를 잘하는 것도 스펙이다.

인사(人事)란 사람과 사람의 만남에서 이루어지는 여러 가지 의례화된 언어 및 행동 규범을 말한다.

인사는 많은 예절 가운데서도 가장 기본이 되는 표현이다.

인사는 반가움을 나타내는 형식의 하나일 뿐만 아니라 상대방을 인정하고 존경하는 표현이다.

특히 우리나라의 경우 인사를 중요시한다.

인사를 잘하고 못하는 것으로 사람의 됨됨이를 판단한다.

인사에는 기본적인 인사가 있으며 좀 더 적극적인 인사가 있다.

기본적인 인사는 좁은 의미에서 매너나 예절과 같은 것이다.

적극적인 인사는 상대방에 대한 감사의 표현으로 선물을 주거나 답례를 하는 경우에 해당된다.

기본적인 인사말로는 "안녕하십니까?", "반갑습니다", "고맙습니다", "부탁합니다", "수고하셨습니다"와 같은 말이 있다.

이러한 말들이 어느 때이든 입에서 나올 수 있도록 습관화하여야 한다. 이런 말들은 내가 먼저 하는 것이 중요하다.

상대방이 했을 때 반사적으로 하는 것이 아니라 내가 먼저 할 때 효과가 크다.

오랜만에 상대방을 만났을 때

"오, 오랜만이야! 반갑다! 잘 있었니?"라고 인사하는 사람에게 호감가지 않는가? 말로 하기 싫으면 목례라도 하라.

아는 사람이 지나가는데 그냥 모른 체하고 지나가면 상대방은 어떻게 생각하겠는가?

싸가지 없다고 생각한다.

나에게 크게 잘못한 것도 없는데 인사를 안 하면 상대방이 싫어질 뿐만 아니라 비호감으로 바뀐다.

적극적인 인사는 상대방에 대한 답례이다. 감사의 표현이다.

상대방이 나에게 도움을 주었을 때는 반드시 답례로 인사가 필요하다.

이러한 인사를 하지 않을 경우엔 무례한 사람, 고마움을 모르는 사람으로 낙인 찍힐 수 있다. 어려울 때 도움을 요청하고 해결되면 모른 체하는 사람이 있다.

이런 사람은 다음에 어려움을 요청할 경우 절대 들어주지 않는다.

'인사가 만사다'란 말이 있다.

사람을 잘 뽑아야 한다는 말이다.

그런데 그 말 외에도 인사가 만사란 말은 상대방에게 기본적인 인사와 적극적인 인사를 잘할 경우 만사가 잘 해결될 수 있다는 뜻으로도 새롭게 생각해 보아야 한다.

인사가 만사라는 말을 외우며 몸에 배도록 습관화하면 성공한다.

이런 인사는 평소에 내가 먼저 할 때 효과가 배가 된다.

4-15 먼저 대화를 잘 시도하는 것도 스펙이다.

낯선 사람과 만났을 때 먼저 대화를 시도하라.

그것이 자신의 첫인상을 좋게 만든다.

상대방이 나에게 말을 걸어올 때까지 기다리지 말고 내가 먼저 상대방에게 대화를 시도하는 것이 중요하다.

남자들의 경우 모르는 사람들과 회의를 하거나 교육을 받을 경우 내가 먼저 대화를 시도하는 사람이 드물다.

그래서 다른 사람이 와도 자료만 본다.

이럴 때 내가 먼저 인사로 대화를 시도해 보라.

예를 들면 "안녕하십니까? 반갑습니다."라고 대화를 시도한다.

그러면 상대방도 대화에 응하게 된다.

어려운 대화를 하는 것이 아니다.

기본적으로 할 수 있는 대화를 나눌 경우 상대방은 나에게 호감을 갖게 된다.

왜냐하면 내가 먼저 상대방에게 관심을 가져 주었을 뿐만 아니라 상대방을 배려해 주었기 때문이다.

대화를 시도하기 위해 먼저 좋은 인상을 갖는 것이 바람직하다.

좋은 인상이 왜 중요하냐 하면 이야기를 하는데 옆에 가까이 가기 싫을 정도로 냄새가 난다든지 하면 제대로 이야기하고 싶겠는가? 이미지 관리를 하는 것도 좋은 방법 중의 하나이다.

점심 식사 때 파와 마늘을 잔뜩 먹고 "여러분" 하면 어떻겠는가?

대화가 잘되면 갈등이 잘 일어나지 않는다.

어떤 사람은 대화하자고 해 놓고 대놓고 화부터 내는 경우가 있다.

한 연구 조사 기관에 의하면 의료사고가 일어난 후 환자와 사고 낸 의사 간에 대화가 잘 되면 법정까지 가는 일이 별로 없다.

환자와 의사가 5분간 대화가 안 된다.

그래서 법정까지 간다.

환자는 감정이 격해져 있는 상황이고 이 감정을 의사에게 바로 표현하기 때문에 의사도 그 분노의 감정을 다 받아주지 못하고 서로 격렬한 말다툼으로 이어져서 결국 대화가 되지 않아 법정분쟁까지 가게 된다는 것이다.

어느 일방이 밀어붙이기식의 표현은 대화가 아니다.

신혼부부들의 대화를 녹음한 후 이 부부들이 나중에 이혼할 것인가?

예측해 보았더니 대화가 잘 되지 않는 부부들의 이혼율이 높다는 결과도 있다.

대화의 종류에는 일상대화, 친목대화, 갈등대화가 있다. 일상대화의 경우 일상적인 내용을 말하는 것이다.

예를 들면 '보고서 언제까지 작성하십시오.', '밥은 먹었니?', '숙제 다 했어?', '어디에서 오는 거니?' 등 일상적으로 하는 표현들이 모두 일상대화이다.

일상대화는 상대방과 정보를 교환하기 위한 대화이다.

이 대화는 주로 사실fact과 관련되는 내용을 중심으로 상대방과 대화하는 것이다.

그러므로 이 대화는 감정을 서로 주고받지 않는다.

어떻게 보면 일상대화는 형식적인 대화일 수도 있다.

이런 대화도 물론 해야 하겠지만 상대방과의 교감을 형성하고 친목을 도모하는 대화는 아니다.

친목대화는 주로 상대방과 친목을 도모하기 위한 대화이다.

예를 들면 '오늘 아주 멋져요', '오늘 저녁 같이 소주 한 잔 할까?', '오늘 기분 어때?', '당신이 최고야!', '사랑해', '고마워', '당신 보고 싶었어' 등이 친목대화이다.

이 친목대화의 최고는 상대방을 칭찬하는 것이다.
상대방과의 좋은 관계를 유지해 나가기 위해서는 친목대화를 많이 해야 한다.
평소에 상대방과 친목대화를 얼마나 많이 하느냐에 따라 그 상대방과 관계의 끈을 형성하게 되는 것이다.
친목대화 중 가장 바람직한 것이 상대방을 칭찬하는 것과 격려하는 것이다.

갈등대화는 상대방을 질책하거나 상대방을 훈육하거나 상대방과 마찰을 일으키는 대화이다.

갈등대화는 주로 상대방과 의견조정을 위해서 하거나 또는 상대방을 일방적으로 질책할 때 하는 것이다.

갈등대화를 하면 화가 난다.
갈등대화를 잘하기 위한 필수 조건은 친목대화로, 평소에 친목대화를 많이 해 두면 갈등대화를 하더라도 서로 감정을 다치지 않고 이야기한다.
평소에 친목대화를 잘 하지 않았더라도 갈등대화 하기 전에는 반드시 친목대화를 먼저 더 많이 하고 갈등대화를 나누는 것이 바람직하다.

저금통장에 현금이 있어야 찾아서 쓸 수 있듯이 우리의 감정은행 계좌에 좋은 감정들이 많이 쌓여 있어야 그 좋은 감정들을 꺼내 쓸 수 있다.

그래서 갈등대화를 하더라도 좋은 감정이 많이 쌓여 있으면 갈등이 잘 일어나지 않지만 좋은 감정을 꺼내 쓸 수 없을 때 갈등이 더 잘 일어난다.

감정은행 계좌에 좋은 감정이 떨어지지 않도록 자꾸 친목대화로 좋은 감정을 많이 쌓아 두어야 한다.

참고: 윤옥한(2011). 괜찮은 나 우리 만들기. 교육과학사.

4-16 먼저 칭찬을 잘하는 것도 스펙이다.

칭찬을 하면 고래도 춤춘다고 한다.

아니다.

이제는 고래도 환장한다.

칭찬이 중요하지만 칭찬하는 방법을 잘 모르는 경우가 많다.

칭찬하라고 하면 가장 많이 나오는 칭찬이 '착해 보여요', '인상이 좋아요', '멋있어요', '예뻐요' 등이다. 이런 칭찬은 칭찬의 효과가 크지 않다.

칭찬할 때에도 칭찬하는 화법이 있다.

첫째, 대담칭찬법이 있다.

40대 아주머니에게 "피부가 30대 같다"는 것이 아니라.

"피부가 10대 같습니다."

또는 "여고생 같습니다."와 같이 대담하게 칭찬하는 것이다.

그렇게 칭찬할 경우 기억에 남을 것이다.

둘째, 단순칭찬법이 있다.

칭찬을 잘 못하는 경우 대부분이 단순칭찬법을 한다.

"예뻐 보이시네요."

"얼굴이 좋아 보이시네요."

"건강해 보이십니다."라고 말하는 것이다.

셋째, 호칭변경칭찬법이 있다.

식당에서 아줌마라고 부르기보다 사장님 하고 부르는 경우가 바로 호칭변경칭찬법이다.

저자를 부를 때 "윤옥한 교수님." "윤옥한 박사님." "옥한아!", "야!", "이 새끼야." 이 모두 저자를 부르는 말이다.

어떻게 불러 주는 것이 좋은가?

상대방이 가장 좋아할 만한 호칭으로 불러주는 것이 가장 좋다.

넷째, 감탄칭찬법이 있다.

상대방을 보고 감탄하는 것이다.

"와! 응! 어쩐지! 야!"와 같은 찬사법이다.

다섯째, 비유칭찬법이 있다.

"김태희 닮았어."

"이순신 장군 같아!"

"교수처럼 보여." 등과 같이 비유하여 칭찬하는 방법이다.

비유칭찬법으로 칭찬할 때에는 조심해서 해야 한다.

상대방의 기호를 잘 파악해서 해야 한다.

여섯째, 소유물칭찬법이 있다.

이 방법은 상대방이 가지고 있는 소유물 중에서 칭찬하는 것이다.

"시계가 아주 세련되어 보이네요."

"넥타이가 와이셔츠랑 잘 어울립니다."

"양복이 잘 어울려요." 등과 같은 방법이다.

칭찬할 때 가장 좋은 칭찬방법은 상대방이 오늘 노력한 것을 찾아내서 칭찬하는 것으로 그 효과가 크다.

예를 들면 상대방이 오늘 새 머리핀을 했을 경우

"어 머리핀 예쁘네, 잘 어울리네요."

또는 오늘 공부를 다른 날보다 더 열심히 했을 경우 "오늘 참 열심히 공부하시네요."와 같이 오늘 노력한 것을 찾아내서 칭찬할 때 칭찬의 효과가 크다.

이러한 칭찬이 왜 중요한가?

칭찬을 하면 변화가 생긴다.

칭찬하는 방향대로 변화할 가능성이 크다.

자신이 잘 못하더라도 칭찬을 받으면 동기유발이 되어 더 노력하고자 애를 쓰게 된다.

칭찬은 고래도 변화시키고 사람도 변화시킨다.

칭찬을 잘 하려면 어떻게 하면 좋은가?

칭찬을 잘하는 방법은

첫째, 장점은 적극적으로 찾아내어 칭찬한다.

어떤 사람을 칭찬하라고 하면 칭찬할 것을 찾지 못한다.

칭찬할 것이 없다는 것이다.

칭찬을 잘 하려면 칭찬할 내용을 잘 찾아내는 것이 중요하다.

둘째, 칭찬할 때는 야단치는 경우와는 반대로, 공개적으로 칭찬한다.

물론 비공개적으로 칭찬할 때도 있지만 가급적 공개적으로 하는 것이 좋다.

셋째, 경우에 따라서는 아무렇지 않은 듯 칭찬하거나, 간접적으로 칭찬한다.

지나가면서 어깨를 만져주는 것도 칭찬이다.
눈을 마주치며 웃어주는 것도 칭찬이다.
비언어적인 메시지로 간접적으로 칭찬하는 방법도 있다.

넷째, 아무리 작은 일이라도 좋은 점에 대해서는 적극적으로 칭찬해 준다.

자장면 집 전화번호를 몰라서 찾는데 옆에서 전화번호를 가르쳐 줄 경우, 개그프로그램을 보면서 재미있게 웃을 경우 등 작은 일이라도 좋은 점에 대해서 칭찬해 주는 습관을 가진다.

다섯째, 말뿐만 아니라 태도나 동작으로 칭찬하는 것도 고려한다.

언어적 · 비언어적 메시지를 동시에 보여주라는 것이다.

여섯째, 타이밍을 충분히 고려해서 칭찬한다.

칭찬할 일을 했을 때 바로 칭찬해 줄 때 효과가 크다.

일곱째, 어느 특정한 사람만을 칭찬하는 일이 없도록 주의한다.

왜냐하면 칭찬받지 못한 사람은 상대적으로 야단맞은 것과 같은 효과가 있기 때문이다.

여덟째, 자기의 감정을 지나치게 내세우지 않도록 주의한다.

아홉째, 성심성의가 뒷받침되지 않는 칭찬은 겉치레 말이거나 아첨에 불과하다.

칭찬보다 더 좋은 것이 있다.

상대방을 인정하고 격려해 주는 것이다.

칭찬은 어떤 행위에 대한 반응이다.

칭찬할 행위가 없으면 어떻게 되겠는가?

칭찬할 행위를 찾으라.

찾는 행동의 결과가 격려이다.

격려는 존재에 대한 믿음이다.

인정은 있는 그대로를 받아들이고 존재 자체를 소중하게 생각하는 것이다.

칭찬하는 것이 아니라 그 존재 자체를 인정하고 존재 자체를 인격적으로 대해 주는 것이다.

예를 들면 "상호야! 네가 내 아들이라서 아빠는 참 좋다."

이것이 격려이고 인정이다.

어떤 행동을 해서 좋은 것이 아니라 그 존재 자체가 좋은 것이다.

칭찬을 많이 해 주는 것도 좋지만 격려와 인정을 해 주는 것이 인격적 관계를 형성하는 데 매우 도움이 된다.

야단을 치려면?

첫째, 냉정해졌을 때 야단을 친다. 냉정해지려면 화난 장소를 벗어나면서 이기적인 생각을 버린다. 그때 야단을 친다. 둘째, 많은 사람들이 있을 때 야단을 치기보다는 일대일이 되었을 때 야단을 친다. 셋째, 야단을 칠 가치 있을 때에만 야단을 친다. 넷째, 솔직하게 사실 중심으로 야단을 친다. 즉 그 사람이 한 행동만 야단을 친다. 야단맞을 행동에 대해서만 야단을 쳐야지 그 사람의 인격을 모독하거나 인간적인 모멸감을 주어서는 안 된다. 다섯째, 신뢰와 격려와 기대와 배려하는 마음으로 야단을 친다. 여섯째, 야단칠 때는 확실하게 혼을 낸다. 어설프게 야단을 치는 둥 마는 둥 하는 것이 아니라 다음부터 야단맞을 짓을 하지 말아야겠다는 생각이 들게끔 야단을 친다. 일곱째, 상대방의 성장을 생각하지 않고 하는 꾸중은 꾸짖는 것이 아니라 화를 내고 있는 것이다. 여덟째, 야단을 치고 난 후에는 반드시 감정을 보살펴준다.

4-17 먼저 경청을 잘하는 것도 스펙이다.

화법에 1·2·3 화법이 있다.
1분간 자신이 말하고
2분간 상대방의 말을 듣고
3분간 맞장구치는 화법이다.

상대방과 좋은 관계를 유지하기 위해서 일방적으로 자기 말만 해서도 안 되고 일방적으로 듣고 있기만 해도 안 된다.

적절히 말하고 적절히 들어주고 적절히 맞장구 쳐 주어야 한다.

경청을 잘 하기 위해서는 다음과 같이 하면 된다.

첫째, 상대방과 눈을 맞추고 상대방에게 우호적인 시선을 보낸다.

대화의 출발점은 상대방 눈을 보면서 이야기하는 것이다.

눈을 보지 않고 말하면 통하지 않는다.

남녀가 눈이 맞았다는 표현은 무슨 뜻인가?

두 사람이 통했다는 뜻이다.

통하려면 눈이 마주쳐야 한다.

결혼한 사람 모두 눈이 맞아서 결혼한 것이다.

멋있는 사람이 지나가면 쳐다보지 않는가?

왜 쳐다보는가?

눈 한번 마주치려고?

그럼 왜 눈을 마주치려고 하는가?

통하기 위해서이다.

이때 상대방에게 우호적인 감정을 보여 준다.

슬픈 이야기를 하면 슬픈 표정, 기쁜 이야기를 하면 기쁜 표정을 지어 준다.

둘째, 무엇을 말하고 있는지, 무엇을 말하려는지, 집중해서 들어주어야 한다.

집중하지 않으면 모두 자기 방식대로 듣고 자기방식대로 해석한다.

예를 들면 텔레비전에서

"이번에 개판된 프로그램을 안내해 드리겠습니다."라고 하더라도 모두 "이번에 개편된 프로그램을 안내해 드리겠습니다."라고 듣는 경향이 있다.

또 "이번 부산 때 설날 다녀오셨습니까?"라고 하더라도 "아 이번 설날 때 부산 다녀오셨습니까?"라고 듣는다.

집중해서 듣지 않으면 이런 결과가 발생한다.

셋째, 잘 듣고 있다는 신호를 보낸다.

고개를 끄덕이거나,

맞장구를 치거나,

눈을 마주치는 것이다.

상대방이 내 말에 호응을 잘해 주면 그 사람에게 호감을 갖는다.

그럼에도 불구하고 다른 사람이 말할 때 딴 짓을 하는 사람들이 많이 있다.

남자들보다 여자들이 호응을 더 잘해 준다.

여자들 같은 경우에는 전화를 두세 시간 동안 한다.

전화 끊을 때 자세한 것은 만나서 이야기하자고 한다.

두세 시간 동안 이야기해 놓고 자세한 것은 만나서 이야기하자는 것은 또 뭔가?

여자들은 호응을 잘해 주기 때문에 대화가 잘 된다.

여자들의 경우 하루에 4만 단어를 사용해야 스트레스가 풀린다고 한다. 남자들의 경우 2만 단어만 사용해도 문제가 없다.

그래서 여자들은 말이 많은 것이다.

이것을 남자들이 이해해야 한다.

남자들은 만나면 5분 이상 이야기하기가 쉽지 않다.

왜냐하면 맞장구를 잘 쳐 주지 않기 때문이다.

그런데 남자들도 여자들보다 더 많은 시간 동안 대화가 가능한 때가 있다.

언제냐 하면 술 마셨을 때이다.

이때는 새벽까지 이야기한다.

왜냐하면 호응 즉, 맞장구를 잘 쳐 주기 때문이다.

넷째, 상대방의 심정을 이해하며 부연하여 설명해준다.

이 말은 상대방의 말 중 처음 내용을 반복한 후 이야기하는 것이다.

예를 들면 "오늘 날씨가 참 좋습니다. 우리 밖에서 점심 먹을까요?" 했다면

상대방이 말한 첫 문장 즉, "오늘 날씨가 참 좋네요."라고 말한 후 자기의 의견을 말하는 것이다.

상대방이 말한 문장 중 첫 번째 문장만 반복해 주어도 상대방은 나에게 호감을 가질 수 있다.

참고: 윤옥한(2011). **괜찮은 나 우리 만들기**. 교육과학사.

4-18 말에는 힘이 있다. 당신의 입술에 파수꾼을 세워라.

말에는 힘이 있다.

성경에 보면 하나님이 이 세상을 무엇으로 창조했다고 나오는가?

말씀으로 창조하셨다는 것이다.

"하나님이 가라사대 빛이 있으라 하시매 빛이 있었고" 등 말씀으로 세상을 창조하셨다.

말에는 이와 같이 힘이 있다.

또한 말 한마디로 사람을 살릴 수도 있고 죽일 수도 있다.

말 한마디로 천 냥 빚을 갚는다는 속담이 있지 않은가?

> 말이 얼마나 중요한가? 실험을 해 보자. 절대로 아래 내용을 읽으면서 상상하면 안 된다. 상상하지 말고 읽어야 한다. 말로 할 때도 마찬가지이다. 아래 말을 들을 때 절대 상상하지 말고 들어야 한다. 우선 아래 글을 읽어 보라. 이 글을 말로 표현하는 사람이 있다고 해 보자. 여러분들은 지금부터 5박 6일 동안 하와이 여행을 간다. 애인과 함께 하와이에서 6일 동안 함께 지낸다. 첫째 날은 해변가에서 수영을 한다. 남녀 모두 수영복을 입고 해변을 거닌다. 해변은 흑인 남녀 백인 남녀 등 세계 곳곳에서 온 여행객들로 가득 차 있다. 애인들끼리 서로 스킨십도 하면서 즐기고 있다. 해변은 너무 아름답다. 야자수가 줄줄이 서 있고, 바람이 피부에 스칠 때 너무 좋다. 첫날 저녁은 레크리에이션을 한다. 남녀 쌍쌍 파티를 한다. (중략)

이 내용을 글로 읽을 뿐만 아니라 말로 들었다고 생각해 보라.

상상하지 않고 들은 사람이 있는가?

없다.

모두 말을 들으면 뇌에 자극이 간다.

상상하지 않고 듣는 사람은 죽은 사람밖에 없다.
상상하지 말라고 하여도 결국 자동적으로 상상하게 된다.
이것이 말의 효과이고 말의 위력이다.

점을 보지 말아야 하는 이유가 여기에 있다.
점을 볼 경우 점치는 사람의 한마디에 사람들은 영향을 받는다.
이것이 말의 위력이다.

좋은 말을 들을 경우에는 기분이 좋지만 좋지 않은 말을 들었을 때 그냥 듣고 지나치기 쉽지 않다.
그래서 부적을 사고 굿판을 벌이게 된다.
더구나 점 보는 곳에 가면 장소 자체도 일반적인 밝은 곳과 다르다.
이상한 그림이나 상들이 놓여 있다.
그런 곳에서 점치는 사람의 복장도 이상하다.
그런 사람이 당신을 향해 한마디 말을 하면 그 말을 듣고 그냥 넘기기 쉽지 않다.
이것이 말의 위력이다.

말에는 항상 부메랑 효과가 있다.
내가 좋은 말,
긍정적인 말을 하면 반드시 좋은 말, 긍정적인 말이 돌아오는데 나쁜 말, 부정적인 말을 하면 반드시 나쁜 말, 부정적인 말이 돌아온다.

그래서 말은 좋은 말, 긍정적인 말, 사람을 살리는 말을 하여야 한다.
또한 나쁜 말, 부정적인 말, 사람을 죽이는 말을 했을 경우에는 누가 먼저 가장 큰 손해를 보느냐 하면 나쁜 말을 하는 자신이 가장 큰 손해를 본다.

왜냐하면 개××, 십팔 ×, 등 나쁜 말을 하면 가장 먼저 자기 자신의 뇌와 몸 전체 그리고 입 등이 가장 먼저 개××, 십팔 ×가 된 후 그 말이 상대방에게 전달되기 때문에 자신이 60% 이상 먼저 손해를 보고 나머지 40% 정도가 다른 사람을 해치게 된다.

그러므로 결국 좋은 말을 해야 하는 것은 결코 남을 위한 것이 아니며, 자신을 위해서 좋은 말, 긍정적인 말을 하는 것이 중요하다.

일본의 유명한 에모토 마사루가 쓴 『물은 답을 알고 있다』라는 책에 다음과 같은 내용이 있다. 똑같은 물을 갖다 놓고 한쪽 물에 '사랑합니다, 감사합니다, 고맙습니다' 등의 말을 한 후 급속도로 냉각시켜 특수 카메라로 물을 촬영하면 물의 결정체가 육각수로 나온다. 반면에 똑같은 물에 '쓸모없는 것, 더러운 것' 등의 말을 한 후 급속도로 냉각시켜 특수 카메라로 물을 촬영하면 똑같은 물인데도 물의 결정체가 육각수가 아닌 찌그러진 결정체로 나온다. 말이 얼마나 중요한가를 보여주는 좋은 예라고 할 수 있다.

윗사람의 말 한마디는 생명을 살릴 수도 죽일 수도 있다.

조직의 리더는 더욱 더 사람을 살리는 말을 해야 한다.

왜냐하면 만약 조직의 리더가 말 한마디를 잘못했을 경우 그 조직 전체에 영향을 미칠 수 있다.

무심코 연못에 던진 돌멩이에 개구리가 죽을 수 있다.

조직의 리더가 구성원들에게 "당신 무슨 일을 그 따위로 해. 회사 망칠 일 있어? 내일부터 출근하지 마!"라는 말을 했다고 가정해 보자.

그 말을 들은 구성원은 회사 퇴근 후 소주를 마시고 털어버릴 수도 있지만, 그 마음으로 집까지 간다면 아내에게는 물론 자식들에게도 영향을 미칠 수 있지 않겠는가?

극단적일 경우 마음이 너무 상해 자살할 수도 있을 것이다.

반면 리더에게 "자네 요즘 힘들지! 힘 내게."라는 말을 들은 사람은 자살하려다가도 이 말 한마디에 힘을 얻고 용기를 얻어 다시 일어설 수 있다.

리더가 자신이 하고 싶은 말을 정제하지 않고 다 한다고 생각해 보라. 얼마나 끔직한 일인가?

조직의 리더가 말 한마디를 잘못함으로 인하여 수십 년 동안 쌓아온 명성을 하루아침에 다 잃어버리는 예가 얼마나 많은가?

특히, 정치인들은 말 한마디로 자리를 물러나는 경우가 많이 있다.

자신의 명예를 보전하는 것도 중요하지만 다른 사람들에게 미칠 영향도 생각해야 한다.

리더는 말을 잘해야 할 뿐만 아니라 잘 말해야 한다.

감정에 치우쳐서 하고 싶은 말을 다 한다면 일반인들과 무슨 차이가 있는가?

인격이 성숙되지 못하면 나오는 대로 말을 하게 된다.

나는 정말로 말을 잘하고 있는가?

다른 사람들 중 내 말을 듣고 피해를 볼 사람들은 없는가?

생각해서 말을 해야 한다.

말이란 그냥 나오는 대로 하는 것이 아니다.

나오는 대로 해야 할 말은 긍정적이고 사람의 기를 살리고 칭찬하는 말밖에는 없다.

리더의 말 한마디가 영향을 미칠 수 있는 것은 한 개인뿐만이 아니라는 사실을 명심하고 또 명심해야 한다.

그 말을 들은 사람이 다른 사람에게 그 말을 전달할 것이고 또 그 말을 들은 상대방은 다른 사람에게 또 말을 할 것이다.

이것이 말의 영향력이다. 평범한 개인의 말 한마디도 중요하지만 내 말 한마디로 영향력을 행사하는 범위가 클수록 말을 조심하고 조심하고 조심해야 한다.

4-19 당신의 작은 행동 하나로 바람을 일으켜라.

바람이 부는 이유

바람이 부는 것은 기압 차이 때문이다. 기압 차이 때문에 공기가 이동하면서 생기는 것이다. 공기가 이동한다는 것은 어떻게 알 수 있는가? 불을 피워놓고 팔랑개비를 불 위로 가져가면 팔랑개비가 팔랑거린다. 이유는 불 위의 공기가 열에 의해 따뜻해져서 위로 올라가면서 팔랑개비를 움직이기 때문이다. 이것은 난로 주변도 마찬가지다. 난로 가까이에 있는 공기는 따뜻해져서 위로 올라가고 그 빈자리를 찬 공기가 채우게 된다. 이처럼 기체나 액체같은 물질이 이동하면서 열이 전달되는 현상을 대류라고 한다. 대류에 의해서 찬 곳에서 따뜻한 곳으로 공기가 이동하는 현상을 바람이라고 한다.

당신이 바람을 일으켜라.

당신이 열정을 가지고 변한다면 여러분 주위에 열정이 없는 사람이 당신의 열정으로 빨려들게 된다.

이것이 바람이다.

냉정하고 변화에 민감하지 못하고 열정이 없는 사람을 탓하지 마라. 당신이 따뜻해지고 열정을 갖고 변화를 주도해 나가는 고기압이 되면 주변의 저기압의 사람들을 빨아들여 변화를 일으킬 수 있다.

열정을 가지고 있는 사람은 열정이 없는 사람을 빨아들이는 힘이 있다. 바람을 일으키는 힘이 있다는 것이다.

모나리자의 미소 도난

프랑스 루브르 박물관에 있는 레오나르도 다빈치의 작품인 모나리자의 미소가 도난당했던 적이 있었다.

도둑은 이 작품을 판매하려고 했으나 워낙 유명한 작품이어서 사고자 하는 사람이 선뜻 나타나지 않았다.

어디에 판매해야 할지 모른 도둑은 그 작품을 훔쳤던 곳에 다시 갖다 두었다는 이야기가 있다.

그런데 루브르 박물관에서는 도난 당시 박물관에 관람객 수가 더 많았다고 한다. 도난당한 그 장소에 작품이 없어진 장면을 보기 위해 관람객 수가 더 몰렸다는 것이다.

당신의 진가는 당신이 없을 때 더 돋보일 수 있다.

평상시에는 잘 모를 수도 있지만 그 사람이 없는 빈 자리가 생기면 그 사람의 진가가 나타난다.

열정적인 삶으로 바람을 일으킬 때 사람들은 당신이 없어지면 그 진가를 알게 될 것이다. 그렇다고 일부러 없어질 필요는 없다.

4-20 대통령학에서 말하는 리더의 7가지 덕목

미국 대통령학의 권위자이자 프린스턴 대학의 정치학 교수인 프레드 그린스타인Fred Greenstein이 쓴 책 『위대한 대통령은 무엇이 다른가』Presidential Difference에서 제시한 대통령의 5가지 덕목은

첫째, 감성지능,
둘째, 의사소통 능력,
셋째, 정치력,
넷째, 통치력,
다섯째, 인식능력이다.

그는 루스벨트부터 클린턴까지 현대 미국 대통령 11명을 분석하여 그들의 리더십 자질과 그들이 국민과 정치집단에 미친 중대한 의미에 초점을 맞춰, 대통령이라면 갖추어야 할 리더십 5대 요소를 제시하였다.

이 5가지 요소를 구체적으로 펼쳐서 제시하면 7가지로 구성된다. 그 7가지는 다음과 같다.

첫째, 건강이다.

리더의 건강은 더 이상 설명이 필요 없다.
조선시대 27명의 왕들을 생각해 보라.
건강하지 못한 왕들 때문에 얼마나 많은 문제가 발생했는가?
건강은 곧 생명이다.

이때 건강은 두 가지로 나누어 볼 수 있다.

육체적인 건강과 정신적인 건강을 말한다. 육체적인 건강뿐만 아니라 정신적인 건강도 매우 중요하다.

개인도 건강이 중요하지만 리더의 건강은 더 중요하다.

리더가 건강하지 못할 때 미치는 영향은 너무나 크다.

둘째, 리더의 비전제시 능력이다.

비전을 제시하는 능력은 두 가지로 나누어 볼 수 있다.

하나는 비전을 제시하는 능력이고 다른 하나는 비전을 공유하는 능력이다.

비전을 제시한다는 것은 구성원들의 가슴에 불을 지르는 것이다. 동기를 유발시키는 능력을 말한다.

일을 하고 싶게 만들고 조직에 충성하게 만들고 신나게 미래를 설계할 수 있게 해주는 능력을 말한다.

그 가운데 그 비전이 한 사람만의 비전이 아니고 우리의 비전이며 나의 비전임을 공감할 수 있게 만드는 능력이 중요하다.

셋째, 설득력이다.

어떤 일을 추진해 나갈 때 그 내용이 아무리 옳다고 하더라도 상대방이 설득되지 않으면 공감하지 못한다.

나의 주장이나 의견을 상대방이 받아들일 수 있도록 설득하는 능력이 필요하다. 다른 용어로 표현하면 의사소통 능력으로 볼 수 있다.

넷째, 도덕성이다.

리더가 도덕적으로 모범이 되지 못할 경우 영향력을 행사하기 어렵다.
리더는 도덕적 의무를 다해야 한다.
노블리스 오블리제가 필요하다.
존경받는 지도자가 되라는 것이다.

다섯째, 제한된 자원 활용의 극대화 능력이다.

제한된 자원을 어떻게 활용할 것인가에 대한 현명한 판단력이 중요하다. 리더의 의사결정 능력이 중요하다.
리더의 의사결정은 엄청난 결과를 가져온다.
리더는 올바른 의사결정을 내리기 위하여 많은 고민을 해야 한다.

여섯째, 전체를 보고 부분을 보는 능력이다.

리더는 큰 그림을 잘 그릴 뿐만 아니라 작은 그림도 잘 그려야 한다.
리더는 전체를 보고 부분을 볼 줄 아는 능력이 필요하다.
하나의 정책을 입안하거나 의사결정을 할 때 조직의 전체적인 부분과 연결시킬 뿐만 아니라 세부 사안들에 대해서도 함께 생각하는 능력이 있어야 한다.

일곱째, 실천력이다.

리더는 정확한 판단력과 과감한 실천력이 필요하다.

리더의 실행능력은 변화와 혁신을 가져온다.

실행에 옮기기 위해서는 정확한 판단력이 필요하다.

리더의 말 한마디로 실행되지만 한 번의 실행은 엄청난 파급효과를 불러일으킨다.

따라서 실행하기 전에 올바른 판단력이 필요하다.

또한 판단했으면 과감한 실천력 즉, 실행에 옮기는 것이 중요하다.

실행에 옮기지 않으면 아무것도 일어나지 않는다.

4-21 우리 몸의 중심은 어느 곳인가?

우리 몸의 중심은 어느 곳인가?

내 몸의 중심은 어디인가?

한 번 생각해 보자.

이런 질문을 하면 어떤 사람은 뇌, 가슴, 배꼽, 척추 등 다양한 대답들이 나온다.

한문으로 중심(中心)은 가운데 있는 마음이다.

이런 의미에서 내 몸의 중심을 다시 한 번 생각해 보자.

어디인가?

내 몸의 중심은 발가락이 될 수도 있고 배꼽이 될 수도 있고 손톱 밑이 될 수도 있고 치아가 될 수도 있다.

무슨 이야기인가?

내 몸에서 가장 아픈 곳이 내 몸의 중심이다.

왜냐하면 아픈 곳이 생기면 우리 몸은 아픈 부위를 치료하고 보완하는 데에 모든 에너지를 쏟기 시작하기 때문이다.

즉, 모든 마음이 가장 아픈 곳에 집중된다.

발가락이 아프면 내 몸의 모든 중심이 발가락에 있으며 손톱이 아프면 내 몸의 모든 중심이 손톱에 가 있다.

나의 가장 아픈 곳이 내 몸의 중심이 된다.

리더는 또는 훌륭한 사람은 어디를 바라보아야 하는가?

중심을 어디에 두어야 하는가?

약자,

가난한 자,

핍박받는 자,

배고픈 자,

어려움을 당한 자,

아무도 관심을 두지 않는 자에게 관심을 가져야 한다.

내가 아플 때는 나의 아픈 곳이 중심이 되지만 상대방이 아플 때는 그 아픈 곳을 잘 보지 못하는 것이 사람이다.

진정한 리더는 상대방의 아픈 곳을 볼 줄 알아야 한다.

세상의 중심이 되는 것도 중요하지만 아픈 곳에 관심을 가지고 중심을 잡는 그런 지도자들이 필요한 한 해가 되기를 소망해 본다.

제5부
교육과정 :
지식이란 무엇인가?

5-0 교육과정이란?

생각해 보기 : 교육과정이란 무엇인가?

생각해 보기 : 교육과정을 왜 공부해야 하는가?

5-1 교육과정을 왜 공부해야 하는가?

교육과정을 왜 공부해야 하는가?

교육과정이란 한마디로 지식이다.

그 지식을 담은 내용이 바로 교육과정curriculum이다.

지식은 무엇인가?

세상에 알려진 모든 것이 바로 지식이다.

그 많은 지식 중 어떤 것은 가르치고 어떤 것은 가르치지 않는다.

왜 어떤 것은 가르치고 어떤 것은 가르치지 않는 것일까?

갈등주의 입장에 있는 사람들은 가르치는 지식 자체가 지배계층의 문화, 이념과 같은 내용이라고 비판한다.

지식이란 다른 말로 표현하면 신념에 관한 합리적 논거이다.

어떤 내용은 학교현장에서 가르칠 지식이 되고 어떤 내용은 그렇지 않은 이유가 바로 여기에 있다.

예를 들면 창조론과 진화론이 있다.

학교현장에서 진화론만 가르치고 창조론은 가르치지 않는다.

그 이유는 무엇일까?

둘 다 이론이다.

창조이론이고 진화이론이다.

그럼에도 불구하고 진화이론만 집중하여 가르친다.

이는 진화이론이 과학적이기 때문이 아니라 진화이론을 믿기 때문이다. 신념이라는 것이다.

진화이론을 믿기 때문에 그에 관한 합리적인 논거를 많이 찾는다.

교육과정을 공부해야 하는 이유는

첫째, 일반적으로 받아들이는 수업내용이 제대로 구성되었는가를 고민해 보아야 하기 때문이다.

책에 나와 있는 내용 대부분을 검증절차 없이 무조건 수용하는 것이 과연 옳은 것인가에 대한 반문이 필요하다.

둘째, 교육과정을 구성하는 다양한 원리와 절차와 기준들을 알아야 하기 때문이다.

쉽게 표현하면 교재를 만들 때 어떤 내용은 앞부분에 넣고 어떤 내용은 뒷부분에 넣을지 아니면 요약이나 정리, 토의거리 등과 같은 내용을 어떻게 교재에 구성할지 알아야 한다.

5-2 교육과정의 이론적 전개

교육과정의 이론적 전개는 다음과 같다.

교과중심, 경험중심, 학문중심, 인간중심이다.

교과중심 교육과정은 지식의 체계를 중시하며, 학교의 지도하에 학생이 배우는 모든 교과와 교재를 교육과정으로 본다.

교육의 궁극적인 목적은 지식을 습득하고 이성을 계발하는 것이다.

이는 교과를 학습함으로써 달성할 수 있다고 믿는다.

교육의 주요 기능을 인류의 위대한 문화유산을 다음 세대에 전달하는 것이라고 보며, 인류의 문화유산 가운데 가장 가치 있고 심오한 내용들을 정선하여 교과를 구성하기 때문에 교과는 문화유산을 논리적이고 체계적으로 조직한 것이라 여긴다.

교과에 대해 학문이나 지식의 체계를 학생의 발달단계에 맞게 취사선택한 것이라고 본다.

교과중심 교육과정의 특징은

첫째, 인류의 문화유산이 교육의 주된 내용이다.

둘째, 교육의 주체가 교사인 교사중심 교육과정이다.

셋째, 교수-학습 방법은 설명 위주의 교수법을 요구한다.

넷째, 형식도야설(교과가 정신도야의 기회를 제공하고 이를 통해 인간의 지적 능력을 발전시킴)에 이론적 근거를 둔다.

경험중심 교육과정은 아동중심 교육사상과 실용주의 철학을 배경으로 한 듀이의 진보주의 사상을 배경으로 1930년을 전후로 등장한 교육과정이다.

교과중심 교육과정으로는 급변하는 사회에 적절하게 적응해 나가기 어렵다는 판단을 하고, 생활 경험을 중심으로 교육과정을 구성해야 한다고 주장한다.

학교의 지도 아래 학생들이 체험하는 모든 경험을 교육과정으로 보며, 교재보다는 생활을, 지식보다는 행동, 분과보다는 종합, 미래보다는 현재의 생활, 교사의 교수보다는 학습자의 활동을 중요시한다.

아동중심 교육과정, 생활중심 교육과정, 활동중심 교육과정 등으로 명명된다.

경험중심 교육과정의 특징은

첫째, 아동의 흥미와 필요를 기초로 교육과정을 구성하는 아동중심 교육과정이다.

둘째, 교육내용은 생활 경험이 위주가 되며, 교사와 학생의 협동에 의해 활동내용이 결정된다.

셋째, 교수-학습 방법은 문제해결방법이 주된 방법이다.

넷째, 전인교육을 강조한다. 지덕체의 조화로운 발달을 이룬 사람이 생활을 올바로 영위한다고 본다.

학문중심 교육과정은 지식의 폭발적인 증가로 인해 생겨난 개념이다.

증가하는 지식 중에서 어떤 것을 가르칠 것인가 하는 선정기준에 관한 논란이 있었기 때문이다.

학문중심 교육과정의 특징은 다음과 같다.

첫째, 교과내용은 '지식의 구조'를 중심으로 조직한다.

여기서 지식의 구조는 학문의 이면에 숨어 있는 기본적 생각, 지식의 기본개념, 지식의 기본원리, 지식의 핵심개념 등과 동의어로 쓰이는 개념이다.

브루너에 의하면 교육과정은 각 교과의 전문가들이 각 교과가 나타내고 있는 지식의 구조를 가장 명백히 표현할 수 있도록 그 지식을 체계적으로 조직해놓은 것이다.

이 지식의 구조는 학습의 전이를 용이하게 하고, 낱낱의 사실들을 구조화된 전체에 비추어보게 함으로써 그 사실들을 쉽게 이해할 수 있게 하고, 잊어버리지 않게 한다.

둘째, 교육과정을 나선형으로 조직한다.

이것은 초등학생부터 고등학생에 이르기까지 지식의 구조를 가르치는데 다만 그 수준을 달리해야 한다는 것이다.

브루너는 학년이나 발달의 정도에 관계없이 학생들의 사고방식에 맞게 그들이 이해하는 말과 자료를 써서 가르치면 어떤 교과내용도 이해할 수 있다고 했다.

나선형 교육과정에서는 교과가 가장 완벽한 상태를 가상하고 일찍부터 그 교과에 담겨진 기본개념을 학생들의 사고방식에 알맞게 가르치며 학년의 진전에 따라 점차 심화하고 확대해나간다.

셋째, 탐구과정을 중시한다.

학문중심 교육과정에서는 교육과정을 각 학문에 내재해 있는 지식탐구과정의 조직이라고 정의하고, 교과를 가르칠 때 그 교과에 내재해 있는 기본원리·핵심개념을 교사가 찾아내어 이것을 학생들에게 제시하고 주입하는 것이 아니라 학생들로 하여금 해당 분야의 학자가 한 것과 같은 '눈'과 '방식'으로 이를 찾아내도록 한다.

인간중심 교육과정은 학문중심교육과정이 지적 성취를 최우선의 목표로 하는 것에 대한 비판으로 등장하게 되었다.

학문중심 교육과정은 학문과 지식에 치우친 나머지 교육이 지배층의 특권을 유지시켜주는 역할을 하였다고 본다.

따라서 민주주의 기본 개념인 평등사상을 구현하는 데 부정적이었다.

학문중심 교육과정은 학생들에게 지적 교육의 주입만을 치중한 나머지 학생들의 정의적인 요소를 간과하였다.

이로 인해 그동안 교육과정의 주류를 형성해왔던 교과나 학문중심 교육과정이 각 개인의 필요나 심리적 요구를 충족시키지 못하였다.

과학 발달로 인간의 소외현상이 심화되어 각 개인의 자아실현을 위한 새로운 교육의 필요성이 대두되면서 발전하였다.

1970년대에 들어 인간성 상실이나 비인간화 현상 등이 심각한 사회문제로 제기되는 등 주지주의적인 학문중심 교육과정에서 나타난 여러 가지 문제점을 극복하기 위하여 등장한 것이 인간중심 교육과정이다. 즉, 인간의 잠재가능성을 최대한으로 실현하려는 것이 바로 인간중심 교육과정이다.

세부 내용은 표 5-1 교육과정의 이론적 전개와 같다.

표 5-1 교육과정의 이론적 전개

구분	교과중심	경험중심	학문중심	인간중심
유형	• 분과 교육과정 • 상관 교육과정 • 융합 교육과정 • 광역 교육과정	• 활동중심 교육과정 • 생활영역 교육과정	• 경험중심 교육과정의 결합 • 교과중심 교육과정의 결합	• 방법 기초형 • 학습자 중심형 • 과정 강조형
특징	• 사전에 계획한 대로 객관적인 수업 진행 가능 • 교사주도형 • 교재 범위 안에서 학습활동 전개	• 학생의 흥미와 필요를 기초로 학습내용 • 민주사회에 필요한 창의성, 책임감, 사회성, 협동정신, 반성적 사고	• 지식의 구조, 기본적 원리 및 개념을 중시 • 분석적 사고 직관적 사고 중시 • 내적 보상에 의한 학습동기 • 창조성을 강조	• 잠재적 교육과정 중시 • 교육목표는 자아실현 • 인간주의적인 교사를 필요로 함

구분	교과중심	경험중심	학문중심	인간중심
장점	• 새로운 지식, 사실을 학습하는 데 논리적, 효과적 방법 • 학생들의 지적 능력을 향상시키는 데 적합 • 문화유산을 효율적으로 이용 • 오랜 전통, 널리 받아들여지고 있음	• 적극적인 참여 • 현실적, 실제적 생활 문제를 해결 • 민주시민으로서의 자질 함양 • 학교와 지역사회의 유대를 강화	• 교육내용을 선정, 조직하는 데 경제성 • 지식의 전체 구조를 쉽게 파악 • 탐구력을 향상 • 학습에 관한 흥미유발	• 전인교육 • 학습자의 자아개념을 긍정적으로 형성 • 교수-학습 과정에서 개방적, 자율적 분위기를 조성
단점	• 학생들의 흥미, 필요, 능력 등 심리적인 요소를 고려하기에 부적합 • 교과 간 관련성, 통일성 등이 결여 • 교과목 그 자체가 바람직한 인지능력 훈련은 아님	• 학생들의 기초학력 저하 • 교육과정 분류의 준거가 명확하지 못함 • 미숙한 교사는 교육과정 운영에 실패	• 학업능력이 우수한 학생들에게 적합 • 일부 교과(자연과학 분야)에 적합 • 탐구를 위한 교육환경의 구비가 쉽지 않음.	• 교사들의 투철한 교육관이 중요 • 경쟁과 비교를 지양하는 환경 • 교과의 난이도 하향 조정, 교과의 통합, 시간 단위의 융통성 있는 운영 등이 선행되지 않으면 효과를 기대할 수 없음
학자		허버트, 루소, 페스탈로찌, 프뢰벨, 듀이	브루너, 디, 피닉스	

교과중심 교육과정의 유형을 구체적으로 설명하면 다음과 같다.

분과 교육과정은 각 교과의 종적 체계는 있으나, 횡적 관련은 전혀 없이 조직되는 것을 말하며,

상관 교육과정은 두 개 이상의 교과가 선을 유지하지만 서로 관련된 교육과정(역사와 지리, 과학과 수학, 생물과 화학 등),

융합 교육과정은 상관과 광역 교육과정의 중간 형태(생물학: 식물 + 동물 + 생리학) (사회과: 지리 + 역사 + 공민),

광역 교육과정은 교과목 간의 엄격한 한계 해소(일반과학: 물리, 화학, 생물, 지리, 천문)(사회과학: 역사, 지리, 정치, 사회학, 문화인류학)를 의미한다.

경험중심 교육과정의 유형을 구체적으로 설명하면 다음과 같다.

활동중심 교육과정은 학생의 흥미나 요구가 무엇인가에 따라 구성되며, 생활영역 교육과정은 개인으로 하여금 주요 생활영역에 효과적으로 참여할 수 있도록 하는 경험을 기초로 하는 교육과정 구성이다.

학문중심 교육과정의 유형을 구체적으로 설명하면 다음과 같다.

경험중심 교육과정의 결합은 지식의 구조나 교육과정을 조절할 때 학생들의 흥미와 필요를 기초로 구성하는 것이다.

교과중심 교육과정의 결합은 지식의 구조나 탐구과정을 할 때 사전에 계획한 대로 객관적인 내용과 기본적인 교재를 중심으로 구성하는 것을 의미한다.

인간중심 교육과정의 유형을 구체적으로 설명하면 다음과 같다.

방법 기초형은 학습자의 학습을 조장할 수 있는 방법을 최우선으로 고려하며,

학습자 중심형은 모든 교육적 관심이 학습자의 천부적인 잠재가능성을 실현하는 것에 모아지며,

과정 강조형은 어떤 실체를 원형대로 전수하기보다는 어떤 마당에서 생성되어 우러나는 분위기에 젖어서 자연스럽게 일어나는 감동, 흥미의 획득 및 느낌을 중요시하는 교육과정이다.

5-3 강의할 때 활용할 수 있는 재미있는 사례

1. 펭귄 이야기

남극지방의 혹한은 상상을 초월한다. 한겨울이면 평균 영하 60~70도까지 내려간다. 겨울에는 몇 달 동안 해가 뜨지 않는다. 이런 혹독한 환경 속에서 살아가는 동물이 펭귄이다. 겨울이 다가오면 펭귄 무리는 남극점을 향하여 이동한다. 기온이 내려가면 따뜻한 곳을 찾아 이동하는 것이 정상인데 펭귄은 더 추운 곳으로 찾아간다. 그 이유는 극점으로 갈수록 바람이 약해지는 것을 체험했기 때문이다.

펭귄의 겨울나기 이야기가 재미있다. 펭귄은 무리지어 생활한다. 이런 펭귄들이 서로의 체온을 의지하여 하나로 둘러싸서 안에 있는 펭귄들을 보호한다. 밖에 있는 펭귄들이 몸이 추워지면 다시 안으로 들어가고 안에 있는 펭귄들이 밖으로 나와서 안의 펭귄들을 따뜻하게 해 준다. 서로의 체온을 의지해서 하나로 뭉치는 것이 펭귄의 지혜로운 겨울나기 방법이다. 어려운 상황에서 모두가 살아남기 위해서는 서로 힘을 합쳐야 한다.

펭귄들은 먹이를 구하기 위해 물속에 뛰어 들어가야 한다. 그런데 펭귄들이 바다에 입수할 때는 또 다른 모습이다. 서로 눈치를 본다. 누가 먼저 들어갈지 눈치를 보다가 한 펭귄이 먼저 물에 뛰어들면 그 다음부터는 아무 생각 없이 모든 펭귄들이 물속으로 입수하는 광경을 보게 된다. 중요한 것은 '누가 먼저 입수하는가?'이다. 물속이 차가운지 뜨거운지 아무도 모른다. 또한 물속에 펭귄을 잡아먹는 포식자가 있는지도 모르는 상태이다. 이런 상태에서 용기 있는 한 펭귄이 뛰어들 때 나머지 펭귄들도 뛰어든다는 것이다. 용기 있는 사람, 도전하는 사람이 리더가 될 수 있고 많은 사람들에게 도움을 줄 수 있다.

2. 백 마리째 원숭이 이야기

1950년 일본의 미야자키 현 고지마라는 무인도에서 일어난 일이다. 원숭이 20여 마리가 살고 있었는데 먹이는 주로 고구마였다. 원숭이들은 처음에 고구마에 묻은 흙을 손으로 털어 내고 먹었는데 어느 날 한 살 반짜리 원숭이 한 마리가 강물에 고구마를 씻어 먹기 시작했다. 그러자 다른 원숭이들이 하나둘 흉내 내기 시작했다. 고구마 씻기를 하는 원숭이 수가 어느 정도까지 늘어나자 이번에는 고지마 섬 외 지역 원숭이들 사이에서도 똑같은 행위가 동시 다발적으로 나타났다. 멀리 떨어진 다카자키 산을 비롯한 다른 지역에 서식하는 원숭이들도 역시 고구마를 씻어 먹기 시작했다. 미국의 과학자 라이올 왓슨Lyall Watson은 이것을 '백 마리째 원숭이 현상'이라고 이름 붙였다. 어떤 행위를 하는 개체의 수가 일정량에 달하면 그 행동은 그 집단에만 국한되지 않고 공간을 넘어 확산되어 가는 현상을 말하는 것이다. 세상의 가치관이나 구조란 깨달은 10%의 사람에 의해 바뀐다고 한다. 이것은 시공을 초월한 '공명 현상(共鳴現象)'이 작용하기 때문이다.

3. 인디언의 들소 잡는 방법

인디언들의 들소 잡는 방법이 특이하다. 들소는 눈이 머리 옆에 붙어서 정면을 볼 수 없다. 성질이 나면 머리를 땅으로 내려서 달린다. 들소 한 놈이 움직이면 들소 전체가 앞의 들소를 따라 가는 습성이 있다. 인디언들은 들소를 벼랑 끝으로 유도한다. 그러면 선두에 선 들소들이 벼랑에 떨어지기 시작한다. 중간에 낀 놈이 발버둥 쳐보지만 뒤에 있는 들소들에 밀려서 떨어진다. 무언가 열심히 하기는 하는데 제대로 방향을 잡고 열심히 하는지? 인생의 방향을 제대로 잡고 사는지 생각해 볼 필요가 있지 않은가?

4. 줄탁동시

『벽암록』에 나오는 고사성어로 안과 밖에서 함께 해야 일이 잘 이루어진다는 줄탁동기 또는 줄탁동시라는 말이 있다. 병아리가 알에서 껍질을 쪼는 것을 '줄'이라 하고 어미 닭이 알을 쪼는 것을 '탁'이라 한다. 이것이 함께 이루어져야 부화가 잘 된다는 비유다. 변화와 혁신을 추구하고자 할 때 누군가가 옆에서 잘할 수 있도록 도와주면 도움이 될 수 있다는 의미이다.

5. 토끼와 거북이

토끼를 잡으려면 귀를 잡고, 개를 잡으려면 목을 잡으면 된다. 사람을 잡으려면 어떻게 하면 되는가? 멱살을 잡는다? 머리끄덩이를 잡는다? 허리를 잡는다? 답이 아주 다양하다. 어떤 사람은 약점을 잡는다고 한다. 치사한 인간이다. 사람을 잡으려면? 마음을 잡아야 한다. 토끼와 거북이 경주 이야기가 있다. 토끼와 거북이가 달리기 시합을 한다. 토끼가 시합 중간에 낮잠을 자서 거북이에게 졌다는 이야기이다. 토끼가 왜 졌을까? 1번, 너무 자신감이 있어 중간에 좀 자도 될것 같아서. 2번, 토끼가 거북이의 기를 살려 주기 위해서 일부러 져준 것이다. 3번, 내가 토끼의 마음을 어떻게 아는가? 모르겠다. 4번, 요즘 바쁘다. 답할 시간 없다. 여러분은 어떻게 생각하는가?

토끼와 거북이 경주 중 토끼가 만약 다시 재시합 경기를 거북이에게 제의할 경우 여러분이 거북이라면 어떻게 할 것인가? 1번, 도전을 받아들이지 않는다. 왜냐하면 한 번 이겼는데 뭣 하러 또 도전을 받아들이느냐? 싫다. 또는 이번에는 토끼가 낮잠을 자지 않을 것 같고 시합에서 질 것 같아서 도전을 받지 않는다. 2번, 받아들인다. 왜냐하면 한 번 이겼는데 한 번 져도 상관없다.

6. 코끼리 이야기

서커스 단원들이 코끼리를 다룰 때 발목을 간단한 끈으로 묶어도 훈련된 코끼리들이기 때문에 다른 곳으로 도망가지 못한다. 왜냐하면 이 코끼리들은 자신의 능력으로는 그 끈을 끊을 수 없다고 생각하기 때문이다. 이 코끼리들은 어린 새끼였을 때 아무리 발버둥치더라도 끊을 수 없었던 쇠사슬로 발목이 꽁꽁 묶여 있었기 때문에 커서도 자신에게는 발목으로 무엇을 끊는 능력이 없다고 생각해 버리기 때문이다.

7. 벼룩 이야기

벼룩은 자기 몸의 수십 배를 뛰어 오른다. 그런 벼룩도 유리컵 위에 뚜껑을 덮어서 뚜껑에 부딪히게 하면 다음부터는 그 장애물 밑까지밖에 뛰어 오르지 못한다. 인간도 코끼리나 벼룩 같지 않은가? 자신의 능력이 무한한 잠재력을 갖고 있음에도 불구하고 주위 환경이나 여러 가지 실패한 경험들 때문에 자신의 능력을 충분히 발휘하지 못하고 능력의 한계를 미리 낮추고 살고 있지 않는가? 해 보지도 않고 미리 포기하는 마음이 코끼리와 벼룩 같은 마음이 아닌가? 자신의 심리한계능력을 높일 수 있는 것은 인간만이 가지고 있는 특성이다. 이 심리한계를 높여야 성과를 올릴 수 있다.

8. 개구리 이야기

만약 개구리를 뜨거운 물에 넣으면 개구리는 반사적으로 금방 튀어 나올 것이다. 그러나 개구리를 따뜻한 물에 넣고 서서히 열을 가하면 개구리는 스스로 빠져 나올 힘을 잃을 때까지 점점 따뜻해지는 물을 마냥 즐기다가 자기도 모르게 죽음을 맞이

하고 만다. 왜냐하면 생존 위협을 감지하는 개구리의 내부 기관은 급격한 환경변화만 감지할 뿐 점진적인 환경변화에는 둔감하기 때문이다. 서서히 온도가 올라가는 따뜻함을 즐기다가 저도 모르게 죽음을 맞이한다. 개구리와 마찬가지로 치유가 불가능한 심각한 병에 걸려 대수술을 하지 않으면 회복하기 어려운 지경에 빠지는 개인이나 기업이 우리 주변에도 많다. 끊임없이 자기개발을 해 나가지 않고 안전한 지대에만 머물러 있으면 결국 개구리처럼 죽게 된다.

개인의 평균수명과 사회적 변화의 폭을 비교해 보면 고대 로마시대의 경우 평균수명이 25~30년이다. 이때는 사회적 변화가 느리기 때문에 평생 동안 배운 지식을 갖고 있더라도 큰 문제가 되지 않았다. 반면에 20세기의 경우 평균수명은 70년 정도인데 사회적 변화 폭은 대단히 빠르다. 지금 배운 지식은 몇 년 되지 않아 쓸모없는 지식이 될 수 있으며 새로운 지식을 계속해서 습득해 나가지 않으면 결국 사회변화에 능동적으로 대처해 나갈 수 없게 된다. 스틸Still은 인간의 정신적인 능력과 나이의 관계를 조사한 바 있다. 이 조사에 의하면 성공한 사람의 경우에는 여러 가지 능력을 꽃 피우면서 극히 고령에 이르기까지 그 힘을 보전하지만 성공하지 못한 사람의 경우에는 30세를 넘기면 총체적인 퇴행 현상이 나타난다. 그에 따르면 인간의 정신적 능력은 단련을 계속하면 할수록 급속히 쇠퇴하는 일이 결코 없다는 것이다.

9. 솔개 이야기

강의할 때 사례로 드는 새 이야기가 있다. 솔개라는 이 새는 장수하는 조류로 약 70년을 산다. 70년까지 살려면 약 40년이 되었을 때 고통스러운 변화를 거쳐야 한다. 40년 된 솔개는 발톱이 노화하여 사냥을 잘할 수 없다. 부리도 길게 자라고 구부러져 가슴에 닿을 정도가 된다. 깃털도 짙고 두껍게 자라 날개가 매우 무겁게 되어 하늘로 날아오르기 어렵다. 30년을 더 살기 위해 솔개는 부리로 바위를 쪼아 부리가 깨지고 빠지게 만든다. 그러면 새로운 부리가 난다. 새로 돋은 부리로 발톱을 하나하나 뽑아 낸다. 이렇게 고통스러운 변화를 한다. 그런 후, 약 반년이 지나면 솔개는 환골탈퇴하여 완전히 새롭게 30년을 살게 된다. 나는 현재 인생의 어느 정도에 있는가? 나는 제2의 인생을 살아보기 위해 노력을 얼마나 하고 있는가?

10. 공룡 이야기

수천만 년 전에 북아프리카에 살았던 브라키오사우르스라는 공룡이 멸망했다. 멸망한 이유는 여러 가지 학설이 있지만 그 중에 한 학설은 다음과 같다. 이 공룡은 꼬리를 물면 15초 후에 반응하고 몸통을 물면 20초 후에 반응한다. 다른 짐승들이 와서 자신의 몸을 헤쳐도 잘 대처해 나가지 못했다. 그 이유는 몸집이 너무 컸기 때문이다. 이 공룡은 길이가 23미터 정도이고 몸무게는 약 80톤 정도 된다. 크기로 보면 아파트 8~10층 정도이고, 황소 한 마리가 약 450kg 나간다. 80톤이면 8만kg이니까 황소 약 170마리 정도의 무게가 된다. 이 정도의 공룡이 살아가려면 얼마나 많은 먹이가 필요한가? 이 공룡처럼 우리가 환경변화에 잘 적응하지 못하면 살아남지 못한다. 이러한 공룡의 이야기를 먼 옛날이야기라고 웃고만 있을 것인가? 개인도 끊임없이 자기개발을 하지 않으면 공룡처럼 멸망하고 말 것이다.

11. 일개미와 산개미

개미는 열심히 일하는 모습의 대명사로 통용되어 왔다. 산에서 개미들을 가만히 살펴보면 개미는 항상 움직이고 있다. 이런 개미는 항상 열심히 일하고 있는 것으로 착각한다. 그런데 산에 있는 개미는 일명 '산개미'다. 할 일 없이 빈둥빈둥 대고 있는 개미라고 볼 수도 있다. 남들이 일을 하니까 할 일도 없으면서 슬슬 산에 올라와 열심히 일하는 척하는 개미를 산개미라고 보면 된다. 진짜로 일하는 일개미는 남이 보든 보지 않든지 일을 한다.

이탈리아 경제학자 파레토Pareto의 법칙은 여기에서 힌트를 얻은 것이다. 조직을 이끌고 나가는 사람은 20%이며 나머지 80%는 산개미와 같은 구성원이다. 조직에도 산개미들이 많다. 산개미들은 쓸모없는 사람들이다. 사무실에 앉아서 무언가 아이디어를 짜내기 위해서 고심하면서 앉아 있으면 산업사회 관리자들은 지나가면서 '일 안 하고 뭘 하나?'라고 하면서 핀잔을 준다. 손발을 열심히 움직이고 있으면 수고하는 줄 알고 칭찬을 하는 경우가 많다. 무언가 열심히 한다는 것을 보여 주기 위해서는 하루 종일 또는 야근까지 하면서 열심히 왔다갔다 뛰어다니지 않을 수 없다. 이렇게 되면 하는 일 없이 바쁜 일과가 될 수밖에 없다. 조직에서 성실히 일하는 직원과 농땡이 치는 직원에 대한 인식전환이 필요하다. 다른 직원들은 열심히 일하는데 유독 남들 눈에 농땡이 치는 것처럼 보이는 직원에 대해 생각해 보자. 야근하는 직원과 제 시간에 퇴근하는 직원에 대해서도 새롭게 생각해 보자.

12. 꿀벌과 파리 이야기

곤충연구가 고든Gordon이 꿀벌과 파리를 대상으로 실험을 하였다. 밑면을 제외한 차광 유리병 속에 꿀벌과 파리를 넣고 병 밑면을 빛이 있는 창문 쪽으로 놓았다. 물론 사방은 캄캄하다. 꿀벌과 파리 중 누가 먼저 밖으로 나왔을까? 꿀벌보다 파리가 먼저 병에서 나왔다. 곤충은 보통 빛을 향해 날아다니는 속성이 있다. 꿀벌도 빛이 있는 창문 쪽을 향해서 날아 다녔지만 병 속에서 나올 수 없었다. 꿀벌은 어둠 속에서 출구를 찾으려면 빛이 있는 밝은 쪽으로 가야 한다는 논리적 사고로 계속 병 밑면만 향해 날아다니다 결국 지쳐 굶어 죽을 때까지 출구를 찾지 못한다. 파리는 어느 정도 시행착오를 거치고 난 뒤 반대쪽 병 입구를 통해 빠져 나온다. 출구를 찾아내지 못한 꿀벌에게는 그들을 둘러싸고 있는 유리병이 지금까지 경험해 보지 못한 새로운 환경 장애물로 인식되었던 것이다. 결론적으로 파리보다 경험과 지식이 많았던 꿀벌은 새로운 환경에 대한 대응을 과거 방식으로 고집하다가 결국 죽음에 이르게 됐지만, 파리는 자신이 알고 있는 상식을 고집하지 않았기 때문에 새로운 환경을 극복할 수 있었던 것이다.

13. 기러기 이야기

리더십 강의 시 기러기 이야기를 인용하는 경우가 많다. 기러기는 암수의 사이가 좋다. 또한 무리를 지어 살지만 짝을 이루면 한쪽이 죽어도 죽을 때까지 다른 배우자를 선택하지 않는다. 기러기들은 추운 겨울을 따뜻한 남쪽에서 보내기 위해 이동을 한다. 이동하는 기러기 떼는 “ㅅ”형으로 줄을 지어서 난다. 그 이유는 새들이 날기 위해 날개를 퍼덕이면 뒤에 있는 새에게 양력이 작용하게 된다. 이렇게 날면 기러기 떼가 혼자 날아가는 것보다 71%를 더 멀리 날 수 있게 된다. 비행 과정에서 서로에게 힘을 주기 위해 ‘기룩기룩’ 소리를 내기도 한다. 맨 앞에 있는 기러기가 힘들면 뒤로 오고 다시 뒤에 있는 기러기가 앞으로 이동한다. 성과를 내기 위해 즉, 멀리 날아가기 위해 서로 도우면서 협력한다는 이야기다.

14. 코이 이야기

일본의 관상어 중 ‘코이’라는 비단잉어가 있다. 이 잉어는 어항 속에서는 5~8cm 정도 밖에 자라지 않지만 수족관에 넣으면 15~25cm까지 자라고 다시 강물에 풀어놓으면 90~120cm까지 자란다고 한다. 자기에게 주어진 환경에 아주 잘 적응하는 잉어다. 우리의 인생은 꿈을 얼마만큼 담을 수 있는냐에 따라 그 크기가 결정된다.

15. 양치기와 늑대 이야기

이솝우화의 양치기 소년 이야기가 있다. 양치기 소년이 양을 치다가 늑대가 나타나지도 않았는데 늑대가 나타났다고 외친다. 마을 사람들이 모여 들었다. 늑대가 없었다. 소년은 금방 있었는데 어디로 갔다고 한다. 두세 번 그렇게 했다. 그런데 진짜 늑대가 나타났을 때 늑대가 나타났다고 해도 이젠 마을 주민들이 아무도 오지 않았다. 여러분이라면 두세 번 속은 후 또 늑대가 나타났다고 하면 바로 달려가겠는가? 가는 사람은 왜 간다고 생각하는가? 가지 않는 사람은 왜 가지 않는다고 생각하는가? 양치기 소년이 조직의 리더라고 가정해 보자. 이 리더를 믿을 수 있겠는가? 믿을 수 없다. 리더는 양치기 소년 같아서는 안 된다. 왜냐하면 믿을 수 없기 때문이다. 진짜 그런가? 뒤집어서 생각해 볼 수 있다. 양치기 소년이 진짜 늑대가 나타났을 때를 대비해서 마을 주민들을 기동훈련시켰다고 생각해 보자. 뻥이 아니라 위기의식을 고취시켰다고 생각해 보자. 얘기는 달라진다. 이 리더는 상당히 믿을 수 있다. 양들을 언제든지 보호해 줄 수 있다는 확신을 주기 때문이다. 여기서 말하고자 하는 것은 신뢰를 쌓는 방법도 중요하다는 것이다.

16. 에스키모의 들개 잡는 이야기

에스키모의 들개 잡는 이야기가 있다. 에스키모인들이 들개를 잡을 때 어떻게 잡을 것 같은가? 에스키모인들은 빙판 한 가운데 칼을 거꾸로 꽂아둔다. 거꾸로 꽂아둔 칼에 동물의 피를 흠뻑 묻혀 두면 들개들이 동물의 피냄새를 맡고 와서 그 칼을 핥아 먹기 시작한다. 처음엔 동물의 피를 핥아 먹었지만 나중에는 들개 자신의 혀가 칼에 베어 그 피를 핥아먹으면서 자신도 모르게 피를 많이 흘려 죽게 된다. 그러면 에스키모인들은 지나가다 들개를 주워 오면 된다. 현재의 달콤함을 즐기다가 자신이 망하게 되는 모습이 나에게는 없는가?

17. 상처 입은 닭 이야기

닭들은 어떤 닭이 상처를 입으면 주변의 모든 닭들이 몰려들어 그 닭의 상처 부위를 쪼아댄다. 야생 닭들은 상처를 계속 쪼아 결국 그 닭을 죽이는 것이다. 그래서 상처 입은 닭을 무리로부터 격리시켜 보호해야 한다. 이런 특성을 사람과 기업에 비유하면 사람 사회에서도 누군가 실수하면 곧바로 공격의 대상이 된다. 이런 분위기는 독창적인 아이템을 개발하고 새 영역을 개척하려는 다른 사람들의 도전의식까지 가로 막는다. 다른 사람이 잘못했을 때 도와주고 치유해 주어야 하는데 오히려 상처 입은 닭에 다른 닭들이 달려들어 쪼아대는 것과 같은 일들이 많이 일어난다. 상처 입은 닭은 뭔가를 하려고 노력하다가 실패한 사람이다. 그를 질책하고 망가뜨려서는 안 된다. 격려해 주고 상처를 치유해 주는 그런 관계가 되어야 하지 않을까?

18. 메기와 청어 이야기

일본 북쪽 바다에서 청어 잡이를 하는 어부들의 가장 큰 관심사는 어떻게 하면 북해도로부터 먼 거리에 있는 런던까지 청어를 싱싱한 모습 그대로 살려서 가지고 갈 수 있을까 하는 것이었다. 모든 어부들이 관심을 쓰고 잘 해도 배가 런던에 도착해 보면 청어들은 거의 다 죽어 있어서 언제나 골치였다. 그런데 한 어부만은 언제나 북해에서 잡은 청어들을 싱싱하게 산 채로 런던에 가지고 오는 것이었다. 동료 어부들이 이상해서 그 어부에게 물어보았으나 그는 비밀이라고 하며 그 이유를 가르쳐주지 않았다. 그런데 그 어부가 많은 동료들의 간청에 못 이겨 그 비법을 공개하였다. "나는 청어를 잡아넣은 통에다 메기를 한 마리씩 집어 넣습니다." 그러자 모든 어부들이 눈을 휘둥그레 뜨면서 "그러면 메기가 청어를 잡아먹지 않소?"라고 이구동성으로 물었다. 그는 통쾌하게 웃으면서 "네, 메기가 청어를 잡아먹습니다. 그러나 메기는 두세 마리밖에는 못 잡아먹지요. 그 대신 통 안에 있는 수백 마리의 청어들은 잡혀 먹히지 않으려고 계속 도망쳐 다니지요. 런던에 올 때까지 청어들은 마치 올챙이들처럼 열심히 도망다니고 있습니다. 먼 길 후에 런던에 도착해봐도 청어들은 여전히 싱싱합니다. 다 살아 있거든요!"

19. 소와 사자 이야기

아주 옛날에 소와 사자가 살고 있었다. 둘은 너무 사랑하여 엄마 아빠의 반대를 무릅쓰고 결혼하였다. 너무 사랑하기 때문에 둘은 최선을 다해서 서로를 섬겼다. 소는 소 나름대로 최선을 다하여 자기가 먹어본 음식 중 가장 싱싱한 풀과 야채 등을 육식동물인 사자에게 매일 갖다 주었다. 사자도 사자 나름대로 최선을 다하여 자기가 먹어본 음식 중 가장 싱싱한 육회 고기 등을 채식동물인 소에게 매일 갖다 주었다. 처음엔 조금씩 먹었는데 둘이 이렇게 계속 서로에게 최선을 다한 결과 결국 소와 사자는 헤어졌다는 것이다. 소 같은 최선, 사자 같은 최선은 오히려 서로에게 독이 될 수 있다. 우리도 그렇지 않은가? "나는 당신에게 최선을 다해주는데 당신은 왜 나에게 그래?", "나도 당신에게 최선을 다해주는데 당신은 왜 나에게 그래?" 우리가 최선을 다한다고 할 때 특히 인간관계에 있어서는 상대방 입장에서, 상대방이 원하는 것에 대하여 최선을 다해야 한다. 나만을 위한 최선이 될 때 그 최선이 오히려 독이 될 수 있다.

20. 김유신의 말 이야기

김유신 장군이 젊었을 때 천관이라는 기생집에 자주 들렀다. 그러자 어머니가 김유신이 부인과 부모에게 기쁨을 주지 못한다는 탄식을 하자 김유신은 그 기생집에 가지 않겠다고 다짐했다. 그러던 어느 날 김유신이 술에 취하여 말에 올라 잠이 들었을 때 그 말은 늘 하던 대로 눈에 익은 길을 따라 천관녀 집으로 갔다. 김유신은 자기도 모르는 사이에 천관녀 집에 와 있는 것을 알고는 칼로 말의 목을 베고 그 집을 떠났다. 이 이야기에서도 볼 수 있듯이 말은 누가 시키지 않았는데 습관대로 행동하였다. 김유신의 경우 자기의 습관을 고치기 위해서 자기 말의 목을 베어서라도 습관을 고치고자 하는 의지를 볼 수 있다.

21. 닭과 땅벌 이야기

닭과 땅벌은 모두 날개가 있다. 그런데 중요한 점은 닭은 자신의 몸보다 날개가 더 큰데도 불구하고 날지 못한다. 반면 땅벌은 날개가 자신의 몸보다 작은데도 그 날개를 갖고 날아다닌다. 왜일까? 닭은 날 수 있음에도 불구하고 날려고 노력하지도 않고 날아 보지도 않는다. 반면에 땅벌은 아무 생각 없이 날아다니기 때문에 날 수 있지 않을까? 사람들은 어떤 행동을 해 보지도 않고 못한다고 한다. 모 기업 회장이 자주 쓰던 말이 있다. "해 보긴 해 봤어! 해 보고 말해!" 실천이 그만큼 중요하다는 이야기이다. 우문현답이다. 우리의 문제는 현장이 답이다. 현장을 확인하고 실천하는 습관을 가지는 것이 필요하다.

22. 호랑이가 토끼 잡던 날

3일 동안 굶은 호랑이가 있었다.

먹이를 찾아다니다가 어설프게 쭈그리고 있는 토끼를 보고 한방에 낚아챘다. 이때 토끼가 하는 말,

"이거 놔 새끼야!"

순간 어안이 벙벙한 호랑이는 얼떨결에 토끼를 놔주고 말았다. 상상도 못한 황당한 말에 호랑이는 대단한 충격을 받았다. 다음날 충격에서 깨어나지 못한 채로 방황

하던 호랑이가 드디어 또 토끼를 발견하고 역시 한 발로 낚아챘다. 그러자 토끼 왈

"나야, 새끼야!"

또 다시 충격에 휩싸인 호랑이는 그 토끼를 얼른 놔 주었다. 그리고 다짐을 했다. 다시는 그런 실수를 하지 않겠다고. 다음날 토끼를 또 잡았다. 이번에는 지난번 그 토끼가 아니었다. 분명히 다른 토끼였다. 그런데 호랑이는 그 토끼가 한 말에 충격을 받아 그만 죽어 버렸다. 토끼가 한 말은?

"소문 다 났어. 새끼야!"

발 없는 말이 천 리 간다는 속담이 있다. 평소에 행동을 어떻게 하느냐는 상당히 중요하다. 자신이 올바르게 처리하고 처신해야 할 때 제대로 처리하지 못하거나 처신을 제대로 하지 못할 경우 그 행동은 다른 행동에 영향을 미친다. 중요한 의사결정을 할 때 다른 사람들의 평판은 중요한 의사결정요인이 된다. 나에 대한 좋은 소문, 훌륭한 평판을 평소에 만드는 것이 중요하다.

23. 여우와 두루미의 반성

여러분은 이솝우화의 여우와 두루미 이야기를 들어 본 적이 있다.

질투심이 강한 여우와 두루미는 서로 자기가 잘났다며 사이가 좋지 않았다. 여우는 자기 생일날 두루미를 초대하였다. 초대한 이유가 여우를 골탕 먹이기 위해서였다. 여우는 두루미가 먹을 수 없는 아주 납작한 접시에 콩국을 담아 내놓았다. 여우는 혓바닥으로 콩국을 열심히 핥아 먹으면서 두루미를 보았다. 두루미는 부리를 접시에 찍기만 하고 먹을 수가 없었다. 두루미가 맛있는 콩국을 잘 먹지 못하자 여우는 대신 먹어주겠다며 두루미의 콩국까지 모두 먹어치우고 말았다.

화가 난 두루미는 며칠 뒤 자기 생일이라고 여우를 집으로 초대했다. 두루미는 목이 긴 병 안에 생선국을 담아서 여우에게 먹으라고 주었다. 두루미는 긴 부리를 병

속에 넣고 잘 먹었지만 여우의 뭉툭한 주둥이는 병 속에 들어가지 않았다. 결국 여우는 음식을 먹지 못했다.

이날 이후 여우는 깊이 뉘우치고 두루미와 화해하기로 했다. 이번에는 긴 호리병에 맛있는 콩국을 넣어 두루미의 집으로 찾아 갔다. "두루미야, 지난번 내가 미안했어. 맛있는 콩국을 접시에 담아서 제대로 먹지도 못하게 한 건 정말 미안해." 그런 여우를 두루미는 반기면서 "여우야, 나도 미안했어. 지금부터 다투지 말고 잘 지내자!"고 했다. 여우와 두루미는 서로 사과하고 화해했다.

그런 화해가 있은 후 여우가 제안했다.
"두루미야, 우리 각각 자기가 잘하는 것만 전문적으로 해서 서로 도와주는 게 어때? 이제부터 물고기 사냥은 두루미 네가 맡고, 포도 따기는 내가 맡을게." "그게 좋겠어. 포도 따기는 네가 나보다 더 잘하고, 물고기 사냥은 내가 너보다 더 잘하는 분야니까." 의견이 일치된 둘은 서둘러 자신이 맡은 일에 몰두했다.

전문적으로 맡아서 일한 성과물은 각자 따로 할 때보다 열 배나 많았다. 서로의 장점을 살려서 협력해 나간다면 혼자 하는 것보다 더 많은 성과를 낼 수 있지 않은가?

24. 나무로 만든 닭(목계)

리더의 덕목 중 하나는 평정심을 잃지 않는 것이다.

중국 주나라 선왕은 닭싸움을 매우 좋아했다.
한 번은 왕이 당대 최고의 투계 조련사를 불러서 자신의 싸움닭을 맡기며 최고의 싸움닭으로 훈련해 달라고 부탁했다.

열흘이 지나자 왕은 조련사에게 닭싸움을 할 수 있는지 물었다.

"지금은 한창 사납고 제 기운만 믿고 있어 기다려야 합니다."

열흘이 다시 지나고 왕이 묻자 조련사가 대답했다.

"다른 닭의 소리를 듣거나 그림자만 보아도 바로 달려드니 아직은 더 기다려야 합니다."

다시 열흘이 지나고 왕이 묻자 조련사가 대답했다.

"죄송하지만, 아직도 다른 닭을 보면 곧 눈을 흘기고 기운을 뽐내고 있으니 기다려야 합니다."

그렇게 40일이 지났을 때 왕이 그를 불러 물었다.

"이제는 닭싸움에 내보낼 수 있겠느냐?"

그러자 조련사가 왕에게 대답했다.

"이제는 다른 닭이 소리 지르고 위협해도 쉽게 동요하지 않고 평정심이 있어 마치 나무로 만든 닭, 목계와 같습니다.

그래서 그 덕이 온전하여 다른 닭이 가까이 오지 못하고 보기만 해도 달아나 버리고 맙니다."

목계는 나무로 만들어진 닭이라는 뜻으로 상대의 도발에도 동요하지 않고 평정을 유지하는 상태를 말한다.

지도자가 되면 유난히 조급해지는 경우가 있다.

리더는 목계처럼 의연해질 필요가 있다.

25. 밥 속의 벌레

아무 때라도 바로 그때가 할 일 하기에 가장 적절한 때다.
항상 때가 있다.

영국의 에드워드 7세는 식사 예절에 엄격한 왕이었다.

그래서 왕자들은 식사 시간을 무서워하곤 하였다.

어느 날 아침, 식사하던 한 왕자가 갑자기 말을 더듬거리며 에드워드 7세에게 무엇인가 이야기를 하려 했다.

그러자 왕은 버럭 화를 내며 소리쳤다.

"식사 중에는 아무 말도 하지 말아라!"

왕자는 놀라서 그만 입을 다물고 말았다.

식사 후, 에드워드 7세는 왕자를 불러서 물었습니다.

"그래, 아까 무슨 말을 하려고 했느냐?"

그러자 왕자가 왕에게 작은 목소리로 대답했다.

"이제는 너무 늦어버렸어요."

"늦어? 무슨 일이었는데 그러느냐?"

"그때 할아버지 음식에 벌레가 들어갔었어요."

26. 고슴도치의 사랑

인간관계는 난로처럼.
너무 가깝지도 너무 멀지도 않게.
너무 가까우면 살이 탈 수 있고, 너무 멀면 따뜻하지 않다.

고슴도치들은 추워지면 추위를 막기 위해 서로에게 가까이 간다.
가까이 갈수록 서로의 가시에 찔려 놀라며 다시 멀리 떨어진다.
또 추위를 느끼고 서로 가까이 다가가지만 다시 가시에 찔려 떨어진다.
고슴도치는 추위와 아픔 사이를 왕복하다가 마침내 서로 적절한 거리를 유지하게 된다.
서로에게 상처를 주지 않으면서도 따뜻함을 느낄 수 있는 절묘한 거리를 찾아내 유지하는 것이다.

불가근불가원(不可近不可遠)
"너무 멀지도 않게, 너무 가깝지도 않게" 하라는 뜻이다.

어느 한쪽이 너무 가까이 다가오면 느슨해지고,
어느 한쪽이 너무 멀리 달아나면 끊어지게 된다.
인간관계는 어느 정도 팽팽함을 유지하고 있을 때 최적의 상태가 된다.
좋은 인간관계를 위해서는 서로 간에 적절한 거리를 유지하는 것이 중요하다.

참고: 월간 좋은생각.
신영복(2010). 감옥으로부터의 사색. 돌베개.
편집부(2017). 월간 우리교육.
이규태(2000). 한국인의 의식구조. 신원문화사.
아델리아 카르벨유 저, 이순영 역(2016). 엄마 아빠 이야기해 주세요. 북극곰.
지학사 편(2017). 월간 초등 독서평설. 지학사.

제6부
교육공학 :
학생들을 어떻게
잘 가르치고 가리킬 것인가?

6-0 교육공학이란?

생각해 보기 : 교육공학이란 무엇인가?

생각해 보기 : 교육공학을 왜 공부해야 하는가?

6-1 교육공학을 왜 공부해야 하는가?

교육공학은 최근에 시작된 분야로서, 1920년대부터 등장한 시각 교육, 시청각 교육, 시청각 통신으로부터 발전되었고, 교육공학이라는 개념이 대두되기 시작한 것은 1960년대부터이다.

교육에서의 문제해결을 위해 과학적이고 조직적인 지식을 체계적으로 적용하는 교육공학은 지금까지 네 번의 개념적 전환이 있어 왔다.

자연과학 · 매체 개념, 커뮤니케이션과 체제 개념, 행동과학 개념, 그리고 인지과학 개념으로서의 교육공학이다.

① 자연과학 · 매체 개념의 교육공학

영사기 · 녹음기 · TV · 비디오디스크 · 컴퓨터 등의 기계적인 장치와 이공학의 기술을 교수-학습하는 과정에서 사용하는 자료와 프로그램을 제시하기 위해 활용하는 것을 의미한다.

② 커뮤니케이션과 체제 개념을 통합한 교육공학

시청각 커뮤니케이션으로 지칭되며, 시청각교재를 커뮤니케이션 전체 과정에 통합적으로 적용하는 교수체제를 추구하고 있으며, 산출물product로 지칭되는 시청각교재의 개념에서 전환하여 커뮤니케이션 이론에 있어서 '과정process'의 개념을 기본개념으로 수용하였다.

③ 행동과학 개념의 교육공학

교수-학습에 있어서 학습 효과를 증진시키기 위해서 교수법을 연구하는 한편, 기타 여러 교육문제를 해결하기 위해서 행동과학 분야의 지식과 방안을 조직적이고 과학적으로 적용하는 것을 의미한다.

④ 인지과학 개념의 교육공학

학습자는 자신의 학습을 스스로 구성하는 주체로서 지식을 습득하고 사용하는 과정에 능동적으로 참여한다.

따라서 교육공학적 교수설계는 학습자가 교수-학습과정에서 적절한 학습전략을 활성화하는 데 초점을 두어야 한다.

교육공학의 가장 최근의 정의는 '학습을 위한 과정과 자원의 설계, 개발, 활용, 관리 및 평가에 관한 이론과 실제'로 내려져 있다.

교육공학의 정의를 이루는 네 가지 요소의 특성을 살펴봄으로써, 교육공학의 정의가 이들 요소가 내포하고 있는 의미로부터 추론되었다는 것을 알 수가 있다.

① '학습을 위한' 교수공학의 목적은

학습에 영향을 주고 학습을 효과적으로 이루도록 하는 데 있다.

즉, 학습은 목적이고 교수는 학습의 수단이다. 학습이란 경험에 의한 개인의 지식이나 행동의 비교적 지속적인 변화이다.

② '과정과 자원의' 과정이란

어떤 특정한 결과를 향한 일련의 조작 혹은 활동이며, 여기에는 구체적으로 투입input – 활동actions – 산출output의 계열을 포함한다. 자원resource이란 학습을 지원하는 원천으로서 지원체제, 교수자료 및 교수환경을 비롯하여 개개인의 학습을 도와주고 능률적으로 수행하는 데 도움을 줄 수 있는 모든 것을 포함한다.

③ '설계, 개발, 활용, 관리 및 평가에 관한' 것은

교육공학의 기본적인 다섯 영역 혹은 기능이다.

이들 각 영역(설계, 개발, 활용, 관리, 평가)은 독자적인 분야로 발달할 수 있을 정도의 충분한 특성과 범위를 가지고 있다.

④ '이론과 실제이다'

교육공학의 다섯 영역은 각각 연구와 경험에 기초한 지식 기반을 가진다. 이론은 개념, 구인, 원리, 그리고 명제로 구성되었으며 지식 기반에 기여한다.

실제는 문제해결을 위한 지식의 적용이며 실제도 이론과 마찬가지로 경험으로부터 얻어진 정보를 통해 지식 기반에 기여한다.

아는 것과 가르치는 것은 다르다.

많은 것을 알고 있어도 전달능력이 떨어질 경우 알고 있는 내용을 제대로 전달하지 못한다.

반면 아는 것이 별로 없어도 전달능력이 뛰어난 사람은 훨씬 더 잘 가르칠 수 있다.

이것이 방법이다.

교육방법을 공부하는 이유는 바로 여기에 있다.

어떻게 가르치면 학생들이 더 쉽고,
재미있게 받아들일 수 있는가를 찾기 위해 교육방법을 공부한다.

교사는 가르치는 것도 중요하고 가리키는 것도 중요하다.

> 어떻게 보면 가르치는 것보다 가리키는 것이 더 중요하다.
> 가르치는 것은 지식을 전달하는 것이지만 가리키는 것은 올바른 삶의 방향을 안내하는 것이다.
> 가르침은 내용이지만 가리킴은 방향이 될 수 있다.

잘 가리키기 위해서 즉, 삶의 방향을 잘 제시하기 위해서 잘 가르쳐야 한다는 말이다.
잘 가르치는 방법이 있다.
방법을 다른 말로 표현하면 지혜이다. 지혜란 지식을 활용하는 능력이다.

개에게 우유를 줄 때 젖병에 우유를 넣어서 먹여 보면 잘 먹지 않는다. 그런데 방바닥에 우유를 엎질러 놓으면 우유를 잘 먹는다.

방법을 다르게 했을 경우 효과는 분명 달라진다.

정신병 환자가 정신병이 회복되었는지 알아보는 방법 중 하나의 예를 들어 본다. 방 안에 있는 수도에서 물이 나오고 있고 방바닥에 물이 많이 있을 때 하는 행동을 알아보면 된다. 수도꼭지를 먼저 잠그고 방바닥 물을 닦으면 정상적으로 돌아온 상태이고 수도꼭지를 그냥 두고 계속 방바닥만 닦으면 아직 비정상적인 상태이다. 이 또한 방법의 문제이다. 이와 같이 올바른 방법을 찾기 위해 교육방법에 대한 공부가 필요하다.

6-2 교육프로그램 개발의 이론적 모형

교육공학에서 핵심적인 이론은 교수체제 설계이론이다.

교육공학에서 실제 현장에서 필요로 하는 교육의 문제를 해결해 주는 방법을 제시하는 것이 교육프로그램 개발이다.

교육프로그램 개발 모형은 프로그램 개발이론이나 학자들에 따라서 다양하게 제시하고 있다.

교육프로그램 개발 모형에 대하여 표로 제시하면 아래 표 6-1 교수체제설계 모형 비교와 같다.

표 6-1 교수체제설계 모형 비교

기준	모 형			
프로그램 개발 (ADDIE)	Molenda의 경영성과지향 ISD모형 (8단계)	역량중심 프로그램개발 (Competency Based Curriculum Development : CBCD)	Developing A Curriculum : DACUM	Chang의 High-IMPACT 훈련모형 (6단계)
분석 (Analysis)	1. 요구분석 2. 학습자 및 환경분석 3. 직무 및 과제분석	1. 현황분석 2. 역량추출	1. 직무분석 2. 3P분석	1. 훈련요구 파악 (Identify)
설계 (Design)	4. 설계	3. 역량선정을 위한 타당화 4. 역량체계수립 5. 학습체계수립	3. 학습체계수립	2. 훈련접근방식 선정(Map)
개발 (Development)	5. 개발 · 제작	6. 역량체계도 7. 학습체계도 8. 자기개발체계 9. 교육과정개발	4. 학습체계도 5. 교육과정개발	3. 학습도구 제작 (Product)

기준	모 형			
프로그램 개발 (ADDIE)	Molenda의 경영성과지향 ISD모형 (8단계)	역량중심 프로그램개발 (Competency Based Curriculum Development : CBCD)	Developing A Curriculum : DACUM	Chang의 High-IMPACT 훈련모형 (6단계)
실행 (Implementa-tion)	6. 실행	10. 학습체계 운영	6. 학습체계운영	4. 훈련기법 적용 (Apply)
결과평가 (Evaluation)	7. 평가	11. 역량체계 학습체계 평가	7. 학습체계평가	5. 훈련결과 측정 (Calculate) 6. 훈련효과 지속 (Track)
기타	8. 변화관리	12. 인사자료 활용		

위 표에서 교수체제설계의 틀을 제시하고 있다.

이 구조가 교수체제설계의 근간을 이루고 있다.

프로그램 개발의 구조ADDIE를 위한 주요 의사결정을 가능하게 한다.

프로그램을 개발할 때 기본적인 절차가 ADDIE이다.

분석과정(A)

설계(D)

개발(D)

실행(I)

평가(E)가 이루어진다.

6-3 교수체제설계의 이론적 모형

ISD 일반모형인 ADDIE 모형은 전형적인 수업설계 모형이다.

수업설계 모형이면서 일을 해나가는 절차로 사용할 수 있다.

이 모형은 분석Analysis · 설계Design · 개발Dvelopment · 실행Implementation · 평가Evaluation 다섯 단계를 포함하고 있다.

다섯 단계의 세부내용은 표 6-2 ISD과정과 산출물과 같다.

표 6-2 ISD과정과 산출물

ISD의 과정	역할(기능)	세부단계(활동)	산출물
분석 (Analysis)	학습내용(What)을 정의하는 과정	• 요구사정, 수행문제분석 • 학습자분석 • 환경분석 • 직무 및 과제분석	• 수행문제분석 • 교육목적 • 제한점 • 학습과제
설계 (Design)	교수방법(How)을 정의하는 과정	• 목표설계 • 교수설계 • 평가설계 • 방법설계	• 수행목표 • 교재, 교안 • 평가문항 • 매체, 사례 등
개발 (Dvelopment)	교수자료를 만들어 내는 과정	• 교수자료개발 • 평가문항개발 • 각종 교육자료개발 • 시범실시(pilot test)	• 교재, 교안 • 평가문항 • 매체, 사례 등 • 시범자료(pilot test)
실행 (Implementation)	프로그램을 실제의 상황에 설치하는 과정	• 프로그램의 사용, 설치 • 유지 및 관리	• 프로그램 실행
평가 (Evaluation)	프로그램의 적절성을 결정하는 과정	• 프로그램효과 평가 • 총괄평가	• 프로그램의 가치 및 평가보고서 • 총괄평가

1. 분석Analysis 단계

프로그램을 개발할 때 가장 중요한 단계이다.

학습내용을 결정하는 단계이다.

이 단계에서 해야 할 활동은 요구사정과 요구 분석, 학습자 분석, 환경 분석, 직무 및 과제 분석이다.

요구사정이란 요구의 우선순위를 결정하기 위해 필요한 것이다.

요구사정을 통해 나온 내용을 근거로 수행문제 분석을 할 수 있다.

학습자 분석이란 학습자의 인구통계학적 분석과 배경분석을 말한다.

환경 분석이란 프로그램에 참여할 장소와 설비를 포함한다.

직무 및 과제 분석이란 직무에 대한 상세한 분석을 말한다.

2. 설계Design 단계

설계 단계는 분석 단계에서 나온 결과물을 갖고 체계적 · 체계적 · 창의적으로 설계하는 단계이다.

설계과정에서 달성해야 할 수행목표의 명세화, 교수설계instructional design: ID, 평가설계, 방법설계 등이 포함된다.

설계과정에서 프로그램 전체의 청사진 또는 설계 명세서가 나온다.

3. 개발Development 단계

설계 단계에서 나온 프로그램 전체 청사진에 따라 개발하는 단계이다.

개발한 결과물은 교재와 교안, 평가문항이 있다.

교안에 들어갈 구체적인 매체, 사례, 동영상 등이 또한 개발할 내용이다. 이 개발한 내용은 시범실시pilot test를 통하여 완성한다.

4. 실행Implementation 단계

개발된 프로그램 내용을 실제 현장에서 실시하는 단계이다.

5. 평가Evaluation 단계

프로그램 설계과정 전체에 대하여 효과성과 효율성을 평가하는 것과 형성평가와 총괄평가를 하는 것이 있다.

6-4 발표 잘하는 방법

1. 떨리지 않는 방법

여러분은 언제 많이 떨리는가?

말을 잘하기 위해서 어떻게 해야 할까?

우선 대중 앞에서 말할 때 떨리지 않게 하는 방법이 있다.

사람은 언제 가장 두렵고 떨리는가?

한밤중에 호랑이가 앞에 나타났을 때, 한밤중에 누군가가 내 뒤를 미행할 때, 암 선고를 받았을 때 등 … 여러분은 언제 가장 두렵고 떨리는가?

어떤 사람은 아내가 샤워할 때, 남편이 샤워할 때, 화장실에서 소변을 볼 때 등으로 대답하는 사람도 있다.

'사람이 언제 가장 두렵고 떨리는가?'에 대하여 캐나다 토론토 대학에서 조사해 본 결과 대중 앞에 섰을 때 가장 두렵고 떨린다는 대답이 100명 중 60명 정도 나왔다.

그만큼 대중 앞에 서면 두렵고 떨린다는 것이다.

여러분들은 대중 앞에 서면 떨리지 않을 것 같은가?

만약 내가 사장님 20여 명 앞에서 중요한 보고회를 한다면 여러분들의 심장은 어떨 것인가?

아마 많이 떨릴 것이다.

그렇다면 이 떨리는 부분을 떨지 않고 말하는 방법은 없을까? 있다.

대중 앞에서 떨리지 않는 방법이 있다.

첫째, 많이 떨어본다.

많이 떨어 보면 떨리는 것들을 이미 다 떨어 버렸기 때문에 덜 떨린다.

청중 앞에 많이 서 보아야 한다.

청중 앞에 많이 서 보면 자신이 언제 어떻게 떨리는지 알고 대처해 나가는 능력을 키울 수 있다.

실례로 저자는 자식들의 발표력을 향상시키기 위해 주일날 개그 콘서트를 보고 난 후 그대로 따라 하는 연습을 시켜 본 적이 있다.

그런데 처음 발표할 때 딸이 "아빠 내 가슴에 손 대봐" 그래서 가슴에 손을 대 보니 가슴이 '쿵쾅 쿵쾅 쿵쾅 쿵쾅' 엄청나게 뛰는 것을 느꼈다.

청중도 아닌 엄마 아빠 앞에서 발표하는데도 이렇게 심장이 많이 뛰었다.

이 심장 박동 수는 아마 호랑이가 아이들 앞에 나타나는 순간의 박동 수와 비슷할 것이다.

그만큼 대중 앞에 서면 떨린다는 것이다.

그런데 그 떨림을 없애기 위해 다음 주일에도 그 다음 주일에도 계속 연습을 시키니 이제는 가슴이 그렇게 뛰지 않게 되었다.

기회가 있을 때마다 청중 앞에 서는 연습을 해야 한다.

둘째, 처음 시작을 준비해서 한다.

청중 앞에 섰을 때 언제 떨리는가?

대부분 처음 시작할 때 많이 떨린다.

그렇기 때문에 처음 시작하는 말은 외워서 한다.

외워서 시작하되 처음 시작하는 말은 청중의 주의를 집중시킬 수 있는 말로 세팅하는 것이 중요하다.

그렇게 시작하면 덜 떨린다.

예를 들면 처음 시작하는 말을 '사람이 아침에 깨어나기 위해서는 3가지 운동이 필요하다.

①우리 몸은 운동을 해야 깨어나고

②우리 정신은 미소를 지어야 깨어나며

③우리 영혼은 사랑합니다.

한마디를 해야 깨어난다는 것이다.' 등 청중의 주의를 집중시킬 수 있는 내용으로 미리 준비하여 그 준비된 말로 시작하면 덜 떨린다.

셋째, 처음 시작할 때에는 나에게 가장 호의적인 반응을 보여주는 사람과 눈 맞춤을 한다.

대화법에서는 눈 마주침이 중요한데 처음부터 청중을 골고루 보면 떨리게 된다.

나에게 시선을 집중하는 사람과 집중하지 않는 사람이 있다.

그런데 집중하지 않는 사람을 보면 더 떨릴 수 있다.

처음 시작할 때에는 나에게 가장 호의적인 반응, 집중을 잘하는 사람과 눈 마주침을 한 후 마음이 안정되면 골고루 시선을 준다.

넷째, 철저한 준비를 한다.

준비 없이 청중 앞에 서면 떨리게 마련이다.

철저한 준비를 했을 때 덜 떨릴 뿐만 아니라 자신감도 생긴다.

다섯째, 이미지 훈련을 한다.

철저한 준비를 하는데 실제 그 장소에 가서 할 수는 없다.
이미지 훈련은 실제 훈련하는 효과와 거의 비슷한 효과를 낸다고 한다.
그래서 운동선수들은 실제 훈련 못지않게 이미지 훈련을 많이 한다.
말을 잘하기 위해 머릿속으로 말할 내용을 미리 처음부터 끝까지 연습하며 이미지 훈련을 하면 효과가 있다.

여섯째, 자신감을 갖는다.

철저하게 준비하고 이미지 훈련을 많이 하면 자신감이 생긴다.
그리고 스스로 잘할 수 있다는 생각을 반복한다.

일곱째, 복식호흡을 한다.

긴장을 하게 되면 심호흡을 많이 한다. 복식호흡을 많이 하면 덜 떨리게 된다.

여덟째, 비합리적인 사고방식을 버린다.

비합리적인 사고방식이란 발표를 하거나 청중 앞에 섰을 때 한 번도 실수를 하지 않아야 한다는 생각이다.
사람은 실수할 때도 있다.
단지 실수를 한 후에 어떻게 그 상황을 잘 대처할 것인가를 생각해 두면 오히려 더 잘 말할 수 있다.
청중 앞에 섰을 때 완벽하게 해야 한다는 강박관념은 비합리적인 생각이다.
이것을 버릴 때 더 자연스럽게 말할 수 있다.

예를 들면, 연말 대상 시상식 때 아나운서들이 사회 보는 것과 연예인들이 사회 보는 것에 차이가 있다.

큰 무대에서 아나운서들은 자연스럽지 못한 모습이 종종 눈에 띈다.

그 이유는 아나운서들은 큰 무대에서 실수하면 안 된다는 강박관념이 너무 많이 있기 때문에 표정이나 말투 등이 굳어 자연스럽지 못한 경우가 많기 때문이다.

그러나 연예인들이 사회 볼 경우 연예인은 실수해도 애교로 봐 줄 수 있다는 생각에 오히려 더 자연스럽게 진행하는 것을 볼 수 있다.

연예인들은 실수 후에도 "아, 제가 너무 큰 무대에 서서 많이 떨리는군요."라고 말하면서 넘어간다.

이렇듯 비합리적인 사고방식을 벗어날 때 오히려 더 자연스럽게 말할 수 있다.

2. 시선

시선의 사각지대는 어디인가?

양쪽 구석이 아니라 강사 바로 앞이라고 본다.

등잔 밑이 어둡다는 말이 있다.

학교 다닐 때 커닝하기 제일 좋은 장소는 어디인가?

강사 바로 앞에 있는 학생은 교사가 커닝 감시 대상에서 주로 제외한다.

- 강사의 시선은 항상 학습자에게 계속가야 한다.
- 강사의 눈이 창밖을 보는 것도 좋지 않다.
- 한 곳만 바라보는 것도 피해야 한다.
- 시선의 사각지대인 곳은 의식적으로 살펴봐야 한다.
- 시선은 항상 학습자들과 함께하며 시선도 전 학습자들에게 골고루 배분한다.
- 눈의 방향이 학습자를 향하지 않으면 의사전달은 실패하고 만다.

결국 학습자를 골고루 보면서 Eye to Eye Communication을 이루어 나갈 수 있어야 한다.

- 시선을 맞추라고 하니까 눈을 똑바로 쳐다보는 경우가 있는데 그것은 아니다. 똑바로 쳐다보는 것은 노려보는 것으로 오해할 소지가 있다.
  그리고 여성 학습자일 경우 계속 쳐다보는 것은 성희롱이 될 수 있다.
- 서로 눈을 마주치는 것은 사실 좀 힘든 경우가 많이 있다.
  따라서 눈을 쳐다볼 때에는 눈을 직접적으로 보는 것이 아니라 양 미간 사이를 보면 된다. 그러면 눈을 쳐다보지 않더라도 상대방의 눈을 쳐다보는 것과 같은 효과를 낼 수 있다.
- 눈 맞춤의 경우 처음에는 자신에게 호감을 보이는 학습자 또는 긍정적인 신호를 보내는 사람과 마주하면서 차츰 전체 학습자에게 눈 맞춤을 해 나가면 덜 부담스럽게 진행할 수 있다.

3. 자세

강단에 서는 순간부터 강사는 기본적으로 자기의 몸가짐에 대하여 관심을 가져야 한다.

자연스럽고 바른 자세를 유지해야 한다.

아래에 나오는 내용들은 바람직하지 않은 자세들이다.

- 손 비틀기, 몸 비틀기
- 머리 만지기
- 피해야 할 자세로 교탁을 잡고 몸을 앞으로 수그리는 모습,
- 호주머니에 손을 넣는 행위,
- 한 자리에 서서 한 시간 내내 움직이지 않는 행동,

- 다리를 쫙 벌리고 있는 경우,
- 교탁을 두 손으로 잡고 있는 경우,
- 허리에 손을 얹고 있는 경우, 이 경우는 보통 교관 출신이다.
- 변화 있는 몸가짐으로 적절하게 움직이되 성실한 태도를 계속 유지하여야 한다.
- 팔 처리의 경우 아주 부자연스러워서 어쩔 줄 몰라 하거나 팔짱을 끼거나 주머니에 손을 넣거나 만지작거리는 것은 좋지 않다. 팔이 없으면 좋겠는데, 그럴 순 없으므로 마카펜을 잡고 있든지 하면 안정될 수 있다. 이때 펜은 쓰고 난 후 반드시 닫아 두는 것이 좋다.
- 교탁이나 기댈 만한 곳에 기댄다.
- 뒷짐 진다.
- 몸을 앞뒤로 흔든다.

4. 몸짓

몸짓은 강의에 있어서 필요 불가결한 요소로서 강의에 활력소가 되며, 단순한 손놀림이나 몸짓이 아닌, 말을 보충하거나 강조하는 것으로 단조로움을 없앤다는 의식적인 동작으로 사용해야 한다.

구리선은 보통 화제가 바뀔 때 움직이는 것이 좋다.

움직이라고 해서 정신없이 왔다 갔다 하면 오히려 혼란스럽다.

이러한 몸짓은 좀 크게 하는 것이 좋다.

보름달의 경우 허리춤의 보름달이 아니라 머리 위의 보름달로 그리는 것이 좋다. '동산 위에 보름달이 떴습니다.'라고 말하면서 허리 밑에서 보름달을 그리는 것보다는 머리 위에서 보름달을 그리는 것이 훨씬 더 좋다는 뜻이다.

손을 비비 꼬는 등의 자세들은 좋지 않다.

또한 손짓의 경우 한 사람 한 사람씩 가리키다가 괜찮은 학습자에게 고정되는 경우도 좋지 않다.

5. 버릇

강의 도중 강사의 쓸데없는 버릇은 학습자에게 흐린 인상을 주거나 학습자의 주의를 산만하게 한다.

따라서 "에" 하는 소리를 너무 자주 하거나, 계속 코를 만지는 버릇 등은 하루 빨리 버려야 한다.

잘못된 버릇이나, 간투어를 잘못 사용할 경우 예를 들면 다음과 같은 사례가 있다.

내가 근무하는 연수원에는 CCTV가 다 설치되어 있다.

그런데 어느 날 하루는 신입사원 교육을 모니터 하는데 한 친구가 아주 열심히 뭘 체크하는 것을 보았다.

그래서 CCTV를 줌 인 해서 보니까 '바를 정' 자 즉, '正' 자를 한 30개 정도 노트에 적어 놓았다. 그래서 교육이 끝난 후 그 친구를 불러서 왜 '바를 정' 자를 이렇게 표시했느냐고 물어 보았다.

그 친구가 말하기를 강사가 "엉" 할 때마다 체크한 것이라고 했다.

이 학습자는 특강 두 시간 동안 무엇을 들었는가? 두 시간 내내 "엉"만 들었다.

간투어는 학습효과를 떨어트린다.

피식 웃는 버릇도 좋지 않다.

즉, 말을 하다가 할 말이 없거나 쑥스러울 경우 피식 웃는 경우가 많이 있는데 이렇게 피식 웃는 것은 좋지 않은 버릇이다.

순간적인 부끄러움을 해소하기 위해 피식 웃는 경우가 많이 있는데 이러한 것도 고쳐야 할 습관이다.

6. 마이크 사용법

말을 잘하는 사람도 마이크를 사용할 때 다룰 줄 몰라서 애를 먹는 경우가 있다. 특히 마이크를 사용할 때 아주 좋지 않은 부분이 있다.

노래방 스타일로 사용하는 학습자가 있다.

즉, 마이크 줄을 손에 둘둘 감아 마이크를 노래 부르는 스타일로 잡고 입에 가까이 하는 경우는 피해야 한다.

- 우리나라 전 국민이 마이크 사용할 때 공통으로 하는 행동으로 '아아', '후후' 또는 '툭툭' 치는 행위가 있다. 이런 행동들은 좋지 않다. 심지어 어떤 경우에는 이 세 가지 행동을 동시에 다하는 사람도 있다. 이런 행동은 좋지 않다.
- 마이크의 성능이 좋으면 좋을수록 강사의 목소리는 증폭된다.
- 마이크를 사용할 때는 절대로 고함을 지르거나 외쳐서는 안 된다.
- 입을 마이크에 가까이 대지 않는다.

마이크가 없다는 생각으로 자연스럽게 말한다.

- 마이크를 의식해 자세 및 시선이 한쪽으로 고정되지 않도록 한다.
- 마이크 앞에서 몸의 움직임을 크게 한다든가 얼굴을 돌려 흑판을 본다든가 하면 그때마다 갑자기 마이크에 들어가는 소리가 작아진다. 또 마이크에 얼굴을 가까이 대면 자신은 잘 모르지만 갑자기 목소리가 커진다든가 하여 학습자들은 매우 알아듣기 곤란하게 된다.
- 마이크가 강사에게 있어서 아주 편리한 무기이지만 동시에 강사의 결점도 충실하게 학습자에게 알려주는 도구이기도 하다. 애매한 발음이라든가 묘한 표현이 그대로 확대되어서 전달되므로 조심하지 않으면 안 된다.

7. 시간관리

강사에게 가장 어려운 것 중의 하나가 정해진 시간에 강의를 끝내는 것이다.

할 이야기를 너무 빨리 끝마쳐 시간이 남는 경우도 있지만 시간을 초과하는 강사가 더욱 많다.

이러한 시간 관리는 교안에 철저하게 구분되어 있어야 하며 예상치 못한 시간지연이나 부족을 감안해서 대책까지 마련해 두어야 한다.

8. 주의력 집중 요령

강의 기법의 핵심은 학습자들의 주의력을 집중시키는 데 있다.

효과적인 학습자들의 주의력 집중요령은 다음과 같다.

- 학습자가 직접 몸을 움직여야 하는 실습, Role-Playing 등을 강의와 자연스럽게 연결시킨다.
- 활기찬 목소리로 신나게 강의하며 어조의 강약, 완급을 변화 있게 구사한다.
- 학습자에게 적절한 질문을 던져 긴장이완을 방지한다.
- 강조할 때 몸짓을 활용하거나, 판서를 함으로써 주의 집중을 유도한다.
- 유머, 수수께끼 등을 활용한다.
- 심각한 이야기, 진기한 사례를 소개한다.
- 강단 위에서 적당히 자리를 옮기거나 또는 교단에서 내려와 학습자와의 접촉을 시도하는 등 교단 연출을 시도한다. 강의장 한 가운데 들어가는 데 보통 3년 걸린다고 한다.
- 시청각 교육 보조 자료를 활용한다.
- 내용에 따라 학습자의 복창을 요구한다.

- 토론을 시킨다.
- 책을 읽힌다.

9. 말씨

말씨를 어떻게 하느냐에 따라 강사의 평가가 달라질 수도 있다.
말씨에 대해서 주의사항을 살펴보면 다음과 같다.

- 목소리의 경우 감정이 전달되게 한다. 즉, 화가 날 경우에는 화난 목소리로, 슬플 때는 슬픈 목소리로 말하는 것이 필요하다.
- 억양의 경우 대화하듯이 하면 된다. 즉, 열통 터질 때는 열통 터지게 하면 된다. 그러나 일부러 강단에 서면 목소리가 다르게 하는 것은 좋지 않다.
  즉, 정치인들이나 선거 운동원들이 선거 운동하는 것처럼 하는 것은 좋지 않다.
- 말의 속도는 너무 빠르거나 너무 느린 경우 좋지 않다.
  말이 너무 빠른 경우 머리 나쁜 사람은 웃지도 못한다. 따라서 고저강약의 리듬, 스피드를 적절히 조절한다. 말의 속도는 보통 1분에 100 내지 200단어가 적당하다.
- 가급적이면 표준말을 쓴다. 표준말이 되지 않을 경우에 사투리를 쓰더라도 큰 문제는 되지 않는다. 대신에 강의 시작 전에 본인이 사투리를 쓸 수밖에 없다는 것을 알려주고 먼저 양해를 구하는 것이 좋다.
- 서둘지 않는다. 처음 강의하는 강사들의 경우 서두르는 경우가 많이 있다. 말이 빨라지고 또한 자신 있는 부분에서는 말이 더 빨라지게 되어 있다. 따라서 이러한 것을 잘 조절하는 것이 필요하다.
- 강의 중간중간에 인격손상을 할 수 있는 표현은 피하도록 한다.
  예를 들면 그런 대답은 IQ 두 자리도 한다는 등의 표현은 피한다.
  그리고 종교적 편견, 직업적 편견의 경우 지금 이 자리에는 그러한 종교나 직업을 가진 사람이 없더라도 가족 중에 그런 종교나 직업을 가진 경우가 있기 때문에 피해야 한다.

- 바른 발음과 표현을 위해 노력해야 한다. 예를 들면 모 대통령의 경우 경제를 갱제로, 학교를 핵교로, 밀가루를 밀가리로 표현하는 것은 고칠 필요가 있다. 그러나 사투리는 하루아침에 고쳐지지 않기 때문에 쉽게 되지 않는다.
- 지나친 겸손은 금물이다.
- 접속사 이용을 잘한다. 명강사와 그렇지 못한 강사의 차이는 그리고, 그래서, 그러므로, 따라서, 결국, 하지만 등과 같은 표현을 아주 잘 구사하느냐, 그렇지 못하느냐에 달려 있다고 해도 과언이 아니다. 앞뒤와 내용을 잘 연결하기 위해서는 접속사를 잘 구사하는 것이 대단히 중요하기 때문이다.
- 떨릴 경우에는 말을 천천히 하면 해소된다.
- 문어체보다는 구어체를 사용한다.

10. 목소리

좋은 목소리는 어떤 목소리인가?

24시간 동안 자신의 목소리를 잘 낼 수 있다면 좋은 목소리이다. 매력 있는 목소리는 어떤 목소리인가?

매력적인 목소리는 상황에 따라서 그 상황에 맞는 목소리를 낼 수 있는 소리이다.

성우들이 여기에 해당된다.

나의 목소리는 어떤가? 점검해 볼 필요가 있다.

① 내 목소리의 음색은 어떠한가?

② 내 목소리는 주로 어디서 나오는가?

③ 내 주변 사람들은 내 목소리만 듣고도 날 금방 알아채는가?

④ 나의 감정을 목소리로 잘 드러내는가?

⑤ 문장 끝까지 발음이 또렷한가? 뭉개지는가?
⑥ 나의 목소리는 듣기 좋은가?
⑦ 목소리의 고저장단이 있는가?
⑧ 목이 자주 불편한가?
⑨ 목소리를 위해 관리하고 있는가?
⑩ 내 목소리를 나 자신은 좋아하는가?

우리나라 말의 경우 어디에 강조를 두고 읽느냐에 따라 의미가 달라진다. 아래 문장 중 굵은 글씨를 강조하여 읽어 보면 알 수 있다.

나는 철수를 절대로 때리지 않았다.
나는 **철수를** 절대로 때리지 않았다.
나는 철수를 **절대로** 때리지 않았다.
나는 철수를 절대로 **때리지** 않았다.

첫 번째 문장은 내가 그렇게 하지 않았다는 의미이고, 두 번째 문장은 철수를 그렇게 하지 않았다는 의미이며, 세 번째 문장은 절대로 그렇게 하지 않았다는 의미이고, 네 번째 분장은 때리지 않았다는 의미가 강하다.

오늘 사고는 **종합운동장 쪽으로 달리던 택시가** 중앙선을 넘어 마주 오던 승용차를 피하지 못해서 일어난 것이다.

오늘 사고는 종합운동장 쪽으로 달리던 택시가 **중앙선을 넘어 마주 오던 승용차**를 피하지 못해서 일어난 것이다.

위의 문장에서 보면 첫 번째 문장은 택시가 잘못한 것이고 두 번째 문장은 승용차가 잘못했다는 의미가 된다.

우리나라 말은 어디를 강조하느냐에 따라 의미가 달라질 수 있다. 따라서 끊어 읽기 및 강조하기를 잘하는 것이 중요하다.

• 좋은 목소리를 내는 방법

첫째, 자세를 바르게 한다.

좋은 목소리는 좋은 자세에서 나온다.

자세가 바르지 않으면 목소리가 제대로 나오지 않는다.

좋은 목소리를 내기 위한 첫 번째 훈련은 스트레칭을 하는 것이다.

몸 풀기 스트레칭을 한 후 발성연습을 한다.

몸 풀기 스트레칭을 한 후 자세 풀기로 바로 앉는 훈련을 한다.

다음 입술 풀기를 한다.

입술 풀기 방법은 '푸우~~~'를 반복 훈련하는 것이다.

다음으로 혀 풀기 연습을 한다. 혀 풀기 연습은 '아르르르~~~~'를 반복하면 된다.

둘째, 흉식 호흡을 하지 말고 복식 호흡을 한다.

복식 호흡을 하는 방법은 다음과 같다.

① 숨을 마시고 내뱉기를 처음 연습할 때는 코로 들이마시고 입으로 내뱉는다.

② 코와 입으로 동시에 호흡을 들이마시고 입으로 내뱉는다.

③ 코로 들이마신 호흡을 배에 적당히 힘을 줘서 풍선처럼 부풀린 상태로 유지한다. 10초 정도 속으로 참고 있다가 '스'라는 발음과 함께 윗니와 혀로 '스'라는 소리를 낸다. 그 다음 '예' 다음 '예'~ '예'~ '예'~ '예'~ '예'~를 빠르게 끊어 주면서 배의 움직임을 느끼면서 연습한다. 다음으로 '아 에 이 오 우' 연습을 같은 형태로 한다.

④ 이런 연습을 한 후 숨을 쉬지 않고 국민교육헌장 등을 어디까지 읽을 수 있는지 연습한다.

우리는 민족중흥의 역사적 사명을 띠고 이 땅에 태어났다. 조상의 빛난 얼을 오늘에 되살려 안으로는 자주독립의 자세를 확립하고, 밖으로는 인류공영에 이바지할 때다. 이에 우리의 나아갈 바를 밝혀 교육의 지표로 삼는다. 성실한 마음과 튼튼한 몸으로 학문과 기술을 배우고 익히며, 타고난 저마다의 소질을 계발하고 우리의 처지를 약진의 발판으로 삼아 창조의 힘과 개척의 정신을 기른다. 공익과 질서를 앞세우며 능률과 실질을 숭상하고, 경애와 신의에 뿌리박은 상부상조의 전통을 이어받아 명랑하고 따뜻한 협동 정신을 북돋운다. 우리의 창의와 협력을 바탕으로 나라가 발전하며 나라의 융성이 나의 발전의 근본임을 깨달아, 자유와 권리에 따르는 책임과 의무를 다하며, 스스로 국가 건설에 참여하고 봉사하는 국민정신을 드높인다. 반공 민주 정신에 투철한 애국 애족이 우리의 삶의 길이며, 자유세계의 이상을 실현하는 기반이다. 길이 후손에 물려줄 영광된 통일 조국의 앞날을 내다보며, 신념과 긍지를 지닌 근면한 국민으로서 민족의 슬기를 모아 줄기찬 노력으로 새 역사를 창조하자.

셋째, 정확한 발음 훈련을 한다.

입에 볼펜 같은 것을 물고 '가 갸 거 겨 고 교 구 규 그 기' 등을 읽는 연습을 한다. 그리고 신문을 매일 10분 이상 큰 소리로 읽어 본다.

- 어려운 말 발음훈련
  - 들의 콩깍지는 깐 콩깍지인가, 안 깐 콩깍지인가. 깐 콩깍지이면 어떻고 안 깐 콩깍지면 어떠냐. 깐 콩깍지나 안 깐 콩깍지나 콩깍지는 콩깍지인데.
  - 상표 붙인 저 깡통은 깐 깡통인가 안 깐 깡통인가?
  - 간장공장 공장장은 강 공장장이고, 된장공장 공장장은 공 공장장이다.
  - 저기 있는 저 분이 박 법학박사이고, 여기 있는 이 분이 백 법학박사이시다.
  - 멍멍이네 꿀꿀이는 멍멍해도 꿀꿀하고, 꿀꿀이네 멍멍이는 꿀꿀해도 멍멍하네.

– 강낭콩 옆 빈 콩깍지는 완두콩 깐 빈 콩깍지이고, 완두콩 옆 빈 콩깍지는 강낭콩 깐 빈 콩깍지다.
– 한양 양장점 옆 한영 양장점, 한양 양장점 옆 한양 양장점
– 저기 있는 말뚝이 말 맬 말뚝이냐 말 못 맬 말뚝이냐.
– 작년에 온 솥 장수는 헌 솥 장수이고, 금년에 온 솥 장수는 새 솥 장수이다.
– 내가 그린 구름 그림은 새털구름 그린 그림이고, 네가 그린 그림은 뭉게구름 그린 그림이다.
– 중앙청 창살은 쌍 창살이고, 시청 창살은 외 창살이다.
– 사람이 사람이라고 다 사람인 줄 아는가, 사람이 사람구실을 해야 사람이지.
– 옆집 팥죽은 붉은 팥 팥죽이고, 뒷집 콩죽은 검은 콩 콩죽이다.

넷째, 음성을 생동감 있고 다양하게 한다.

음성의 고저장단을 확인해 본다.

중요한 부분을 이야기할 때는 2초 쉬었다가 말한다.

음에도 색깔이 있다.

즐거울 때는 밝은 목소리, 우울할 때에는 어두운 목소리, 슬플 때는 슬픈 목소리 등 상황에 맞는 목소리가 나와야 한다.

이렇게 하려면 연극이나 영화 등의 대사를 실제 그 상황에 맞게 읊어보는 연습을 많이 해야 한다.

또한 말을 할 때 서두르지 않는다.

떨릴 경우에는 말을 천천히 해 본다.

11. 강의의 30가지 법칙

강의의 30가지 법칙을 소개하면 다음과 같다.

- 제 1 법칙 : 학습자들과 시선(Eye Contact)을 잘 맞춘다.
- 제 2 법칙 : 교단을 넓게 활용한다.
- 제 3 법칙 : 적절한 신체언어와 몸짓을 사용한다.
- 제4 법칙 : 평소의 나쁜 버릇을 고친다.
- 제 5 법칙 : 마이크를 적절하게 잘 사용한다.
- 제 6 법칙 : 학습자에 대한 인식이나 태도에 적절하게 대처한다.
- 제 7 법칙 : 교육매체를 적절하게 활용한다.
- 제 8 법칙 : 서론, 본론, 결론과 클라이맥스를 적절히 배분한다.
- 제 9 법칙 : 강의의 초반 5분과 마지막 5분을 잘 관리한다.
- 제 10 법칙 : 강의의 전개(본론)단계에서는 강의법 외 다른 방법을 적절히 사용한다.
- 제 11 법칙 : 반드시 강의 결론에는 요약과 강한 메시지를 전달한다.
- 제 12 법칙 : 음성의 고저강약을 조화 있게 한다.
- 제 13 법칙 : 예화와 유머, 적절한 사례를 많이 사용한다.
- 제 14 법칙 : 강의장 환경을 학습 분위기에 맞게 조절한다.
- 제 15 법칙 : 공격적인 학습자를 잘 처리한다.
- 제 16 법칙 : 강사의 외형적인 모습에도 신경을 쓴다.
- 제 17 법칙 : 강의주제를 벗어나지 않는다.
- 제 18 법칙 : 시간을 엄수한다.
- 제 19 법칙 : 교육이 한 시간 이상이면 반드시 휴식시간을 준다.
- 제 20 법칙 : 보조 자료는 반드시 준비해 둔다.
- 제 21 법칙 : 객관성 있는 이야기를 한다.
- 제 22 법칙 : 학습자들에게 군림하려 하지 않는다.

- 제 23 법칙 : 표현 그 자체도 중요하지만 인간적인 믿음, 유대관계가 중요하다.
- 제 24 법칙 : 대화체를 많이 사용한다.
- 제 25 법칙 : 학습대상자의 눈높이에 맞는 용어를 선택한다.
- 제 26 법칙 : 시청각 자료를 많이 활용한다.
- 제 27 법칙 : 학습자들끼리 논쟁을 벌이도록 놓아두지 않는다.
- 제 28 법칙 : 무엇보다도 강사의 열의가 중요하다.
- 제 29 법칙 : 학습자들에게 발표할 수 있는 기회를 주고, 거기에 귀를 기울인다.
- 제 30 법칙 : 성인교육은 '흥미'가 있어야 한다.

6-5 성공하기 위해서는 방법을 바꾸라.

같은 방법을 반복하고도 실패하면 방법을 바꿔서 시도하라.
당신이 변하지 않는 한 이미 갖고 있는 것 말고는 아무것도 할 수 없다.
목표 달성을 위한 가장 중요한 것 중의 하나가 방법이다.
열심히 했는데도 불구하고 목표달성이 안 되면 방법을 바꾸어야 한다.

방법을 바꾸지 않고 지속적으로 열심히 한다고 해서 되는 것은 아니다. 예를 들면 사무실에서 전화 마케팅을 지속적으로 열심히 했는데도 불구하고 영업이 안 되면 그 방법 대신 직접 방문영업을 하는 쪽으로 방법을 바꾸어야 한다.

방문영업을 열심히 했는데도 실적이 안 오르면 영업 방법을 바꾸어야 한다.

'내가 석사이고 내가 박사인데 어떻게 영업을 하겠는가?'라고 생각하면 목표를 달성할 수 없다.

내가 신사인데 어떻게 영업을 하겠는가?

나는 영업하지 않는다.

그 방식을 고집한다면 그 방식을 바꾸어야 부자가 된다.

지속적으로 노력을 했음에도 불구하고 부자가 되지 못하는 사람들은 방식을 바꾸라.

사무실에서만 일을 했던 사람은 길거리로 나가서 전단지를 돌린다든지 획기적인 또는 다른 방식을 선택해서 시도해 보는 것이 중요하다.

즉, 내 자신이 변해야 한다는 것이다.

기존 방식을 고수하는 것이 아니라 나의 자존심이나 나의 위치, 나의 생각을 버리고 한번 과감히 바꾸어서 시도해 보라.

분명 답이 나오게 된다.

고기집이 안 된다.

고기집 메뉴를 바꾸어 보라.

주차장을 바꾸어 보라.

인테리어를 바꾸어 보라.

손님 접대 방식을 바꾸어 보라.

업종 자체를 바꾸어 보라.

바꾸어 시도해 보라.

어느 분야든 마찬가지다.

방법 바꾸기 위한 아이디어 회의를 해 보라.

즉, 해결책의 범위를 넓히고 다양화시켜 보라는 것이다.

연애에서 사랑은 본심도 중요하지만 지혜가 필요하다. 지혜를 갖게 하는 것이 방법이다. 성공적인 연애를 하기 위한 몇 가지 방법을 제시한다.

첫째, 자주 만난다. 단순노출의 효과mere exposure effect를 활용한다.

상대방에 대한 호감도가 어느 정도 있으면 첫인상이 좋지 않아도 자주 만나고 자주 노출되면 친근감을 갖게 된다.

자주 보면 정이 든다.

상대방을 좋아하려면 자주 만날 수 있는 기회를 가져라. 연령대별 평등 이야기가 있다.

40대가 되면 지식이 평등해지고,

50대가 되면 외모가 평등해지면,

60대가 되면 남녀가 평등해지고,

70대가 되면 건강이 평등해지고,

80대가 되면 재물이 평등해지고,

90대가 되면 생사가 평등해진다는 것이다.

연애하는 20~30대의 경우 만날 기회의 평등이 있다.

좋아하는 사람을 자주 접촉하면 연애에 성공할 확률이 높다.

단순노출의 효과mere exposure effect

아무리 첫인상이 좋지 않아도 자주 만나고 자주 노출되면 친근감을 갖게 된다. 자주 보면 정이 든다. 상대방을 좋아하려면 자주 만날 수 있는 기회를 가져라. 자주 보는 TV 광고 물건을 살 확률이 높다. 호감도가 중립 이상일 경우 자주 보는 것만으로도 상대를 향한 호감도가 증가하는 현상이다. 반대로 호감도가 나쁠 경우 자주 보는 것만으로도 상대를 향한 호감도가 감소하는 현상이다.

둘째, 대화주제는 영화, 취미, 책 등에 대한 것보다 여행 이야기를 많이 하는 것이 좋다.

취미 이야기를 할 경우 상대방과 맞지 않을 수 있고, 책 이야기를 할 경우 읽지 않은 책은 공감할 수 없기 때문이다.

여행 이야기를 할 때 마음이 설레게 되고 머릿속으로 좋은 곳을 상상하기 때문이다.

셋째, 먼저 미소를 지으며 먼저 상대방과 눈을 마주친다.

눈은 거짓말을 못한다.

미소를 지으며 눈을 자주 마주치면 상대방에게 호감이 생긴다.

웃는 얼굴이 상대방을 기분 좋게 할 뿐만 아니라 내가 웃는 모습을 보고 상대방도 따라 웃게 된다.

넷째, 데이트 장소는 자주 옮긴다.

커피숍에서 40분 이상 머물게 되면 실패할 확률이 높다.

장소를 3~4군데 옮겨 다니며 데이트하는 것이 좋다.
한곳에 오래 머물게 되면 신선함이 떨어진다.
장소를 옮기면서 기분도 전환된다.

다섯째, 심장이 두근거리게 한다.

심장이 두근거리게 하기 위해 놀이기구를 타거나 공포심을 일으킬 만한 장소에서 데이트를 하면 상대방에게 더 호감을 가질 수 있다.
심장을 뛰게 하는 음악을 함께 들어도 좋다.
운동을 함께 하여도 좋다.
장난기 있게 우리 저기 보이는 가게까지 누가 먼저 달려가는지 시합을 하자고 해도 좋다.

여섯째, 상대방에게 뭐 할까 자꾸 물어보지 말고 계획해서 데이트 하라.

우리 밥이나 먹으러 가자는 표현은 가장 좋지 않은 표현이다.
"세상에서 스파게티를 두 번째로 잘하는 집과 세상에서 초밥을 두 번째로 잘하는 집이 있는데 어떤 것 드실래요?"라고 물어본다.
세상에서 첫 번째로 요리를 잘하는 집은? 엄마가 해 주는 밥.

일곱째, 식사는 고기 종류인 스테이크, 후식은 당분이 들어 있는 초콜릿이나 아이스크림을 먹으라.

사랑의 분비물질인 옥시토신이 분비되어 연애 감정이 고조된다.
데이트하러 나올 때 초콜릿이나 사탕을 한 개 선물하는 것도 방법이다.

6-6 동물학교 이야기

자신의 재능을 발견하여 노력하라.

인간은 누구나 타고난 재능이 있다.

재능에 대한 재미있는 동물 비유가 있다.

동물학교 이야기다.

동물학교에 토끼, 오리, 다람쥐가 입학했다.

첫 수업은 수영하기다.

오리가 수영을 제일 잘한다.

토끼는 태어날 때부터 수영을 할 수 없다.

오리의 재능인 수영하는 능력을 따라잡기 위해서 토끼 엄마가 토끼를 데리고 하와이로 전지훈련을 다녀왔다.

그럼에도 불구하고 토끼는 수영을 오리처럼 잘할 수 없다.

두 번째 수업은 눈이 펑펑 오는 날 등산하기다.

등산에 가장 스트레스를 받는 동물은 오리다.

이번에는 오리가 아빠와 함께 알래스카로 전지훈련을 다녀왔다.

오리는 뼈를 깎는 각오로 훈련에 임했다.

하지만 오리는 물갈퀴가 찢어지고 동상에 걸렸다.

더구나 등산에 지쳐 관절염과 디스크도 걸렸다.

마지막 수업은 나무 오르기이다.

나무 오르기는 다람쥐가 제일 잘한다.

오리는 나무 오르기를 전혀 할 수 없다.

토끼도 마찬가지이다.

토끼의 엄마와 오리의 아빠를 데리고 와도 나무 오르기는 어렵다.

한 우물만 파지 말고 여러 우물을 파라!

자신의 분야에서 성공하기 위해서 나의 재능을 먼저 찾아야 한다.

나의 재능을 발견하는 방법은 여러 가지를 시도해 보는 것이다.

한 우물만 파지 말고 여러 우물을 파 보는 것이 필요하다.

보이지 않는 곳에서 샘물을 찾기 위해서 여기저기 땅을 파는 시추(試錐)를 하는 것과 마찬가지다.

물이 나오지도 않는데 계속해서 한 우물만 파면 세월만 간다.

여러 가지 시도를 통해서 내 안의 잠자는 재능을 찾는 방법은 이런 저런 시도(試圖)와 도전을 하는 방법밖에 없다.

이런저런 시도와 도전 끝에 느낌이 오는 순간을 만난다.

그러다 보면 스스로 느낌이 오는 것이 있다.

그 느낌이 오는 것이 바로 자신의 재능일 확률이 높다.

열심히 해도 지치지 않고 재미있거나 시간 가는 줄 모르거나 열심히 했는데 피곤치 않거나 계속해서 더 하고 싶은 것 그러한 것을 발견하게 된다. 재능은 남과 비교해서는 찾을 수 없다.

재능은 외부에 있지 않고 내 안에 잠자고 있다. 이것을 찾아야 한다.

6-7 자신의 인생을 바꾸는 방법 1 : 시간을 관리하라.

나의 현재 시간은?

시간을 잘 배분하여 활용하는 방법이 있다.

늘리고 싶은 시간과 줄이고 싶은 시간을 잘 배분하여 활용하면 자신의 인생을 바꿀 수 있다.

김난도 교수가 쓴 『아프니까 청춘이다』.

책에 나이를 시간에 비유한 내용이 나온다.

하루 24시간을 분으로 계산하면 1,440분이 된다.

평균수명을 80년으로 본다면 1년은 18분이 된다.

그렇다면 지금 현재 내 나이가 50이면 하루 24시간을 기준으로 했을 때 오후 3시가 된다.

60세이면 오후 6시가 된다.

20세이면 오전 6시이다.

독자의 시간은 몇 시인가?

아프리카 속담에 죽어가는 노인은 불타고 있는 도서관과 같다고 했다.

시간이 날 때 책을 통해서 한정된 시간 관리를 잘하면 자신의 인생을 변화시킬 수 있다.

결정적 시기critical period

시간은 때가 있다. 인생에서 중요한 때들이 있다.

이 가장 중요한 때를 결정적 시기critical period라고 한다.
심리학자 로렌츠Lorenz가 말한 것이다.
오리 새끼는 처음 태어나면서 본 동물을 자기 어미라고 생각한다.
오리의 결정적 시기는 눈 뜰 때이다.
이처럼 우리 인생도 결정적 시기들이 있다.
공부할 때,
취업할 때,
결혼할 때 등 때가 있다.
때를 놓치면 때가 낀다.
때가 끼면 때를 벗기기 위해 더 많은 노력을 해야 한다.
지금 나는 무엇을 할 때인가?
그때에 맞게 시간을 사용하라.
그러면 자신의 인생을 변화시킬 수 있다.

투기 · 투자 · 소비

여기서 한 가지 중요한 사실을 깨달아야 한다.

투기와 투자와 소비이다.
투기란 노력 없이 단기간에 자신의 목적을 달성하고자 하는 것이다.
투자란 노력하여 그 결과를 기다리는 것이다.
소비란 말 그대로 시간을 아무 의미 없이 흘려보내는 것이다.
부동산도 주식도 사업도 사람들이 자꾸 투기를 하려고 한다.
노력 없이 단시간에 많은 것을 얻고자 함이다.
씨를 뿌리고,

가꾸고,
꽃을 피우고,
열매를 보고 그 열매를 수확해야 한다.
그런데 어떤 사람은 씨도 뿌리지 않고 거두기만 하려고 한다.
또 어떤 사람은 씨를 뿌리자마자 꽃도 피기도 전에 열매를 거두고자 한다.
내가 얻고자 하는 것에 시간을 투자하라.
이것이 시간 관리이다.

도둑의 시간

프랑스에서 있었던 이야기이다. 도둑이 값비싼 물건을 많이 훔쳐서 호화롭게 생활하다가 경찰관에게 결국 붙잡혔다. 붙잡히는 과정에서 경찰관 2명에게 부상을 입혔고 도둑은 18년의 형을 살았다. 그러나 도둑은 교도소에서 시간을 그냥 흘려보내지 않았다. 교도소에서 많은 책을 읽었으며 모범적인 생활을 하여 10년의 형을 살고 석방되었다. 많은 사람들의 이목이 집중된 도둑이어서 기자들이 몰렸다. 기자들이 석방되는 도둑에게 "당신은 어떤 유명인의 집에서 가장 많은 보물을 훔쳤습니까?"라고 질문했다. 도둑은 "나는 나 자신의 시간을 도둑질 했습니다."라고 답했다. 여러분은 지금 시간을 어떻게 관리하고 있는가?

6-8 자신의 인생을 바꾸는 방법 2 : 만나는 사람을 바꾸라.

만나는 사람을 바꾸라.

주변에 스트레스 주는 사람을 과감히 정리하라.

마쓰시다 고노스께는 감옥과 수도원의 차이는 그 안에서 불평을 하느냐 감사를 하느냐의 차이라고 했다.

주변에 불평불만을 자주 하는 사람하고는 만나지 말라! 매번 만날 때마다 상대방을 비난하고 주위 사람에게 스트레스 주는 사람하고는 친구도 하지 말고 빨리 정리하는 것이 좋다.

욕심이 많은 사람하고도 인맥관계를 청산하는 것이 좋다.

주광현상이란 것이 있다.

야밤에 불빛을 보고 나방이 달려들어 타 죽는 것을 말한다.

욕심이 많은 사람하고 지속적으로 만나다 보면 자신도 욕심이 생겨 불나방처럼 될 확률이 매우 높다.

이런 사람들은 빨리 정리하는 것이 좋다.

다양한 사람을 만나되 만나는 사람을 통해서 에너지를 얻어야 도움이 된다.

의인화한 숫자

0부터 9까지 숫자가 있었다.

0은 매번 외로웠다.

자기가 가장 작기 때문이다.

0은 1부터 9까지 숫자를 찾아가 친구하자 했으나 모두 하찮은 0과 친구하려 하지 않았다.

모든 숫자들은 잘난 척하고 남들과 어울리지 않았기 때문이다.

그런데 어느 날 1이라는 숫자도 외로워졌다.

1은 얼마 전 찾아왔던 0을 찾아가 친구하면 좋겠다고 하였다.

그래서 0과 1은 친구가 되었다.

그런데 이상했다.

0과 1이 친구가 되자 10이 되었다.

친구가 되자 가장 큰 숫자가 된 것이다.

그러자 이제는 2도 3도 9도 0을 찾아와 친구하자고 하였다.

그래서 숫자들은 모두 친구가 되어 사이좋게 놀았다.

가장 보잘것없는 숫자 두 개가 만나서 큰 숫자가 된 것이다.

내 주변에 어떤 사람이 있느냐는 대단히 중요하다.

내가 지금 만나는 사람이 나의 미래를 결정할 수도 있다.

6-9 나비효과

북경에서 한 마리 나비의 날갯짓이 미국에서 돌풍으로

나비효과를 아는가?

북경에서 한 마리 나비의 날갯짓이 미국 뉴욕에 돌풍을 일으킬 수 있다는 것이다.

카오스 이론에 따른 예측 불가능성에 관한 말이다.

작은 일이 서로 인과관계가 성립되어 나중에는 큰 일이 된다는 뜻이다.

이 둘 사이의 연관관계를 설명할 방법은 거의 없다.

하지만 아무런 이유 없이 돌풍이 불지는 않는다는 것이다.

그 원인이 되는 북경의 한 마리 나비의 날갯짓과 그로 인해 발생한 작은 바람이 어떤 다른 요인들에 의해 증폭이 되고 결국은 미국 뉴욕의 돌풍이 될 수 있다는 것이다.

혼돈이론Chaos theory

냄비의 물이 끓기 전에는 낮은 온도에서 데우기 시작하면 바닥에서 데워진 물은 위로 올라간다.

상대적으로 차가운 위쪽의 물은 내려가면서 순환하게 된다.

하지만 물이 끓기 시작하면 그 일정한 패턴이 사라지면서 불규칙하게 보이기 시작한다.

이런 불규칙적인 물의 움직임이라도 어떤 때는 작은 회돌이를 치고 어떤 때는 큰 회돌이를 치는 등 그 불규칙함에도 일정한 패턴을 발견하고 그것을 위치와 속도에 관한 좌표에 나타내었더니 나비모양과 같은 형상이 나온다. 그 형상이 마치 나비를 닮았다고 해서 혼돈이론에서 나오는 단어가 나비효과이다.

영화 나비효과

한 사람이 잘못된 일을 고치기 위해 과거로 돌아가서 그 일이 발생하지 않도록 작은 변화를 준다. 하지만 결과는 전혀 예상치 못했던 다른 일이 잘못되고 만다. 길거리에 있는 작은 돌멩이를 하나 발로 찼다. 그 결과 그 돌멩이는 굴러서 하수구에 떨어지고 만다. 하수구에 떨어진 돌멩이는 물이 지나가는 길에 방해를 하게 된다. 거기에 다른 쓰레기들이 들러붙어서 하수구가 막혔다. 마침 폭우가 쏟아진다. 물은 범람하고 그로 인해 동굴 지하를 탐방하던 어떤 사람이 죽는다. 그 사람은 미 대통령 아들의 친구였고 대통령 아들은 친구의 급사소식을 듣고 한국에 오던 중 여객기피랍사건을 겪게 된다. 테러범은 북한의 공작원임이 밝혀지고 화가 난 미 대통령은 북으로 원자폭탄을 발사하게 된다. 그 결과 남한까지 방사능 피폭에 오염되고 만다. 어처구니 없는 이야기다. 이런 사태를 발생하게 한 원인은 매우 작은 어떤 것이다. 당신이 발로 찬 돌멩이 하나로 인해 핵전쟁이 일어날 수 있는 것이 바로 나비효과이다. 나의 작은 행동 하나가 세상을 변화시킬 수 있다. 아무것도 아닌 선행 하나가 큰 파장을 불러서 세상을 따뜻하게 만들 수도 있다. 반대로 아무것도 아닌 것으로 생각한 악행 하나가 세상의 여러 것에 영향을 미쳐 결국 나에게 큰 상처로 돌아올 수도 있다. 긍정적인 나비효과를 가져오도록 노력하라.

6-10 모든 것은 하나부터 시작된다.

1·1·1법칙

세상에서 가장 큰 즐거움은 무엇이라고 생각하는가?

성장하는 즐거움이다. 성장하기 위해서는 노력해야 한다.

배운 내용을 체득하려면 실천해야 한다. 실천과 관련하여 어떤 사람은 1·1·1법칙을 말한다.

하루, 한 시간, 일년을 지속적으로 실천하면 성공한다고 한다.

어떤 사람은 72:1 법칙을 말한다.

마음먹은 일을 3일 72시간 이내 실천하지 않으면 성공할 확률이 1%도 되지 않는다는 것이다.

운동하겠다고 결심하고 3일 동안 운동하지 않으면 운동하여 체력 단련에 성공할 확률이 1%도 되지 않는다는 것이다.

자동차가 출발하기 위해서는 누군가가 시동을 걸어야 한다.

컴퓨터가 작동하기 위해서는 누군가가 On 버튼을 눌러야 한다.

자전거를 타기 위해서는 페달을 밟아야 한다.

그림을 그리기 위해서는 붓을 들고 시작해야 한다.

1만 시간의 법칙

말콤 글래드웰Malcolm Gladwell이 쓴 『아웃라이어』에 소개된 1만 시간의 법칙이 있다.

어떤 일에 목표를 가지고 그것을 이루고자 할 때에는 투자해야 그 성과를 맛볼 수 있다는 것이다.

1만 시간은 하루 3시간씩 10년 연습하면 채워진다.

물론 6시간을 연습하면 5년이 된다.

모차르트는 6세부터 작곡을 시작하여 그의 세계적인 걸작은 21세 이후부터 나왔는데 만 시간 이상이 걸렸다. 비틀즈는 리버풀에서 별 볼 일 없는 록밴드였다. 그러나 하루 8시간 1년 270일을 연주하며 살았다. 함부르크에서 12,000시간 연주연습을 했고 5년 뒤 세계 정상급 가수가 되었다. 김연아는 날마다 6시간씩 8년 연습을 했고, 공중 세바퀴 회전은 남자 선수의 전유물이었지만 1번 실패하면 65번씩 연습하여 세바퀴 회전의 달인이 되었다. 박태환 선수는 어떤 날이든 하루에 15,000m를 연습해야 하루를 마감했다고 한다. 이 1만 시간도 1초부터 시작된다.

모든 것은 하나부터 시작된다.

한 곡의 노래가 순간에 활기를 불어 넣을 수 있다.
한 자루의 촛불이 어둠을 몰아낼 수 있고
한 번의 웃음이 우울함을 날려 보낼 수 있다.
한 가지 희망이 당신의 정신을 새롭게 하고
한 번의 손길이 당신의 마음을 보여 줄 수 있다.
한 개의 별이 바다에서 배를 인도한다.
한 번의 악수가 영혼에 기운을 줄 수 있다.
한 송이 꽃이 꿈을 일깨울 수 있다.
한 사람의 가슴이 무엇이 진실인가를 알 수 있고
한 사람의 삶이 세상에 차이를 가져다준다.
한 걸음이 모든 여행의 시작이고
한 단어가 모든 기도의 시작이다.

복권에 당첨되기 위해서는 먼저 복권을 사야 한다.

실패하는 회사나 개인은 무엇을 하든 고민만 한다.
와인을 마셔야겠다.
와인을 마셔야겠다고 결정했으면 와인 마개를 따는 수고를 해야 된다.
복권에 당첨되기 위해서는 복권을 사는 행동을 먼저 해야 된다.
씨를 뿌려야 거둘 수 있다.
인생 뭐 있냐?
내 팔 내가 흔들고 네 팔 네가 흔드는데!
인생 뭐 있다.
내 팔 내가 흔드는 것도 쉽지 않은 사람이 있다.
인생 대충 사는 것이 아니다.
이제는 실천이다.
실천할 용기를 방해하는 다섯 가지 적이 있다.
망설임,
의심함,
두려움,
소심함,
꼬리 내림이다.
그런데 이것을 극복하는 방법이 있다.

아는 것이 힘이 아니라 실천하는 것이 힘

아는 것이 힘이다.
아니다.
아는 것이 힘일 수도 있지만 실천하는 것이 힘이다.

실천을 잘하기 위한 방법을 소개한다.

첫째, 계획을 세운다.

계획 세우는 방법은 SMART방법을 소개하였다.

둘째, 세운 계획을 짧게 나누어 실천 계획을 세운다.

예를 들면, 한 달 단위도 길다. 1주일 단위도 길다.
하루 단위나 2일 단위나 3일 단위로 구분하여 실천 계획을 세운다.
그렇게 하면 실천할 확률이 높다.

셋째, 성공 경험을 하라.

성공적으로 실천한 경험을 쌓아간다.
그 경험이 많을수록 실천할 확률이 높다.

넷째, 실천했으면 상을 수여하라.

스스로에게 칭찬하거나 만족감을 느껴본다.
그렇게 하면 실천할 확률이 높아진다.

다섯째, 지금 당장 실천한다.

교육이란 경험의 연속이다.
또한 알지 못하는 바를 알도록 가르치는 것을 의미하기도 하지만 사람들이 실천하지 않을 때 실천하도록 동기를 유발하는 것이기도 하다.
긴 고민도 필요하지만 고민했으면 지금 바로 실행에 옮기자.

6-11 Memento mori

메멘토 모리Memento mori, 죽음을 기억하라

너도 언젠가 반드시 죽는다는 라틴어인 메멘토 모리의 memento는 remember (기억)이며 mori는 to die(죽음으로써)이다.

즉, 자신이 언젠가 죽는 존재임을 잊지 말라는 의미를 가진다.

메멘토 모리의 유래는 로마 공화정 시절의 개선식이다. 옛날 로마에서는 원정에서 승리를 거두고 개선하는 장군이 시가행진을 할 때 노예를 시켜 행렬 뒤에서 큰소리로 외치게 했다. 언젠가 너도 죽을 것이니 삶에 겸허해지라는 의미이다. 전쟁에서 승리한 장군에게 허락되는 개선식은 로마인으로서 가질 수 있는 최고의 영광이었다. 그래서 개선식 하루만은 에트루리아 관습에 따라 얼굴을 붉게 칠하고 네 마리의 백마가 이끄는 전차를 탄 살아 있는 신이 된다. 그러나 하루뿐이다. 인간으로서 신으로 숭배받는 장군의 영광스러운 전차에는 진짜 신의 전차와는 다르게 노예 한 명이 같이 탑승한다. 이 노예는 개선식 동안 끊임없이 메멘토 모리라는 말을 속삭여 개선장군에게 너무 우쭐대지 말라고 경고한다.

로마시대의 공동묘지는 사람들이 많이 북적이던 시장터이기도 했다.
아이들은 교회 납골당에서 사람 뼈를 가지고 장난감 삼아 놀기도 한다. 이렇듯 당시 사람들에게 죽음은 멀리 있지 않았다.

전염병으로 인한 형제의 사망이 많았고 죽음은 불가항력이었다.
그들은 죽음을 좋게 받아들였다.
그 결과 중세인은 모든 순간을 선물처럼 소중히 여겼다.

공포관리이론에 의하면 죽음을 어떻게 생각하고 받아들이느냐에 따라 삶에 대한 태도가 달라진다.

죽음을 긍정적으로 받아들일 경우 사람들은 올바른 삶을 살아가려고 노력한다는 것이다.

실제 자신의 묘비명을 써 보고, 죽음에 대한 긍정적인 생각 즉, 가족 품에서 유언을 남기고 사랑하는 사람 옆에서 죽는 모습을 상상하거나, 자신의 죽은 모습을 보고 난 후 길에 자선냄비가 있을 경우에 사람들은 평소보다 더 많이 기부를 한다는 것이다.

죽음을 기억하고 가깝게 여기며, 생활 속에서 죽음도 삶의 일부로 받아들일 때 사람들은 삶의 의미와 가치를 찾고 행복한 삶을 영위해 나갈 수 있다. 의료혜택과 긴 수명 덕분에 죽음을 잊고 사는 현대인은 오히려 무기력해지고 우울증에 빠지기도 하고, 과격해지고, 난폭해지며, 거친 삶을 사는 사람들이 많다. 미래학자인 피터 드러커Peter Drucker의 평생좌우명은 '죽은 뒤에 어떤 사람으로 기억되고 싶은가?'였다.

만일 이 질문에 대하여 50살이 되어도 답을 하지 못한다면 인생을 잘못 산 것이라고 말하였다.

메멘토 모리는 카르페 디엠carpe diem, 지금을 즐겨라**과 함께 생각해 볼 필요가 있다.**

카르페 디엠은 호라티우스의 라틴어 시 한 구절에서 유래한 말로 현재를 잡아라Seize the day로도 알려져 있다.

카르페 디엠이라는 말은 지나치게 먼 미래에 대한 기대로 현재를 소홀히 하지 말고 현재에 최선을 다하라는 의미이다.

그러나 기독교의 영향을 받아 카르페 디엠은 현세에서의 쾌락, 부귀, 명예 등은 모두 부질없는 것이라는 등 다소 허무주의적인 의미로 쓰이기 시작했다.

기독교의 영향 때문에 좁게는 죽음을 기억하라는 메시지로 쓰였지만 그 기원은 현재 하고 있는 일에 최선을 다해야 한다는 의미이다.

과거는 돌이킬 수 없는 History이고 미래는 알 수 없는 Mystery이며 현재는 우리에게 주어진 Presently 즉, 선물Present이라는 말과 같은 맥락일 것이다.

현재 내가 하고 있는 일,
현재 내가 만나고 있는 사람,
현재 나의 모든 것을 사랑하고 소중히 여기며 감사하라는 말일 것이다. 행복이란 손 닿는 데 있는 꽃들로 꽃다발을 만드는 솜씨라는 헤밍웨이의 말처럼 말이다.

비슷한 의미로 화무십일홍이 있다.

人無十日好(인무십일호)요
花無十日紅(화무십일홍)인데
月滿卽虧(월만즉휴)이니
權不十年(권불십년)이니라.

사람의 좋은 일은 10일을 넘지 못하고 붉은 꽃의 아름다움도 10일을 넘지 못하는데 달도 차면 기우니 권력이 좋다 한들 10년을 넘지 못한다.

모든 인생사는 좋은 일이 영원토록인 것은 없으니 항상 분수에 맞게 살고 권력 있다고 뽐내지 말고 겸손하라는 말이다.

저자소개

윤옥한

교육학 박사, 국민대학교 교육학과 교수

• 주요저서

괜찮은 나 만들기(1996), 대인관계 Q(1997),
능력 있는 나 만들기(1999), 자신 있게 만나라(2002),
명강의 교수법(2008), 괜찮은 나·우리 만들기(2012),
평생교육 프로그램 개발론(2013),
삶은 교육사회학(2015),
평생교육프로그램개발-이론과 실제(2017),
평생교육방법론(2017) 外

삶은 교육학개론-바람직한 인성교육을 위한

1판 1쇄 인쇄 2018년 3월 5일
1판 1쇄 발행 2018년 3월 10일

저 자 | 윤옥한
발 행 인 | 박철용
발 행 처 | 양서원
주 소 | 경기도 파주시 직지길 522 파주출판도시
전 화 | 031-955-8000(代)
팩 스 | 031-955-8005
홈페이지 | www.yswpub.co.kr
이 메 일 | yswpub@chol.com
출판등록 | 1987년 11월 24일 제 406-2003-037 호

ISBN 978-89-994-0774-1

정가 20,000원